KOMPAKT & VISUELL

Wandern

KAREN BERGER

DK

»SCHENK MIR DEN KLAREN HIMMEL ÜBER MIR UND UNTER MEINEN FÜSSEN DAS GRÜNE GRAS«

William Hazlitt

DORLING KINDERSLEY
London, New York, Melbourne,
München und Delhi

Projektbetreuung Richard Gilbert
Bildbetreuung Michael Duffy
Cheflektorat Miranda Smith
Chefbildlektorat Karen Self
Grafik Bryn Walls
Programmleitung Corinne Roberts
DTP-Design Karen Constanti
Herstellung Kevin Ward
Illustrationen Julian Brown
Karten-Illustration Richard Burgess und Iorwerth Watkins
Studiofotografien Gary Ombler
Außenaufnahmen Gerard Brown

Produziert für Dorling Kindersley von
The Bridgewater Book Company Ltd

Projektbetreuung Emily Casey Bailey
Gestaltung Lisa McCormick

Für die deutsche Ausgabe:
Programmleitung Monika Schlitzer
Projektbetreuung Silke Körber
Herstellungsleitung Dorothee Whittaker
Herstellung Petra Schneider

Bibliografische Information Der Deutschen Bibliothek
Die Deutsche Bibliothek verzeichnet diese Publikation in der Deutschen Nationalbibliografie; detaillierte bibliografische Daten sind im Internet über http://dnb.ddb.de abrufbar.

Titel der englischen Originalausgabe:
Hiking

Übersetzung Dörte Fuchs, Jutta Orth
Redaktion Barbara Locher, extratour, Neuenbürg

ISBN 3-8310-0868-X

Colour reproduction by GRB, Italy
Printed and bound in China by South China Printing

Besuchen Sie uns im Internet
www.dk.com

Hinweis
Die Informationen und Ratschläge in diesem Buch sind von den Autoren und vom Verlag sorgfältig erwogen und geprüft, dennoch kann eine Garantie nicht übernommen werden. Eine Haftung der Autoren bzw. des Verlags und seiner Beauftragten für Personen-, Sach- und Vermögensschäden ist ausgeschlossen.

INHALT

WANDERN – DAS IST *DIE* GEEIGNETE SPORTART, UM FÜR EINE WEILE DEM SCHNELLLEBIGEN UND OFT STRESSIGEN ALLTAG ZU ENTFLIEHEN. DABEI SPIELT ES KEINE ROLLE, OB MAN EIN LANGSAMES, ENTSPANNTES TEMPO VORZIEHT, UM DIE LANDSCHAFT IN RUHE ZU GENIESSEN, ODER OB MAN DIE HERAUSFORDERUNGEN DER NATUR ANNIMMT UND AN SEINE GRENZEN GEHT.

Wandern sollte in erster Linie Spaß machen. Sie können in der Nähe Ihres Heimatortes wandern oder um die halbe Welt reisen – es gibt überall unzählige Möglichkeiten, die Schönheit der Natur kennen zu lernen. Der Rhythmus der Bewegung, herrliche Landschaften, die wärmenden Sonnenstrahlen auf dem Rücken und der Weg, der sich vor einem erstreckt, all das macht das Wandern zu einer genussvollen Erfahrung.

WEITBLICK
Weit weg vom jedem Verkehrslärm genießen Wanderer oft atemberaubende Ausblicke.

Wandern ist außerdem eine der effektivsten und schonendsten Methoden, um fit zu bleiben. Wer ein flottes Tempo anschlägt, trainiert Herz, Lunge und Muskeln und verbessert seine allgemeine körperliche Verfassung. Am besten beginnt man mit leichten Wanderungen in flachem Gelände, steigert seine Leistung dann im hügeligen Gelände, in dem bereits einige mittlere Steigungen zu bewältigen sind, bevor man den ersten Berg in Angriff nimmt.

Zu Fuß unterwegs zu sein, ist eine Art des Reisens, bei der man – anders als mit dem Auto oder der Bahn – ausgetretene Touristenpfade verlassen und Orte, Landschaften und kaum bekannte Sehenswürdigkeiten entdecken und hautnah erleben kann. Denn beim Wandern trennt Sie weder Autoscheibe noch Klimaanlage von der Natur. Sie sind Wind und Wetter unmittelbar ausgesetzt und lernen, Sonne, Wind oder Regen rechtzeitig einzuplanen und entsprechend ausgerüstet zu sein. Viele Wanderer reizt das ja gerade: Sie genießen es, bei jedem Wetter draußen zu sein. Nur wer sich den Elementen aussetzt, kann Tiere und Pflanzen in ihrer natürlichen Umgebung beobachten und Natur unmittelbar und intensiv erfahren.

Auch der gesellige Aspekt des Wanderns darf nicht unterschätzt werden. Was gibt es Schöneres als für ein paar Tage oder sogar Wochen mit Freunden oder Familie zusammen unbekannte Landschaften zu erkunden. Wenn Sie

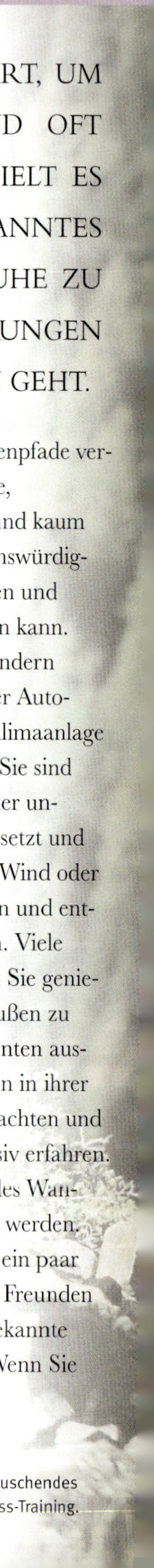

AUFWÄRTS
Einen Gipfel zu erklimmen, ist ein berauschendes Erlebnis – und ist ein exzellentes Fitness-Training.

gern in Gesellschaft mit gleich gesinnten Menschen wandern, um Tipps und Erfahrungen mit ihnen auszutauschen, sind viel begangene Routen mit Hütten oder Zeltplätzen das Richtige für Sie. Diese findet man auf Fernwanderwegen wie dem Appalachian Trail (USA) ebenso wie in Europa und Neuseeland. Auch auf den beliebten Trekking-Routen in Asien trifft man Kletterer aus aller Herren Länder. Wer auf jeden Fall in der Gruppe wandern möchte, wird sich in einem Wanderverein oder bei einer geführten Wanderreise wohl fühlen.

Wenn Sie dagegen beim Wandern Ruhe finden und Zeit für sich haben möchten, sollten Sie nur wenige Begleiter mitnehmen und diese sorgfältig auswählen. Allein sind Sie in der Wahl Ihrer Route vollkommen frei, können zelten und essen, wo und wann es Ihnen passt, und spontan Ihre Pläne ändern, wie Sie wollen. Die beste Chance auf vollkommene Einsamkeit bieten abgelegene, unbewohnte Gebiete, die oftmals nur durch Querfeldeinwege zu erschließen sind. Wer seine Wanderung gut plant, findet fast überall wenig begangene Wege mit einigem Abstand zu den »Touristenautobahnen«.

Viele Wanderer gehen physisch und psychisch gerne an ihre Grenzen. Berggipfel ziehen sie magisch an, steile Auf-

stiege, verschneite Hänge und plötzliche Wetterumschwünge sind für sie eine willkommene Herausforderung. Andere wählen möglichst lange Strecken, die große Disziplin und gutes Durchhaltevermögen erfordern. Der Lohn dafür ist das triumphale G efühl, die Herausforderungen gemeistert zu haben, das kaum zu überbieten ist.

Wer noch wenig oder keine Wandererfahrung hat, sollte zunächst in einer ihm vertrauten Umgebung erste kleine Touren machen. Selbst Städte bieten meist eine große Auswahl an Wander- oder Spazierwegen in Parks oder Wäldern der näheren Umgebung. Diese Wege sind in der Regel kurz, wenig anspruchsvoll und gut markiert. Sie eignen sich daher perfekt für Anfänger, die nicht länger als zwei oder drei Stunden unterwegs sein möchten. In ländlichen Gegenden findet man häufig ein dichtes Wegenetz, besonders Naturschutzgebiete sind oft von gut markierten Wegen durchzogen. Auch Flussufer, Treidelpfade und ehemalige Bahntrassen bieten sich zum Wandern an – insbesondere wenn sie von lokalen Wandervereinen als Wanderwege ausgewiesen wurden. Sie sind in der Regel eben und

LEBENSQUALITÄT
Mit Gleichgesinnten den Alltag hinter sich zu lassen – auch das ist ein reizvoller Aspekt des Wanderns.

ohne Schwierigkeiten begehbar, also ideal für Familien mit Kindern.

Für Wanderungen gibt es weltweit eine nahezu unbegrenzte Auswahl an Reisezielen.

Ehe man zu einer größeren Tour aufbricht, sollte man unbedingt seine Wanderkleidung bei unterschiedlichen Witterungsbedingungen in heimatlichen Gefilden testen. Machen Sie ein paar Ausflüge in die nähere Umgebung, um auszuprobieren, ob Kleidung und Ausrüstung Ihren Anforderungen genügen. Wenn sich diese nicht bewähren, können Sie die Wanderung abkürzen und nach Hause zurückkehren.

Ideal ist auch ein Wochenendausflug, der maximal drei bis vier Autostunden Anfahrt erfordert. Eine Wanderung mit einer Übernachtung ist eine ideale Gelegenheit, um das Auf- und Abschlagen des Zeltes zu üben und seine Kochkünste im Freien unter Beweis zu stellen. So üben Sie für eine längere Wandertour mit Übernachtungen im Zelt, ohne gleich mit den Herausforderungen einer völlig fremden Umgebung zurechtkommen zu müssen.

Wer sich fit fühlt für eine Mehrtageswanderung, kann unter unzähligen Wandergebieten und -zielen wählen.

MIT LEICHTIGKEIT ANS ZIEL
Wandern ist nicht nur etwas für Durchtrainierte – auf leichten Wanderungen können auch Anfänger eine Fülle interessanter Natureindrücke erleben.

EIN ZUHAUSE IN DER FERNE
Moderne Zelte sind recht komfortabel und lassen sich an den schönsten und entlegensten Orten der Erde aufschlagen.

Insbesondere in den Bergen sind die Ausgangspunkte für Wanderungen meist mit dem Auto erreichbar, sodass man sich auch problemlos einzelne Abschnitte »erwandern« kann. Sie müssen nur entscheiden, ob Sie eine Streckenwanderung machen wollen, bei der Sie jeweils am Ende der Etappe Ihr Zelt aufschlagen bzw. eine Unterkunft suchen, oder ob Sie von einem Standort aus jeden Tag zu einer neuen Etappe aufbrechen.

Nahezu jedes Urlaubsziel bietet sich auch für einen Wanderurlaub an. Auf diese Weise erkundet man ein fremdes Land völlig anders und lernt sehr viel mehr über Menschen und Natur, als wenn man einfach nur durchfährt. Für beliebte Reiseziele sind in der Regel Wanderkarten und Wanderführer erhältlich. Aber auch viele Reiseveranstalter organisieren sowohl Wanderreisen als auch längere Expeditionen in entlegene, wenig erschlossene Gebiete, bei denen Anfänger wie Fortgeschrittene auf ihre Kosten kommen.

Doch gleichgültig, wo Sie wandern – Sie sollten auf das jeweilige Gebiet gut vorbereitet sein. Mit guter Ausrüstung, entsprechenden Kenntnissen und etwas Erfahrung werden Sie sich in jeder Situation zu helfen wissen, ob es nun darum geht, eine Karte im dichten Nebel zu lesen, oder darum, wie man bei Dauerregen warm und trocken bleibt. Sie sollten außerdem in der Lage sein, unwegsames Gelände zu durchqueren und schnell das Zelt aufzuschlagen, wenn plötzlich schlechtes Wetter aufzieht, und Sie sollten wissen, wie Sie auch unter widrigen Umständen Wasser und Nahrung finden.

Hat man diese Fähigkeiten einmal erworben, wird man sich beim Wandern sicherer und wohler fühlen. Wichtig ist, dass Sie sich vorab klar machen, wie viel Abenteuer Sie auf Ihrer Wanderung erleben möchten. Dann wird sie Ihnen in guter Erinnerung bleiben.

KAREN BERGER

DIE WAHL DER WANDERROUTE

WANDERN WELTWEIT

Jede »Top-Ten«-Liste spiegelt persönliche Vorlieben. Die folgenden Wanderwege wurden sowohl aufgrund ihrer Beliebtheit als auch wegen ihrer landschaftlichen Schönheit und Einzigartigkeit ausgewählt. Viele weitere Touren finden Sie im Routenverzeichnis (*siehe* S. 241–248).

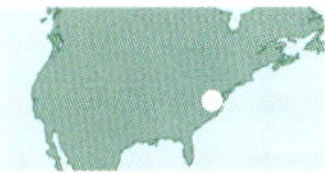

Der Appalachian Trail (AT)

VON MAINE NACH GEORGIA, USA

Der »Großvater« aller Fernwanderwege schlängelt sich 3499 km an der Kammlinie der Appalachen entlang. Wanderer erhalten Einblick in das kleinstädtische, bäuerliche Leben der USA, lernen aber auch die Natur kennen. Man trifft unterwegs auf zahlreiche andere Fernwanderer.

SAFTIGES GRÜN
Der Appalachian Trail ist ein Eldorado für Naturliebhaber – allein im Great Smoky Mountains National-Park wachsen mehr Baumarten als in ganz Westeuropa.

HÜGELLANDSCHAFT

Die sanften Berge der Appalachen sind trügerisch – einige Streckenabschnitte des AT gehören zu den anstrengendsten weltweit, besonders wegen der große Höhenunterschiede: Zwischen New York und Tennessee steigt man von wenigen Metern über null auf 2019 m auf. Das Grenzgebiet zwischen Tennessee und North Carolina und der Norden New Englands (New Hampshire und Maine) gehören zu den einsamsten und gebirgigsten Abschnitten des AT. Nicht umsonst trägt er den Spitznamen »langer grüner Tunnel«: Weite Strecken führen durch Laubwald. Im Frühling sind die Hügel mit Wildblumen übersät, im Herbst leuchtet das bunt gefärbte Laub, und selbst im Winter sind viele verschneite Streckenabschnitte begehbar.

DATEN UND INFORMATIONEN

START/ZIEL Mount Katahdin, Maine/Springer Mountain, Georgia

LÄNGE 3499 km

DURCHSCHNITTLICHE GEHZEIT 5 Monate

ANFAHRT Von den meisten Städten der Ostküste in maximal 3 Stunden Fahrtzeit erreichbar.

INFORMATION Appalachian Trail Conference: www.ATConf.org

Der Pacific Crest Trail (PCT)

VON KALIFORNIEN NACH WASHINGTON, USA

Der »Everest für Rucksackreisende« ist ein 4345 km langer Weg, der durch einige der fantastischsten Urlandschaften Amerikas führt, u.a. den Yosemite National Park, die John Muir Wilderness und die Glacier Peak Wilderness. Der PCT ist weniger überlaufen und landschaftlich noch schöner als der Appalachian Trail.

EXTREMES GELÄNDE

Der PCT ist ein Weg der Extreme: Während man in der südkalifornischen Wüste unter sengender Sonne Wasservorräte für eine 32–48 km lange Strecke mitnehmen muss, gelangt man in der Sierra Nevada ins Hochgebirge und wandert im Norden durch unberührte Wälder. Das Höhenprofil reicht von beinahe Meeresniveau bis zu 4023 m Höhe. Im Hochgebirge muss man bis Juni oder Juli mit Schnee rechnen.

DATEN UND INFORMATIONEN

START/ZIEL Campo, Mexiko/Manning Provincial Park, Kanada

LÄNGE 4345 km

DURCHSCHNITTLICHE GEHZEIT 5 Monate insgesamt (kürzere Varianten sind möglich)

ANFAHRT Von den meisten Zentren der Westküste in 3 Stunden Fahrzeit erreichbar

INFORMATION Pacific Crest Trail Association: www.pcta.org

SOMMERWIESE

Von der Schneeschmelze bis zum Frühherbst breiten sich Wildblumen wie ein Teppich auf den Hochgebirgswiesen des Pacific Crest Trail aus.

SCHNEEBEDECKTE GIPFEL

Der Glacier Peak im Nordwesten Washingtons liegt inmitten einer einsamen Landschaft aus Schnee, Eis, Felsen und immergrünen Wäldern.

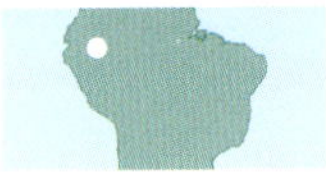

Der Inka-Trail

ANDEN, PERU

Die Inkas bauten in Südamerika mehr als 23000 km Straßen, 67 km davon bilden heute den Inka-Trail. Über zwei Bergpässe und vorbei an zahlreichen Ruinen führt er durch wolkenverhangene Wälder nach Machu Picchu, der heiligen Stadt der Inkas, die man durch das *Inti Punku*, das so genannte Sonnentor, betritt.

GEBIRGIGES GELÄNDE

Der Inka-Trail führt über steile, abschüssige Wege mit langen Anstiegen und über Pässe durch das Hochgebirge. Cusco, wo Bergführer und Träger engagiert werden können, liegt auf 3400 m Höhe; der höchste Pass steigt bis auf über 4200 m an. Machu Picchu selbst liegt 2400 m hoch. Um der Höhenkrankheit vorzubeugen, sollte man sich vor dem Aufbruch wenigstens einen Tag in Cusco akklimatisieren.

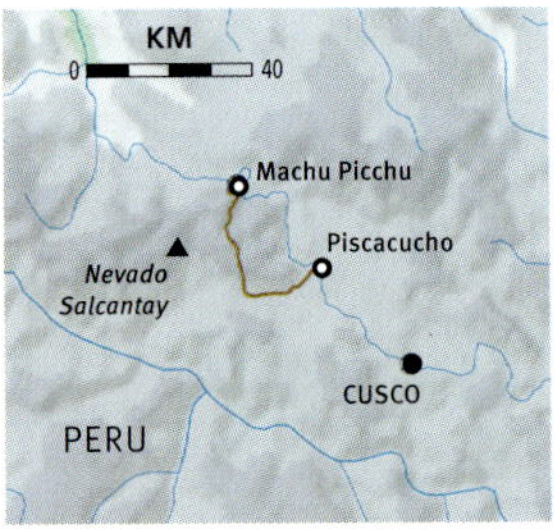

DATEN UND INFORMATIONEN

START/ZIEL Piscacucho (auch bekannt als »Km82«)/Machu Picchu

LÄNGE 67 km

DURCHSCHNITTLICHE GEHZEIT 4 bis 5 Tage – Wege unterschiedlicher Länge sind möglich

ANFAHRT Von Cusco aus mit Zug oder Bus

INFORMATION Lars Schneider/Conrad Stein: *Peru, Inka Trail und Region Cusco,* 2005

RUINEN-STADT
Die gut erhaltenen Ruinen von Machu Picchu, der heiligen Stadt der Inkas, sind ein Dorado für Archäologen.

Haute Route (Pyrenäen)

ATLANTIK-MITTELMEER-ROUTE, FRANKREICH/SPANIEN

Die Haute Route verläuft auf beiden Seiten der französisch-spanischen Grenze und führt vom Atlantik zum Mittelmeer – auf markierten und unmarkierten Wanderwegen sowie auf Fußpfaden. Unterkünfte findet man fast überall, für den mittleren Streckenabschnitt braucht man allerdings ein Zelt.

ZERKLÜFTETE BERGE
Auf der Haute Route sind Tagesetappen mit mehr als 1000 Höhenmetern zu bewältigen. Oft liegt bis in die Sommermonate hinein Schnee.

GEBIRGIGES GELÄNDE
Die Pyrenäen sind stark zerklüftet und extrem steil, die Aufstiege lang und manchmal tückisch. Da die Route teilweise querfeldein führt, braucht man eine gute Orientierungsfähigkeit. Die Strecke folgt auf der französischen Seite teilweise dem Fernwanderweg GR 10, auf der spanischen Seite dem GR 11, der sonniger und weniger frequentiert ist.

DATEN UND INFORMATIONEN

START/ZIEL Hendaye/Banlyuls-sur-Mer

LÄNGE über 965 km

DURCHSCHNITTLICHE GEHZEIT 42 bis 50 Tage

ANFAHRT Start und Ziel sind mit Auto, Bus und Bahn erreichbar

INFORMATION Ton Joosten: *Pyrenean Haute Route*, 2004; Georges Veron: *Pyrenees: High Level Route*, 1998

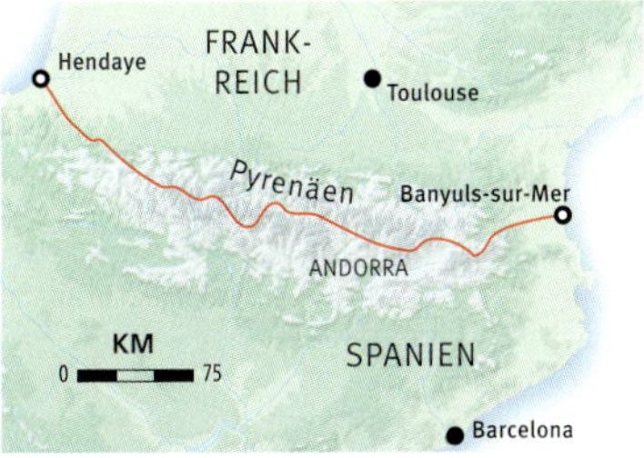

EINSAME PFADE
Teile der Pyrenäen, etwa der Naturpark Posets-Maladeta, gehören zu den einsamsten Gebieten Westeuropas.

Haute Route (Schweiz)

DURCH DIE ALPEN, FRANKREICH UND SCHWEIZ

Die »Königin aller Skitouren« von Chamonix in Frankreich nach Zermatt in der Schweiz ist im Sommer das Ziel vieler Wanderer. Die Route hat mehrere Varianten. Die 177 km lange Strecke beschert Alpenfans alles, was das Herz begehrt: Kuhglockengebimmel, Gletscherseen, bis zu 3800 m hohe Pässe und Ausblicke auf zehn der zwölf höchsten Alpengipfel.

HOCHGEBIRGSTERRAIN
Hohe Berge und steile Aufstiege prägen die Haute Route. Sie kann mit oder ohne Führer begangen werden. Man übernachtet auf Hütten oder im Hotel. Juli und August sind die besten Monate für die Tour; im Juni liegt oft noch Schnee und viele Hütten sind geschlossen.

BIZARRER GIPFEL
Das 4479 m hohe Matterhorn prägt mit seinem charakteristischen Profil den östlichen Teil der Haute Route.

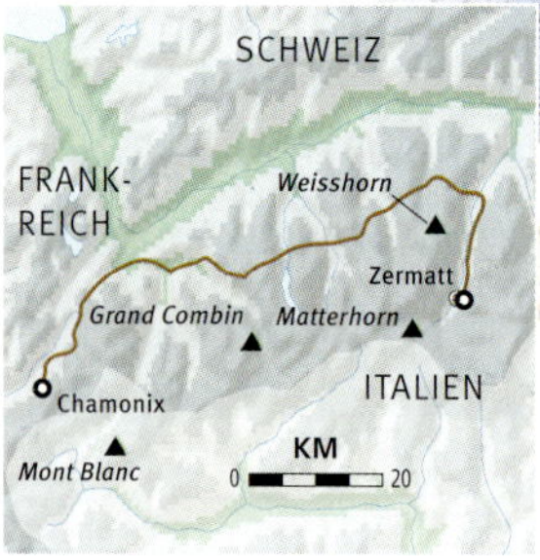

MIT GLETSCHERN BEDECKTE BERGE
Mit seinen 4810 m ist der Mont Blanc der höchste Berg Westeuropas. Den Abstecher auf den Gipfel sollte man mit einem einheimischen Führer machen.

DATEN UND INFORMATIONEN

START/ZIEL Chamonix, Frankreich/Zermatt, Schweiz

LÄNGE 177 km

DURCHSCHNITTLICHE GEHZEIT 7 bis 13 Tage, je nach Route

ANFAHRT Start und Ziel sind mit dem Auto sowie mit Bus und Nachverkehrszug erreichbar.

INFORMATION Francoise Parraudin: *Haute Route. Von Chamonix nach Zermatt,* 2005

Der West Highland Way

SCHOTTISCHES HOCHLAND, GROSSBRITANNIEN

Der älteste Wanderweg Schottlands führt über alte Vieh-, Militär- und Fahrwege von Milngavie bei Glasgow am Ufer des größten englischen Süßwassersees entlang nach Fort William. Unterkünfte findet man in den Dörfern am Weg, Zelten ist nur auf ausgewiesenen Plätzen erlaubt.

KARGES TERRAIN

Der West Highland Way bietet eine abwechslungsreiche Mischung aus Seen, Schluchten, Wiesen und Moor. Er ist zu jeder Jahreszeit begehbar, aber vor allem im Mai und im Frühsommer ein beliebtes Reiseziel. Mit Regen muss man das ganze Jahr rechnen, im Sommer zusätzlich mit Mückenattacken. Regenkleidung und Insektenschutz sind deshalb unerlässlich.

DATEN UND INFORMATIONEN

START/ZIEL Milngavie/Fort William

LÄNGE 152 km

DURCHSCHNITTLICHE GEHZEIT ungefähr eine Woche

ANFAHRT Start und Ziel sind mit dem Auto, mit Bus und Nahverkehrszug erreichbar

INFORMATION Walk the West Highland Way: www.west-highland-way.co.uk

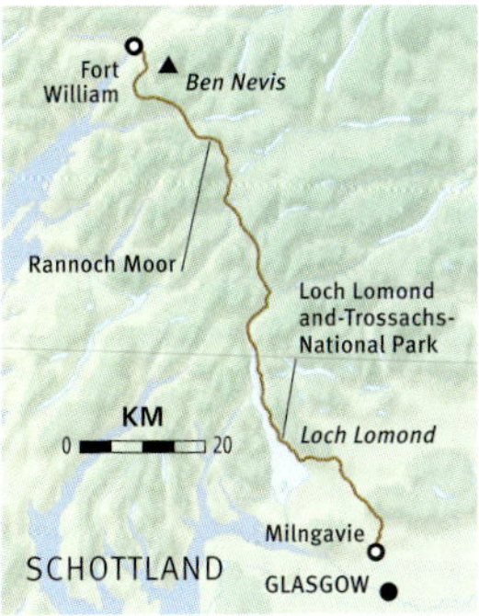

STILLE WASSER
Der Weg führt durch das karge Rannoch-Moor mit Torfmooren und kleinen Seen. Wasserdichte Schuhe und Regenkleidung sind unentbehrlich.

WEITE MOORE
Hat man das Rannoch-Moor durchquert, mündet der Weg in das Glencoe-Tal, das vom pyramidenförmigen Buichaille Etive Mor (rechts) überragt wird.

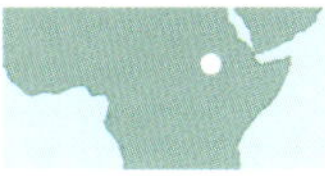

Rund um den Mount Kenia

KENIA, OSTAFRIKA

Der zweithöchste Berg Afrikas ist ein fantastisches Wandergebiet. Am besten umrundet man ihn entlang der Baumgrenze, wo sich eine Reihe von spektakulären Ausblicken bietet. Der 4985 m hohe Point Lenana ist der höchste Punkt, den Touristen ohne Seil und Eispickel erreichen können. Trainierte Wanderer schaffen den Aufstieg an einem Wochenende.

ABWECHSLUNGSREICHES GELÄNDE
Der Aufstieg führt durch tropischen Regenwald, Bambushaine und Moorland. Oberhalb der Baumgrenze ist das Gelände karg und vereist, beherrscht von Schluchten und Felsspitzen. Wanderer leiden hier oft an der Höhenkrankheit, da die relativ flachen unteren Hänge zu einem schnellen Aufstieg verführen. Man sollte sich vorher gut akklimatisieren.

GIGANTISCHE PFLANZEN
Die afroalpine Vegetation wie Riesenlobelien und Kreuzkraut kann 4,5 m Höhe erreichen.

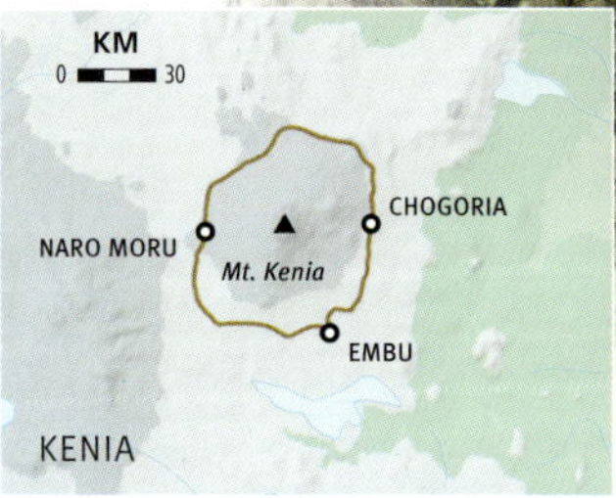

DATEN UND INFORMATIONEN

START/ZIEL Embu (dieser Gipfel ist sowohl über Naro Moru als auch über Chogoria zu erreichen)

LÄNGE 48–96 km

DURCHSCHNITTLICHE GEHZEIT 4 bis 5 Tage

ANFAHRT Ab Nairobi (200 km) mit Bus oder Minibus

INFORMATION Mountain Club of Kenya: www.mck.or.ke

GIGANT AUS STEIN
Der Mount Kenia ist ein erloschener Vulkan. Die karge Gipfelregion besteht aus gezackten Felsen, Gletschern und Schneefeldern.

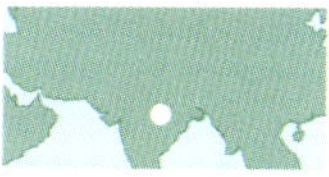

Annapurna Sanctuary

HIMALAJA, NEPAL

Das Annapurna Sanctuary ist ein schneebedecktes, von gewaltigen Felswänden gesäumtes heiliges Tal. Der Wanderweg beginnt im feuchtwarmen bewaldeten Tiefland und schlängelt sich durch Rhododendronhecken, die im Frühling in voller Blüte stehen, bergauf. Schließlich steht man vor einem der eindrucksvollsten Bergpanoramen der Erde.

HOCHGEBIRGSTERRAIN

Schon bald nach Beginn des Aufstiegs lässt man die feuchtwarme Zone der Bambuswälder hinter sich und gelangt in kühlere, kargere Regionen. Am letzten Tag stapft man auf etwa 4877 m Höhe durch tiefen Schnee. Es können Träger und Führer engagiert werden. Wer nicht zelten möchte, kann in einem der einfachen Gasthäuser übernachten. Frühling und Herbst sind die besten Reisezeiten; im Sommer weht der Monsun, im Winter liegt zu viel Schnee.

DATEN UND INFORMATIONEN

START/ZIEL Phodi/Naya Pul

LÄNGE variiert je nach Route

DURCHSCHNITTLICHE GEHZEIT Ungefähr 11 Tage; die Wanderung ist mit dem dreiwöchigen Annapurna-Rundweg kombinierbar

ANFAHRT In Pokhara, das von Kathmandu aus mit dem Auto oder dem Flugzeug erreichbar ist, können Trecks organisiert werden

INFORMATION Stan Armington: *Trekking in Nepal, 2002*

BLÜTEZEIT
Hinter den bunten Studentenblumen ragen die weiß glitzernden Annapurna-Gipfel (links) und der Hiunchuli (rechts) auf.

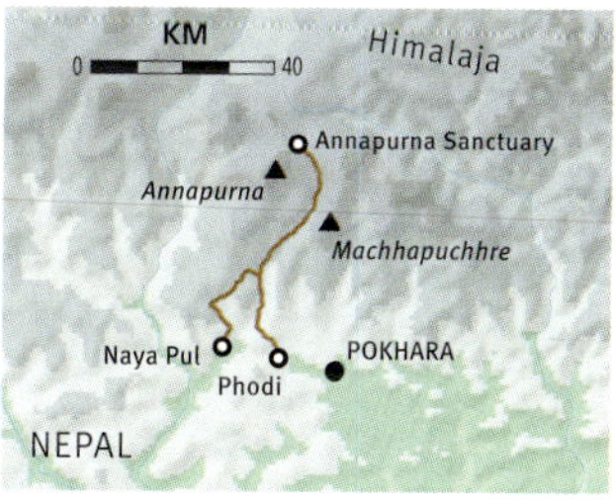

SCHNEEBEDECKTES HEILIGTUM
Hohe Gipfel säumen das heilige Tal. Im Base Camp hört man nachts oft in der Umgebung niedergehende Lawinen.

Die Chinesische Mauer

NORDOSTCHINA

Die Chinesische Mauer, eines der sieben Weltwunder, schlängelt sich wie ein riesiges Urtier durch das zerklüftete gebirgige Gelände. Ihre ältesten Abschnitte wurden vor über 2000 Jahren als Verteidigungswall errichtet, große Teile entstanden jedoch erst in der Ming-Dynastie (1368–1644). Manche ihrer Streckenabschnitte sind begehbar.

UNWIRTLICHES GELÄNDE
Die Mauer folgt dem Auf und Ab der Landschaft. Da weite Strecken über harten Granit und Backstein führen, sind gut gepolsterte Schuhe ratsam. Der Weg führt teilweise auf, teilweise an der Mauer entlang und weicht zuweilen auf nahe gelegene Straßen aus. Manche Abschnitte liegen in Trümmern. Man kann mit oder ohne Führer wandern.

VERTEIDIGUNGSWALL
Unzählige Türme, die einst als Ausguck dienten, gliedern die Mauer. In manchen kann man übernachten.

DATEN UND INFORMATIONEN

START/ZIEL Jinshanling/Simatai

ENTFERNUNG Die Mauer ist insgesamt mehr als 6437 km lang. Bislang wurden nur Teilabschnitte erwandert. Von Jinshanling bis nach Simatai braucht man drei bis fünf Stunden.

DURCHSCHNITTLICHE GEHZEIT Es sind ein- bis siebentägige Trecks möglich.

ANFAHRT Jinshanling und Simai sind von Peking aus in zwei Stunden Fahrtzeit erreichbar. In beiden Orten gibt es Übernachtungsmöglichkeiten – sogar in einem der Wachtürme kann man übernachten. Viele Reiseveranstalter bieten längere geführte Wanderungen an.

INFORMATION Jacquetta Megarry: *Explore the Great Wall*, 2003

ZERKLÜFTETE BERGE
Die Chinesische Mauer folgt dem Auf und Ab des extrem gebirgigen Geländes.

Der Milford Track

NEUSEELAND, SÜDINSEL

Eine britische Zeitung bezeichnete 1908 den Milford Track als »die schönste Wanderung der Welt«, eine Meinung, die bis heute viele teilen. Der Weg beginnt am Te-Anau-See und führt über den Mackinnon Pass in den Milford Sound. Die Region gilt als eine der regenreichsten der Erde; unzählige Wasserfälle stürzen über die Steilwände in die Tiefe.

FEUCHTES GELÄNDE

Der Weg schlängelt sich im Tiefland durch Regenwald, erklimmt einen Hochgebirgspass und kehrt dann auf Meeresniveau zurück. Gute Regenkleidung und Insektenschutz sind unverzichtbar. Zum Wandern, ob auf eigene Faust oder mit Führer, braucht man eine Genehmigung. Übernachten kann man nur in einigen Hütten.

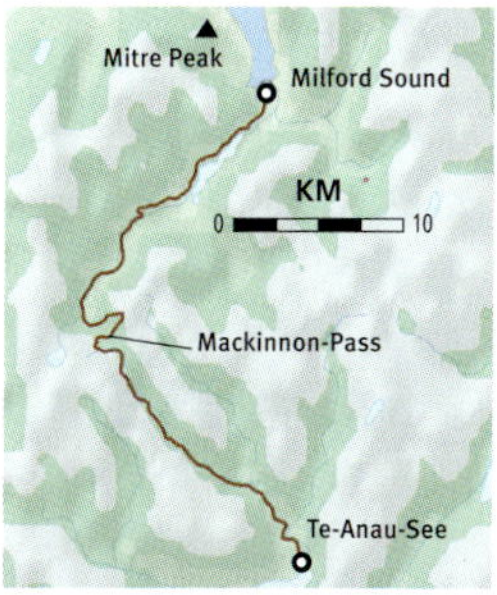

DATEN UND INFORMATIONEN

START/ZIEL Te-Anau-See/Milford Sound

LÄNGE 54 km

DURCHSCHNITTLICHE GEHZEIT 3–4 Tage

ANFAHRT Start und Ziel sind mit Auto, Bus und Fähre erreichbar

INFORMATION www.milfordtrack.net; New Zealand Department of Conservation: www.doc.govt.nz/Explore/002~Tracks-and-Walks/Great-Walks/Milford-Track

RAUSCHENDE WASSERFÄLLE
Bei Sturm hallt in den Tälern das Donnern der mächtigen Wasserfälle wider, die von den Bergen in die Tiefe stürzen.

SATTGRÜNE BERGE
Herrliche Ausblicke: Dank der häufigen Niederschläge leuchten die Berge durch die üppige Vegetation smaragdgrün.

Wandergebiete

Die Suche nach dem ultimativen Wanderziel gleicht dem Versuch, aus einem unüberschaubaren Angebot den besten aller Urlaubsorte herauszufiltern: Die Möglichkeiten sind so vielfältig wie die Landschaften selbst.

Wandern in Schutzgebieten

Nationalparks und Landschaftsschutzgebiete gibt es auf der ganzen Welt. Ihre meist reizvolle Lage macht sie zu idealen Wanderzielen. Sie dienen neben dem Schutz der Natur in erster Linie der Erholung; die Wege sind in der Regel gut markiert und leicht zu finden. Naturliebhaber kommen in den Genuss einer meist üppigen und vielfältigen Tier- und Pflanzenwelt.

NATIONALPARKS

Viele Gebiete von atemberaubender Schönheit, etwa die Pyrenäen, das Annapurna Sanctuary in Nepal, das Yosemite Valley in den USA und der Mount Kenia in Afrika, gehören ganz oder teilweise zu Nationalparks. Die Bestimmungen solcher Parks unterscheiden sich von Land zu Land. Bei einigen geht es vor allem um den Schutz der Natur, in anderen sind traditionelle Lebens- und Wirtschaftsformen der einheimischen Bevölkerung zugelassen. Es gibt kleine und große Nationalparks mit entsprechend weitläufigen und beliebten Wegenetzen. Teilweise benötigt man zum Durchqueren eine Genehmigung bzw. muss sich vorher anmelden.

WÄLDER UND NATURRESERVATE

Wälder und Naturreservate dienen nicht nur der Erholung, sondern werden auch bewirtschaftet, zum Beispiel durch Forstarbeiter oder landwirtschaftliche Betriebe. Nichtsdestotrotz sind Wälder und Naturreservate mit ihrem oft dichten Wanderwegenetz eine empfehlenswerte Alternative zu den oft überlaufenen Nationalparks. Wer das Naturerlebnis in vollkommener Abgeschiedenheit sucht, wird in den einsamen Waldgebieten auf Pflanzen und Tiere in Hülle und Fülle stoßen. Der Zustand der Wege ist sehr unterschiedlich und macht das Wandern in solchen Gebieten manchmal durchaus zu einem Abenteuer.

WALDWEGE
Bewirtschaftete Wälder sind oft nicht so überlaufen wie Nationalparks. Man wandert teils auf schmalen Pfaden, die sich zwischen den Bäumen hindurchschlängeln.

NATIONALPARKS
Der Grand Canyon National Park mit seinen tiefen Schluchten ist eines der beliebtesten und spektakulärsten Reiseziele der Erde. Die Wanderwege in Nationalparks sind meist in gutem Zustand.

LANDSCHAFTSSCHUTZGEBIETE

Landschaftsschutzgebiete vereinen die Vorzüge von Nationalparks und Naturreservaten. Bergbau und Rodung von Waldstücken sind in der Regel verboten. Da diese Gebiete in erster Linie der Erholung dienen, sind die Wege meist gut gepflegt. Landschaftsschutzgebiete sind oft weniger überlaufen als Nationalparks und bieten Wanderern daher bessere Möglichkeiten zur ungestörten Naturbeobachtung. Um sich tiefer in die Wildnis vorzuwagen, braucht man allerdings Erfahrung, denn es gibt kaum Straßen oder Schutzhütten.

NATURSCHUTZGEBIETE

Obwohl Naturschutzgebiete der Erhaltung und dem Schutz von Fauna und Flora dienen, ist das Wandern auf ausgewiesenen Wegen meist erlaubt. Die rechtlichen Bestimmungen sind sehr unterschiedlich; in vielen Naturschutzgebieten ist es beispielsweise verboten zu zelten.

KULTURELL BEDEUTSAME LANDSCHAFTEN

In vielen Ländern gibt es Gebiete, die ihres kulturellen und historischen Erbes wegen geschützt sind. Manche davon sind als Nationalparks ausgewiesen, z. B. der Lake District in England, der neben einer einzigartigen Landschaft auch alte Steinwälle und traditionelle Bauernhöfe zu bieten hat, oder das nepalesische Annapurna-Schutzgebiet mit seinen traditionellen Dörfern.

TIPPS FÜR ANFÄNGER

GENEHMIGUNGEN

Für den Besuch mancher Nationalparks und Reservate braucht man eine Genehmigung. Zelten ist meist nur auf ausgewiesenen Plätzen – oft gegen Gebühr – erlaubt.

RESERVIERUNGEN

Für die Wanderung auf einer populären Route, für die man eine Genehmigung benötigt, muss man sich – insbesondere in der Hochsaison – oft Monate im Voraus anmelden. Kurz Entschlossene können aber mit etwas Glück nachrücken, wenn angemeldete Wanderer nicht auftauchen – eine Anfrage lohnt sich auf jeden Fall.

PARKEINRICHTUNGEN

Am Eingang vieler Nationalparks findet man Outdoor-Ausrüster, Hotels oder Campingplätze mit Duschen. In einigen Parks gibt es Hütten und Schutzhütten. Wer diese Infrastruktur nutzt, kann mit leichterem Gepäck reisen.

VORSCHRIFTEN

Jeder Nationalpark hat seine eigenen Vorschriften, die beispielsweise regeln, ob Sie Feuer machen, einen Hund mitnehmen oder in der Nähe einer Wasserquelle zelten dürfen. Informieren Sie sich vor Ort!

VORBEREITUNG

In vielen Nationalparks gibt es populäre Routen, die in der Hauptsaison überfüllt sind. Informieren Sie sich vorab über Alternativrouten oder erkundigen Sie sich vor Ort beim Parkranger.

Wandern in den Bergen

Nichts beflügelt die Fantasie eines Wanderers mehr als ein Hochgebirgsgipfel, der sich in den Himmel erhebt. Wanderzeitschriften locken mit Bildern von schneebedeckten Bergkuppen, blumenübersäten Wiesen und tiefblauen Bergseen. Wenn auch Sie auf der Suche sind nach einem unvergleichlichen Naturerlebnis, nach körperlicher Herausforderung oder dem Jungbrunnen schlechthin, schnüren Sie Ihre Bergstiefel!

DIE GEBIRGSLANDSCHAFT

Im Gebirge herrschen andere klimatische Verhältnisse als im Flachland. Mit zunehmender Höhe sinkt die Temperatur, die Niederschlagswahrscheinlichkeit steigt. Darüber hinaus hat jede Gebirgsregion ihre Besonderheiten: Je nach Jahreszeit gelten manche Gebiete als sonnensicher oder verregnet, über manchen Zonen gehen im Sommer jeden Nachmittag Gewitter nieder, in anderen können völlig überraschend Stürme auftreten. Oberhalb der Baumgrenze ist man mitunter heftigem Wind und starker Sonneneinstrahlung ausgesetzt. Wichtig ist es, den Körper langsam an die veränderten Bedingungen in höheren Lagen zu gewöhnen. Informieren Sie sich in jedem Fall vorab mit Hilfe von Reiseführern möglichst umfassend über Klima und Eigenheiten Ihres Wanderzieles.

SCHNEE IN DEN BERGEN

In den meisten Teilen der Welt eignet sich nur der Sommer für Hochgebirgswanderungen. In heißen und tropischen Klimazonen kann Bergwandern zu jeder Jahreszeit eine buchstäblich erfrischende Abwechslung sein, denn die Gipfel sind teilweise sogar noch im Sommer schneebedeckt. In den meisten Gebieten beginnt die Schneeschmelze etwa am

LOCKRUF DER BERGE
Eine Gebirgswanderung ist eine Herausforderung und erfordert Geschick. Wer gut vorbereitet ist, wird jedoch unterwegs immer wieder mit großartigen Ausblicken belohnt.

WINTERWANDERN
Eine Winterwanderung macht man am besten mitten in der kalten Jahreszeit. Das Wetter ist dann stabiler und Schnee und Eis sind fester, sodass sie mehr Trittsicherheit bieten.

Sommeranfang (je nachdem, wie viel Schnee im Winter gefallen ist und wie früh der Sommer einsetzt), im Frühherbst fängt es dann schon wieder an zu schneien. Je weiter vom Äquator entfernt und je höher eine Bergregion liegt, umso kürzer ist die Klettersaison – viele Gebiete sind zu keiner Zeit des Jahres völlig schneefrei, selbst sommerliche Schneestürme sind möglich.

JAHRESZEITLICH BEDINGTE GEFAHREN

Im späten Frühjahr und im Frühsommer muss man unter Umständen Eis- und Schneefelder überqueren (*siehe* S. 167–169). Das erfordert Erfahrung und entsprechende Ausrüstung, z.B. einen Eispickel. Auch die Schneeschmelze gehört zu den jahreszeitlich bedingten Risiken, auf die man bei Hochgebirgswanderungen achten muss. Das Schmelzwasser lässt Flüsse und Bäche anschwellen, sodass ihre Überquerung schwierig oder gar gefährlich ist (*siehe* S. 164–166).

OHNE FLEISS KEIN PREIS

Einen Berg zu besteigen bedeutet für alte wie junge, geübte wie ungeübte Wanderer eine große körperliche Herausforderung, die mit einem unvergleichlichen Erfolgserlebnis belohnt wird, wenn der Gipfel erst bezwungen ist. Manche Gipfel, darunter auch einige der höchsten weltweit, lassen sich in guter körperlicher Verfassung auch ohne Spezialausrüstung erklimmen, so z.B. der 4.418m hohe Mt. Whitney in Kalifornien, der 5.895m hohe Kilimandscharo in Tansania und sogar der 6.960m hohe Aconcagua in Argentinien. Bergsteigen ist dennoch eine Herkulesaufgabe. Die höchsten Wolkenkratzer der Welt sind 366m hoch – wenn Sie einen Berg besteigen, müssen Sie an einem Tag unter Umständen die dreifache Höhe bewältigen.

TIPPS FÜR ANFÄNGER

WETTERÄNDERUNGEN

In den Bergen sind plötzliche Wetteränderungen an der Tagesordnung. Nehmen Sie immer Regenkleidung und lieber zu viele als zu wenige warme Sachen mit.

INSEKTENSCHUTZ

Die Insektenplage ist etwa zwei Wochen nach der Schneeschmelze am schlimmsten, besonders in Gebieten mit viel Schnee (Hochgebirge und Wälder der kalten Klimazonen).

WANDERZEIT SPÄTSOMMER

Im Spätsommer ist das Wetter oft stabiler als zuvor – Flüsse führen weniger Wasser und Insekten sind kaum mehr ein Problem.

WANDERTEMPO

Durch schweres Gepäck und lange oder steile Aufstiege kommt man nur etwa halb so schnell voran wie in der Ebene.

HÖHENKRANKHEIT

In höheren Regionen ist der Luftdruck niedriger und man nimmt beim Einatmen entsprechend weniger Sauerstoff auf. Dies kann zu akuter Höhenkrankheit führen. Kurzatmigkeit kann schon unterhalb von 2500m auftreten. Weitere Symptome sind Übelkeit, Schwindel und Kopfschmerzen. Die Höhenkrankheit kann gefährlich werden, wenn sie nicht sofort behandelt wird (*siehe* S. 228), daher ist es lebenswichtig, sofort in niedriger gelegene Gebiete abzusteigen. Normalerweise akklimatisiert man sich jedoch nach ein paar Tagen.

Wandern in heißen Regionen

Wüstenlandschaften sind oft von einer ebenso spröden wie dramatischen Schönheit und fast das ganze Jahr über niederschlagsfrei. Im Gegensatz dazu bieten Dschungel und Regenwälder dank ihres feuchten Klimas eine faszinierende Vielfalt an Tieren und Pflanzen. Für eine Wanderung in der Wüste oder im Regenwald ist aber unbedingt Spezialausrüstung erforderlich – und man muss auf extreme Witterungsbedingungen vorbereitet sein.

DIE WÜSTE

Als Wüsten gelten Gebiete, in denen jährlich weniger als 23 cm Niederschlag fallen und die potenzielle Verdunstung höher ist als die Summe der Niederschläge. Es ist deshalb unabdingbar, bei Reisen bzw. Wanderungen in solchen Regionen Wasservorräte mit sich zu führen. Aride und semiaride Klimazonen sind etwas niederschlagsreicher oder nur einen Teil des Jahres trocken. Sie stellen Wanderer aber vor dieselben Herausforderungen wie Wüsten.

WANDERN IN DER WÜSTE
Um in der Wüste zu wandern, braucht man geeignete Kleidung, die die Haut vor der unbarmherzigen Sonne schützt und auch Gesicht und Nacken Schatten spendet.

WANDERN IN DER WÜSTE

Auf den ersten Blick ist die Vorstellung, zu Fuß eine karge, einsame, heiße und ausgetrocknete Landschaft zu durchwandern, nicht besonders verlockend. Doch die Wüste übt einen ganz besonderen Zauber aus, z. B. wenn nach heftigem Regen plötzlich Kakteen und Wildblumen blühen. Der Wunsch nach grenzenloser Wildnis unter einem endlosen Himmel und totaler Einsamkeit ist die Motivation für eine Wüstenwanderung.

DIE JAHRESZEITEN

In vielen Wüsten gibt es eine kurze Regen- oder Monsunzeit mit plötzlichen heftigen Unwettern, bei denen ein großer Teil des jährlichen Niederschlags fällt. Nach der Regenzeit hat man die beste Chance, in ansonsten ausgetrockneten Wasserläufen und Quellen Wasser zu finden. Achtung: Es können blitzartig Hochwasser auftreten, insbesondere in Schluchten und ausgetrockneten Flussbetten mit steil abfallenden Ufern.

SPEZIALAUSRÜSTUNG FÜR DIE WÜSTE

Um den Körper vor der sengenden Sonne zu schützen, braucht man entsprechende Kleidung und eine Sonnencreme mit hohem Lichtschutzfaktor. Außerdem benötigen Sie Wasservorräte und einen guten Filter, denn das Wasser in der Wüste ist oft verschmutzt. Ein Zelt hingegen ist in der Trockenzeit meist überflüssig. Eine Regenjacke schützt vor dem scharfen Wüstenwind, als Schattenspender kann eine Plane dienen. Für die Nacht benötigen Sie warme Kleidung, denn nach Sonnenuntergang fällt die Temperatur dramatisch.

TROPISCHER REGENWALD

In den tropischen und subtropischen Gebieten der Erde in Südamerika, Afrika und Südostasien finden sich zwei

WANDERN IM TEMPERIERTEN REGENWALD
Eine Wanderung durch lichtgesprenkelte uralte Wälder ist ein tolles Naturerlebnis. Doch selbst in der kurzen Trockenzeit ist es kalt und es herrscht hohe Luftfeuchtigkeit.

einzigartige Ökosysteme: Dschungel und Regenwald. Während im tropischen Regenwald ein dichtes Kronendach die Bodenpflanzen schützt, besitzt der Dschungel eine fast undurchdringliche Vegetation. In beiden herrscht feuchtwarmes Klima, im Dschungel gibt es auch eine Trockenzeit. Wer sich für Tiere und Pflanzen interessiert, findet hier neben Baumriesen und Orchideen unzählige Insekten- und Vogelarten.

REGENWÄLDER DER GEMÄSSIGTEN ZONE

Diese so genannten temperierten Regenwälder gibt es in Gebieten mit hohen jährlichen Niederschlägen und geringer Verdunstung, beispielsweise in Neuseeland, Tasmanien, Chile, Norwegen und an der nordamerikanischen Pazifikküste. Sie beheimaten einige der größten Baumarten der Erde. Das Unterholz temperierter Regenwälder ist mit morschen, verwesenden Baumstümpfen übersät, aus denen junge Pflanzen sprießen. Auf manchen Wegen schützen hölzerne Stege die empfindliche Vegetation und bieten Wanderern bei Regen einen Pfad durch den Schlamm.

SPEZIALAUSRÜSTUNG FÜR DEN REGENWALD

Außer guter Regenkleidung und einem Doppeldachzelt benötigt man ein Moskitonetz, ein Kopfnetz und Insektenschutzmittel. Warme Kleidung ist ebenfalls unentbehrlich. Wanderstöcke, Wandergummistiefel und eine wasserdichte Tasche für Kamera und Wanderkarten sollten die Ausrüstung ergänzen.

TIPPS FÜR ANFÄNGER: WÜSTEN

VORSICHT, SONNE!

Hut, Schutzkleidung und Sonnenschutzmittel gegen die Sonne sind ein Muss. Über Mittag Rast machen!

WASSERRESERVEN

Nehmen Sie pro Person und pro Stunde Gehzeit einen Liter Wasser mit.

VERPFLEGUNG

Essen Sie regelmäßig leicht bekömmliche Snacks, z. B. Nüsse oder Trockenfrüchte.

NÄCHTLICHE KÄLTE

Ihr Schlafsack sollte nachts auch Kälte abhalten können.

JAHRESZEIT

Falls es saisonale Unterschiede gibt, in der kälteren Jahreszeit wandern.

TIPPS FÜR ANFÄNGER: REGENWALD

WANDERFÜHRER

Engagieren Sie einen Führer, der Sie mit der Flora und Fauna Ihres Wandergebiets bekannt macht.

DETAILKARTEN

Eine gute Wanderkarte ist unentbehrlich, um unterwegs den genauen Standort zu bestimmen.

GPS-EMPFÄNGER

Ein GPS-Empfänger erleichtert die Orientierung im dichten Wald. Er sollte wasserdicht verstaut werden.

TROCKENZEIT

Im Dschungel empfiehlt sich das Wandern während der Trockenzeit, wenn die Pfade weniger matschig sind.

Wandern jenseits ausgetretener Pfade

Landschaften, die sich zum Wandern eignen, können ganz unterschiedlich sein: wilde Küsten, das Moor, menschenleerer Busch, die arktische und subarktische Zone und viele andere Regionen versprechen großartige Naturerlebnisse. Doch jedes Terrain stellt auch andere Anforderungen an den Wanderer bzw. erfordert unter Umständen eine Spezialausrüstung.

KÜSTENWEGE

Manche Küstenwege folgen einfach der Küstenlinie, andere verlaufen etwas weiter im Inland jenseits der Flutmarke, sind also auch bei Hochwasser begehbar. Beziehen Sie in die Planung Ihrer Route Gezeitenpläne mit ein, um lange Wartezeiten bis zur Ebbe zu vermeiden. Denken Sie daran, dass das Laufen im weichen Sand ermüdet und Ausdauer erfordert. An manchen Sandstränden darf man zelten, ansonsten bieten sich Gasthäuser und Hotels vieler Küstenorte zum Übernachten an. Ein Hut, Wasser, Sonnen- und Insektenschutz gehören zur Grundausstattung.

AN DER KÜSTE
Unterwegs auf Küstenwegen bieten sich dem Wanderer oft dramatische Naturschauspiele.

MOORLAND

Hochmoore sind offene, sanft ansteigende Landschaften mit kühlem Klima. Bei gutem Wetter sind sie schön, wild und einsam, allerdings kommt es häufig zu plötzlichen Nebeleinbrüchen. Im Nebel sieht man wenig bis nichts und braucht ein entsprechend gutes Orientierungsvermögen. Ein GPS-Empfänger erleichtert das Zurechtfinden.

Plötzliche Regengüsse sind im Moorland nichts Ungewöhnliches. Sümpfe erschweren das ganze Jahr über das Vorankommen und können gefährlich werden, wenn man in die durchnässte Erde einsinkt. Deshalb sollte man im Moor immer mindestens zu zweit wandern, um sich gegenseitig helfen zu können.

IM MOOR
Hier ist gute Ausrüstung erforderlich, vor allem Regenkleidung und ein regensicheres Zelt sowie wasserdichte Hüllen für Rucksack, Karten und Kamera.

UNTERWEGS IM OUTBACK
Sonnenschutz und entsprechende Kleidung sind unerlässlich. Nachts kann es sehr kalt werden, man braucht also einen guten Schlafsack.

OUTBACK UND BUSCH

Diese Landstriche sind nur dünn besiedelt und man wandert einsam durch wilde und zerklüftete Gegenden. Grundvoraussetzung dafür ist die Fähigkeit, einer gut geplanten Route mit Hilfe von Karte, Kompass und GPS-Empfänger zu folgen. Da Wanderwege in solchen Gebieten selten sind, müssen Sie schätzen, wie weit Sie pro Tag kommen und wie viel Proviant und Wasser Sie benötigen. In Buschdörfern kann man zwar einkaufen, aber die Auswahl ist klein. Lassen Sie sich von einem einheimischen Führer bei Ihrer Planung helfen. Er weiß auch, wie man unliebsame Begegnungen mit wilden Tieren vermeidet.

ARKTISCHE UND SUBARKTISCHE GEBIETE

Im hohen Norden reicht das landschaftliche Spektrum von gewaltigen Eisflächen bis zu mächtigen Bergketten, von engen Fjorden bis zu weiten Gletschertälern. Gute Orientierungsfähigkeit ist lebenswichtig, denn es gibt wenig markierte Wege (und diese sind meist schneebedeckt). Sie brauchen einen extrem dicken Schlafsack (zumindest einen Drei- oder Vier-Jahreszeiten-Schlafsack), mehrere Schichten warme Kleidung, bärensichere Behälter sowie Karte, Kompass und GPS-Empfänger. Insektenschutz, etwa ein Moskitonetz für den Kopf, ist wichtig. Planen Sie Ihre Reise so, dass sie Rentiere oder Karibus auf ihren Wanderungen beobachten können, doch nehmen Sie sich vor gefährlichen Tieren wie Braun- und Eisbären in Acht. Das Ökosystem der Arktis ist empfindlich, daher auf keinen Fall Müll hinterlassen.

CAMPING IN DER ARKTIS
Um in der Arktis zu zelten, müssen Sie z. B. wissen, wie man einen Schneeschutz aufbaut oder im Freien heiße Mahlzeiten zubereitet.

Wandern nach Maß

Wandern kann jeder, wie er möchte. Man kann mit Sack und Pack für ein paar Tage oder Wochen auf Tour gehen und sich selbst verpflegen oder ein Land mithilfe von Trägern für den Transport des Gepäcks bereisen. Auch bei den Unterkünften gibt es große Unterschiede.

Wandern auf Fernwanderwegen

Fernwanderwege können mehrere tausend Kilometer lang sein, bestehen aber aus Etappen. Sie eignen sich daher für kürzere und längere Touren und stellen keine großen Anforderungen an den Wanderer. Die Wege sind meist gut markiert. Die einzelnen Streckenabschnitte sind in der Regel über Wanderparkplätze zugänglich. Für Wanderausflüge, und sei es nur für ein oder zwei Tage, sind Fernwanderwege genau das Richtige.

WANDERN WELTWEIT

Fernwanderwege gibt es überall auf der Welt. Das Spektrum reicht von traditionellen Fußpfaden in unwegsamen Regionen bis zu perfekt ausgebauten und markierten Wanderwegen, die speziell für Erholungssuchende angelegt wurden. In Europa, vor allem im Gebirge oder in Mittelgebirgen, folgen Fernwanderwege oft alten Handelsstraßen oder Hirtenpfaden. Für die Pflege und Markierung dieser Wanderwege sind häufig die örtlichen Wandervereine zuständig, die sich auch stark für den Naturschutz einsetzen.

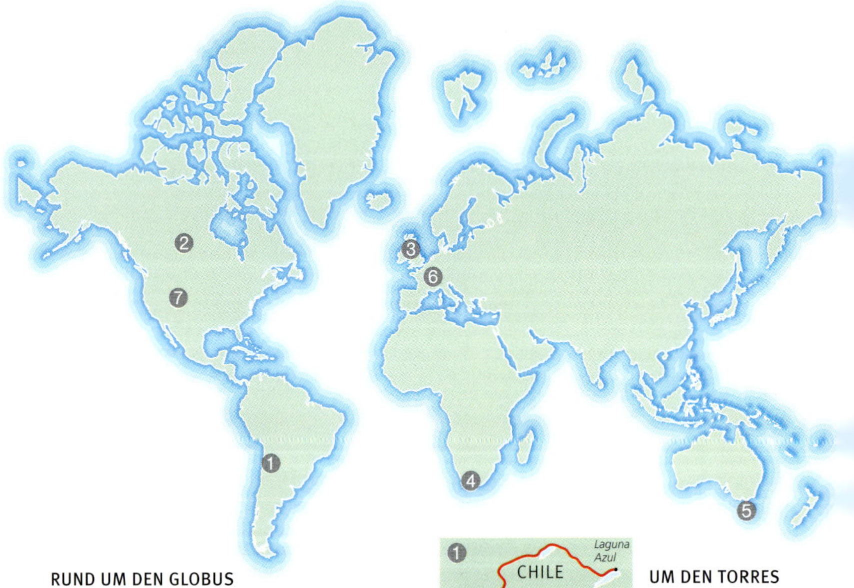

RUND UM DEN GLOBUS

Auf der Welt gibt es zigtausend eindrucksvolle Wanderrouten, von denen im Folgenden nur eine kleine Auswahl präsentiert werden kann. Einige sind reine Fußwege, andere verlaufen streckenweise auf Straßen. Übernachten kann man in Hütten oder Schutzhütten. In manchen Gebieten ist wildes Campen erlaubt.

UM DEN TORRES DEL PAINE (CHILE)

Dieser 115 km lange Weg durch Patagoniens entlegenen Nationalpark führt zu Gletschern, Wäldern und Seen.

TRANS-CANADA TRAIL (KANADA)
Nach seiner endgültigen Fertigstellung wird der Trans-Canada Trail mit einem Streckennetz von mehr als 18 000 km der längste Fernwanderweg der Welt sein.

COAST TO COAST WALK (GB)
Auf diesem 304 km langen Weg durchquert man Landschaften wie die Pennines, die Yorkshire Dales und den Lake District. Weite Strecken verlaufen im Hochland.

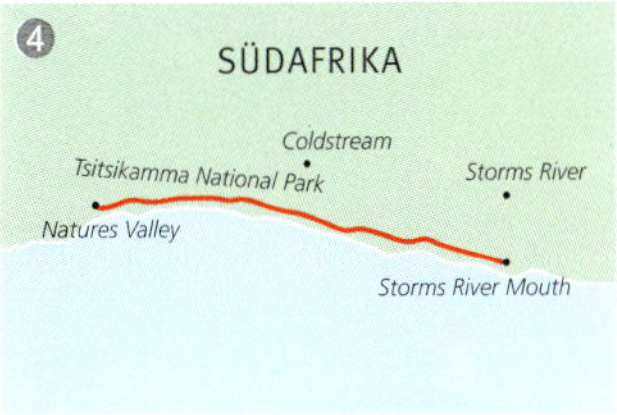

OTTER TRAIL (SÜDAFRIKA)
Dieser nur 42 km lange Küstenweg lässt sich leicht mit dem Dolphin Trail und dem Tsitsikamma Trail verknüpfen, um auch das gebirgige Hinterland zu erkunden.

SOUTH COAST TRACK (AUSTRALIEN)
Dieser atemberaubende 83 km lange Küstenweg Tasmaniens führt durch einige der letzten temperierten Regenwälder dieser Erde und durch zwei Gebirgszüge.

GR 5 (EUROPA)
Dieser Weg führt von der Nordsee durch Holland, Belgien, Luxemburg, die Schweiz und Frankreich bis zum Mittelmeer. Zu den Höhepunkten gehören die holländischen Kanäle, die Alpen und das Elsass.

CONTINENTAL DIVIDE TRAIL (USA)
Der schwierigste und einsamste Wanderweg der USA folgt der kontinentalen Wasserscheide. Ein großer Teil ist bereits fertig gestellt; insgesamt wird er einmal 5000 km lang sein.

TIPPS FÜR ANFÄNGER

WANDERVEREINE

Viele Fernwanderwege werden von Wandervereinen instand gehalten, die auch Gruppenwanderungen organisieren. Sie geben zudem Auskunft über die Beschaffenheit der Wege oder über Parkplätze.

HIGHLIGHTS

Neben landschaftlich reizvollen sind oft auch weniger beeindruckende Streckenabschnitte zurückzulegen. Wer nicht den Ehrgeiz hat, den gesamten Weg zu bewältigen, kann sich diese Passagen auch sparen. Fragen Sie Wandervereine nach den schönsten Etappen.

ZUSTAND DER WEGE

Fernwanderwege werden aufgrund ihrer Länge von vielen verschiedenen Institutionen verwaltet. Sie können durch Nationalparks, Reservate, private Ländereien, Ackerland und Staatsforste führen. Nicht alle Streckenabschnitte sind daher in gleich gutem Zustand. Informieren Sie sich rechtzeitig darüber.

WEGE-KOMBINATIONEN

In vielen größeren Wandergebieten wie z. B. Nationalparks gibt es neben Fernwanderwegen auch kleinere Routen, die sich zu einer Wanderung zusammenstellen lassen, die Sie wieder zum Ausgangspunkt zurückführt.

Die Wahl der Unterkunft

Übernachtungsmöglichkeiten gibt es beim Wandern viele: im Zelt, in einer Hütte, in Gasthäusern, Herbergen oder Hotels. Das Angebot ist je nach Wanderregion unterschiedlich, entscheidend ist, welche Erwartungen man an seine Unterkunft hat. Wer die Abwechslung liebt, kann auf einer langen Tour auch mehrere Varianten ausprobieren.

ZELTEN IN FREIER NATUR

Für Mehrtageswanderungen empfiehlt sich ein leichtes Zelt. In vielen Wanderregionen, besonders in Nordamerika und in Europa, schlägt man – soweit erlaubt – sein Zelt mitten in der Natur auf. Es dient als Schlafplatz *und* als Schutz, denn Hütten, Schutzhütten, Herbergen, Gasthäuser oder dergleichen gibt es nicht. Kaum jemand, der hier unterwegs ist, vermisst allerdings solche Unterkünfte, denn die meisten Wanderer ziehen es ohnehin vor, in der Einsamkeit der Wildnis zu übernachten. Wichtig ist, den Zeltplatz immer sauber und ohne Müllreste zu hinterlassen.

CAMPINGPLÄTZE

Eine Alternative zum Wildcampen sind Campingplätze, die sich in Wandergebieten auch oft in der Nähe von Hütten oder Herbergen befinden, in denen man Mahlzeiten erhält oder selbst zubereiten kann. In manchen Nationalparks, besonders in den USA, darf man grundsätzlich nur auf ausgewiesenen Plätzen zelten.

VON HÜTTE ZU HÜTTE

Hütten sind vor allem in Europa – insbesondere in den Alpen und in Norwegen – und in Neuseeland verbreitet, in Nordamerika dagegen kaum. Sie liegen meist abseits der Straßen und sind normalerweise nur zu Fuß erreichbar. Oft sind sie mit Gemeinschaftsschlafräumen und Kochgelegenheiten ausgestattet oder bieten Mahlzeiten zu vernünftigen Preisen an. In der Hochsaison empfiehlt sich auf stark frequentierten Routen die Reservierung von Übernachtungsplätzen.

HÜTTEN
Hütten sind einfache, bequeme Unterkünfte. Man braucht kein Zelt und in der Regel auch kein eigenes Kochgeschirr mitzubringen.

SCHUTZHÜTTEN
Diese moderne Schutzhütte in Neuseeland bietet Schutz vor Sturm und Unwettern.

NOT-SCHUTZHÜTTE
Hier gilt: »Wer zuerst kommt, mahlt zuerst«, z. B. in dieser Schutzhütte neben einem Bergpfad in Peru.

HÜTTE
Eine bewirtete Hütte an einem Gebirgswanderweg, wie sie in den Alpen typisch ist.

BED & BREAKFAST UND HERBERGEN

An populären Wanderwegen gibt es meist unzählige Wanderherbergen. Sie bieten etwas mehr Komfort als Hütten, so z. B. Einzelunterkünfte für Familien, Gelegenheit zum Wäschewaschen und Bewirtung. Entsprechende Adressen findet man in den meisten Wanderführern. Der Vorteil: Man kann auf Schlafsack und Kochgeschirr verzichten und Ausflüge in die Umgebung unternehmen. Hinsichtlich der Qualität und Sauberkeit gibt es allerdings große Unterschiede – die Skala reicht von gut geführten Häusern bis zu schmuddeligen Bretterbuden.

SCHUTZHÜTTEN

Schutzhütten sind ziemlich primitive Hütten oder Unterstände ohne jeden Service. Sie sind weder bewirtet, noch gibt es die Möglichkeit zum Kochen oder Wäschewaschen. In Schottland sind sie seit jeher eine beliebte Unterkunft bei Wanderern, während in den Alpen heute meist ehemalige Schäferhütten zweckentfremdet wurden.

ZELTE
Abseits der Zivilisation braucht man genügend Proviant und ein Zelt, kann dafür aber völlig ungestört in der freien Natur übernachten.

Trekking in Entwicklungsländern

Viele Länder lernt man am besten und bequemsten zu Fuß kennen: Man braucht sich nicht auf fremde Fahrpläne und öffentliche Verkehrsmittel einzustellen, kommt mit der einheimischen Bevölkerung in Kontakt und kann jederzeit Kulturdenkmäler oder Sehenswürdigkeiten besichtigen. Eine Variante kann das Wandern mit Trägern oder Packtieren sein.

ORGANISIERTE TREKKINGS

Die Organisatoren von Trekkingtouren haben von einfachen Wanderungen bis zur großen Expedition alles im Angebot. Die Gruppe steht unter der Leitung eines Wanderführers und wird von Trägern begleitet, die die Ausrüstung transportieren, kochen und die Zelte aufschlagen. Organisierte Trekkings kann man von zu Hause aus buchen oder nach der Ankunft im jeweiligen Land arrangieren. Durch die Verpflichtung von Trägern und Führern unterstützen Reisende die regionale Wirtschaft; durch ihre Präsenz tragen sie indirekt zur Erhaltung der natürlichen Umwelt bei, da viele Einheimische von den Einnahmen aus dem Tourismus leben (*siehe* S. 126–129).

PACKTIERE

Für den Proviantttransport können Lamas, Esel, Maultiere, Pferde und sogar Ziegen eingesetzt werden. Eine Trekkingtour mit Packtieren erfordert zwar mehr Planung als eine normale Wanderung, doch man kann mehr Gepäck und Lebensmittel mitnehmen. Wenn man Packtiere einsetzt, muss unbedingt ein Führer und Betreuer für die Tiere dabei sein.

INDIVIDUAL-TREKKING

Viele erfahrene Globetrotter bereisen auch Entwicklungsländer am liebsten auf eigene Faust. Zahlreiche Trekking-Reiseführer informieren über Routen, Unterkünfte, Restaurants und Gelegenheiten zum Aufstocken der Lebensmittelvorräte. Aber auch für Individualreisende lohnt es sich, einen einheimischen Führer zu engagieren und von seinen Kenntnissen über Land und Leute zu profitieren (*siehe* S. 118–125).

LAND UND LEUTE
Städte und Dörfer am Weg sind gute Gelegenheiten, um mit Einheimischen in Kontakt zu kommen.

GEBETSSTEINE IN NEPAL
Informieren Sie sich bei der Vorbereitung auch über religiöse Bräuche und das angemessene Verhalten beim Besuch religiöser Stätten.

PERSÖNLICHE SICHERHEIT

Gerade in Entwicklungsländern ist das Wohlstandsgefälle zwischen Touristen und Einheimischen oft extrem. Mit dem Geld, das Sie für Ihr Flugticket oder Ihre Ausrüstung bezahlt haben, kann eine einheimische Familie in Ihrem Reiseland eventuell ein ganzes Jahr lang leben. Dies kann – überall auf der Welt – Begehrlichkeiten wecken. Um sich vor Diebstahl zu schützen, gibt es eine ganze Reihe von Produkten: z. B. mit Kabel verstärkte Geldgürtel, kleine Vorhängeschlösser, Stahlnetze zur Sicherung des Rucksacks und Taschen mit Geheimfächern. Grundregel Nummer eins ist aber, keine teuren elektronischen Geräte oder große Geldsummen zur Schau zu stellen und seine Habseligkeiten immer im Auge zu behalten. Vorsicht ist besonders in politischen Krisenregionen geboten! Einheimische Führer können Ihnen helfen, kritische Gebiete zu meiden.

SITTEN UND GEBRÄUCHE

Andere Kulturen haben andere kulturelle und religiöse Tabus, die für Westeuropäer manchmal befremdlich wirken können, deren – versehentliche – Überschreitung jedoch kränkend sein kann. In Nepal beispielsweise wird es als Beleidigung aufgefasst, wenn man auf der falschen Seite an einer Gebetswand entlanggeht. Sie sollten sich also vor Ihrer Reise über die Sitten und Gebräuche Ihres Reiselandes informieren und sie dann auch beachten.

UNGEWOHNTES ESSEN

Unterwegs bietet sich oft die Gelegenheit, einheimische Gerichte zu probieren – die den typischen »Touristenmenüs« meist vorzuziehen sind. Wer allerdings an einer Lebensmittelallergie leidet, eine strenge Diät halten muss oder eine Abneigung gegen bestimmte Lebensmittel hat, sollte in abgelegene Gegenden für alle Fälle einen kleinen Vorrat abgepackter eigener Lebensmittel mitnehmen.

HYGIENE UND SANITÄRE EINRICHTUNGEN

Viele Wanderer ziehen einfache Unterkünfte direkt am Weg den großen Hotels touristischer Regionen vor. Allerdings ist in abgelegenen Gegenden sauberes Wasser oft Mangelware, und die auf der Straße verkauften Lebensmittel sind buchstäblich mit Vorsicht zu genießen. Wer wenig Erfahrung mit Fernreisen hat, sollte sich vorher gut über sein Reiseland informieren. Für Globetrotter, denen Komfort und Hygiene sehr wichtig sind, empfiehlt sich die Teilnahme an einer organisierten Trekking-Tour.

RUSTIKALES TOILETTENHÄUSCHEN
Die sanitären Einrichtungen in den bäuerlichen Regionen vieler Entwicklungsländer sind oft sehr einfach und manchmal alles andere als hygienisch.

Die richtige Reisezeit

Man kann bei der Planung zuerst das Ziel festlegen und dann über den besten Zeitpunkt entscheiden. Wer seine Urlaubszeit nicht frei wählen kann, sucht zu seinem Reisetermin das geeignete Ziel. Wie auch immer: Reisezeit und Urlaubsziel müssen gut aufeinander abgestimmt sein.

Das Klima

Hitze, Kälte, Trockenheit, Niederschlag und Wind können die Freude an einem Wanderurlaub durchaus schmälern. Gut ausgerüstete und erfahrene Wanderer können sich auf extreme Wetterbedingungen oft problemlos einstellen. Trotzdem empfiehlt es sich, eine Reisezeit zu wählen, in der Niederschläge und jahreszeitlich bedingte Wetterkapriolen die Ausnahme sind.

REGEN UND NIESELREGEN

Viele Gebiete haben eine trockenere und eine regenreichere Jahreszeit. Das kann bedeuten, dass es den ganzen Tag nieselt oder dass kurzzeitig heftige Gewitter aufkommen. Empfindet man gelegentliche Regengüsse im Sommer oft als erfrischende Abwechslung, kann einem unablässiger Nieselregen an kühleren Tagen richtig zusetzen. Die Regenzeit sollte man deshalb in vielen Regionen der Erde als Reisezeit meiden. Auf jeden Fall empfiehlt sich immer angemessene Regenkleidung.

DAUERREGEN
Über Berggipfeln hängen oft tiefe Wolken. Mit einem Platzregen muss man hier immer rechnen, in der trockeneren Jahreszeit sind sie aber seltener.

HITZE UND SONNE

Das Gehen bei Temperaturen weit über 24–27 °C kann schon nach kurzer Zeit ausgesprochen anstrengend sein. In Wüsten und in Gebirgsregionen oberhalb der Baumgrenze, wo der Schnee die Sonne reflektiert, sind solche Temperaturen keine Ausnahme. In manchen Teilen der Welt, z. B. in Australien und Neuseeland, wo das Ozonloch sehr ausgeprägt ist, bekommt man schnell einen gefährlichen Sonnenbrand. Auch hohe Luftfeuchtigkeit ist oft unangenehm – das Wandern in tropischen Regenwäldern und temperierten Laubwäldern kann im Sommer eine äußerst schweißtreibende Angelegenheit sein.

EXTREME HITZE
In heißen, trockenen Regionen ist es angenehmer, im Winter oder im Vorfrühling zu wandern, wenn die Sonne noch nicht so viel Kraft hat.

KALTE NÄCHTE
In Hochlagen können die Temperaturen auch im Frühling nachts unter null Grad fallen. Manche Wanderwege sind während der Wintermonate unpassierbar.

In trockenen Klimazonen ist die Luftfeuchtigkeit so gering, dass die Tageswärme nicht gespeichert werden kann, sodass die Nächte selbst dann bitterkalt werden können, wenn es tagsüber extrem heiß war.

SCHNEE UND EIS

Hoch gelegene Berghänge können bis in die Sommermonate hinein mit Schnee und Eis bedeckt sein. Dadurch steigt die Lawinengefahr. Wenn Sie im Frühsommer im Hochgebirge wandern wollen, erkundigen Sie sich beim Fremdenverkehrsbüro Ihres Zielorts nach den aktuellen Schneeverhältnissen.

REGENZEIT

In vielen tropischen und subtropischen Regionen sowie in einigen temperierten Regenwäldern und sogar in Wüsten gibt es Trocken- und Regenzeiten. In einer Wüstenregion kann die »Regenzeit« aus ein paar nachmittäglichen Gewittern bestehen, doch in den Tropen regnet es oft tagelang ununterbrochen und man kann seine Kleider kaum noch trocknen. Man sollte deshalb unbedingt vermeiden, in der Regenzeit zu wandern.

HURRIKANS UND TAIFUNE

In vielen Gebieten der Tropen treten jahreszeitlich bedingt – besonders zwischen August und November – heftige Wirbelstürme auf. Sie entwickeln sich über aufgeheizten Ozeanen und sind im pazifischen Raum als Taifune, in Mittel- und Nordamerika als Hurrikans bekannt.

SMOG UND STAUB

Die industriell oder klimatisch bedingte Luftverschmutzung, z. B. durch Staub- oder Sandstürme, kann das Atmen und die Sicht stark beeinträchtigen. Da derartige Wetterereignisse oft vorhersagbar sind, sollte man solche Zyklen bei der Planung berücksichtigen.

INSEKTEN

Die Insektenplage erreicht in kühleren Regionen ihren Höhepunkt in den ersten zwei Wochen nach der Schneeschmelze im Frühling und Frühsommer. In feucht-heißen Klimazonen können Insekten das ganze Jahr über ein Problem sein.

WANDERREGIONEN UND DIE GEEIGNETE REISEZEIT

Auch erfahrene und hartgesottene Wanderer sollten eine Trekking-Tour in Gebiete mit extremen klimatischen Verhältnissen (Wüste, Gebirge, arktische Regionen) außerhalb der Schlechtwetterperiode planen.

JAHRESZEIT	EMPFEHLENSWERTE ZIELE	NICHT ZU EMPFEHLEN
Winter	Wüsten, Reiseziele auf der Südhalbkugel, Tropen und Subtropen	Hochgebirge
Frühling	Wüsten, Hügelland, Mittelgebirge, Wälder	Hochgebirge, Gebiete der kalten Zone
Sommer	Hochgebirge, Wälder der kalten Zone, arktische und subarktische Regionen	Wüsten, Tropen, Subtropen, heißes Tiefland
Herbst	Temperierte Laubwälder	Hochgebirge

Zur rechten Zeit am rechten Ort

Bei der Planung einer Reise spielen für viele Menschen nicht nur die Wetterverhältnisse, sondern auch andere Faktoren eine Rolle. Wer nicht mit Touristenströmen wandern will, wird die Hochsaison meiden. Hobbybotaniker sind am liebsten unterwegs, wenn es überall grünt und blüht. Diese Interessen sollte man bei der Planung berücksichtigen, um unterwegs nicht enttäuscht zu werden.

HOCHSAISON

Nicht alle Touristen sind gleichzeitig unterwegs, die Hochsaison deckt sich aber in der Regel mit den Schulferien. Im Winter brechen viele Reiselustige in südliche Gefilde oder Skigebiete auf; im Sommer bevölkern Outdoor-Freaks das Hochgebirge. In der Hochsaison sind Einrichtungen für Touristen, wie Berghütten, Gasthäuser und Fremdenverkehrsbüros, zwar mit Sicherheit geöffnet, doch alles ist teuerer und überlaufener als in der Nebensaison. Übernachtungsmöglichkeiten muss man außerdem lange im Voraus buchen.

FRÜHLINGSBLUMEN UND HERBSTWÄLDER

Wann die Wildblumen in den Bergen in voller Blüte stehen oder das Laub sich färbt, hängt von der Höhenlage des jeweiligen Gebietes und von den Wetterverhältnissen ab. Die Termine können sich von Jahr zu Jahr verschieben. Am besten erkundigt man sich beim lokalen Fremdenverkehrsbüro nach der besten Reisezeit.

TIERWANDERUNGEN

Vielleicht möchten Sie auf Ihrer Wandertour miterleben, wie Hunderte von Vögeln über Ihnen dahinziehen, wie eine Herde Elche durchs Unterholz bricht oder Zehntausende afrikanische Wildtiere donnernd durch die Serengeti galoppieren. Naturspektakel wie diese ziehen Menschen aus aller Welt an; solche Reisen sollte man daher frühzeitig buchen.

FESTE UND FEIERTAGE

Wenn Sie ein ganz bestimmtes regionales Ereignis auf gar keinen Fall verpassen wollen – sei es ein Weinfest, ein Feiertag für einen Schutzheiligen oder ein Musikfestival –, buchen Sie am besten im Voraus ein Hotelzimmer. Die Campingplätze sind an solchen Fest- und Feiertagen meist überfüllt, auch wenn für die zahlreichen Besucher oft zusätzliche Plätze ausgewiesen werden. Denken Sie auch

TIERFOTOGRAFIE
Wenn Ihr Urlaubsziel für seinen Wildreichtum bekannt ist, sollten Sie Ihre Reisezeit danach wählen, wann die Tiere sich in der jeweiligen Gegend aufhalten oder sie durchqueren.

REGIONALE FESTE
Bei diesem buddhistischen Fest in einem kleinen Ort in Myanmar kommen Besucher in den Genuss von traditioneller Musik und regionalen Spezialitäten.

daran, dass während der jeweiligen, oft landesweiten Schulferien oder an gesetzlichen Feiertagen viele öffentliche Einrichtungen und Geschäfte geschlossen bleiben. In Frankreich z. B. sind viele Geschäfte den ganzen August über geschlossen.

WAHLEN UND POLITISCHE UNRUHEN

Schwere politische Unruhen oder ethnische Konflikte machen das Reisen in manchen Ländern unter Umständen unsicher und anstrengend. Auch bevorstehende Wahlen sind oft Anlass für Ausschreitungen. Auf keinen Fall sollte man die Situation in den betroffenen Ländern verharmlosen. Es empfiehlt sich deshalb, das jeweilige Außenministerium oder die diplomatische Vertretung zu kontaktieren, um aktuelle Informationen über die politische Lage zu erhalten.

JAGDSAISON

Das Wandern während der Jagdsaison ist nicht ungefährlich, außerdem begegnet man immer wieder Jägern auf der Pirsch. In manchen Gebieten wird mehrmals im Jahr mit unterschiedlichen Waffen gejagt. Um sich über die Jagdtermine zu informieren, wendet man sich am besten an die örtliche Forstbehörde. Wer dennoch während der Jagdsaison unterwegs ist, sollte besonders aufmerksam sein und möglichst bunte, auffällige Kleidung tragen.

SICHERHEIT
Wanderer, die während der Jagdsaison unterwegs sind, sollten helle, von weitem sichtbare Kleidung oder sogar eine Sicherheitsweste über der normalen Kleidung tragen.

KLEIDUNG UND AUSRÜSTUNG

Die richtige Ausrüstung

Beim großen Angebot von Outdoor-Läden hat man oft die Qual der Wahl. Bei einer Wanderausrüstung geht es aber nicht darum, sich möglichst modern oder teuer auszustaffieren. Wichtig ist vielmehr, sich zu angemessenen Preisen den Anforderungen gemäß auszustatten.

Wichtige Vorüberlegungen

Mit welchem Wetter und welchem Terrain müssen Sie auf Ihrer Wanderung rechnen? Anhand dieser Frage sollten Sie überlegen, was Sie auf jeden Fall brauchen. Ein kleines Budget kann die Wahl einschränken, doch funktionale Ausrüstung ist meist in allen Preisklassen erhältlich. Kaufen Sie vor allem nichts, was Sie mit ziemlicher Sicherheit nie brauchen werden.

ANGEMESSENE AUSRÜSTUNG

Eine Ausrüstung für die Besteigung des Mount Everest ist vielleicht strapazierfähig wie keine andere, für eine Wanderung durch den Lake District oder den Regenwald aber völlig ungeeignet. Besonders stabiles Outfit kann sogar zur Belastung werden und dabei nicht einmal seinen Zweck erfüllen. Man sollte sich daher zunächst über das Gelände und die Witterungsbedingungen des Reiseziels informieren und dann diesem entsprechend Kleidung und Zubehör wählen.

KLIMAWECHSEL

Auf dem Gipfel eines Berges herrschen oft völlig andere Wetterverhältnisse als im Tal. Dennoch möchte man am Ziel seiner Wanderung weder frieren, noch beim anstrengenden Aufstieg zu sehr schwitzen. Im Rucksack sollte daher Platz genug sein, um unterwegs abgelegte Ausrüstungs- und Kleidungsstücke verstauen zu können.

PLÖTZLICHER WETTERUMSCHWUNG
In Regionen mit wechselhaftem Wetter müssen Sie schnell auf plötzliche Schauer reagieren können, um sich von Kopf bis Fuß in Regenkleidung zu hüllen. Benutzen Sie auch einen wasserdichten Rucksack.

CHECKLISTE ERSTELLEN

Um unnötiges Gepäck zu vermeiden, sollte man mit Hilfe einer Checkliste packen. Notieren Sie sich nach jeder Wanderung, welche Kleidungsstücke und Gegenstände Sie benutzt haben und welche nicht, und gleichen Sie Ihre Checkliste entsprechend an (Regenkleidung und ein Erste-Hilfe-Set sollten Sie immer mitnehmen). Diese kann von Wanderung zu Wanderung differieren, je nachdem, welche Bedingungen Sie vorfinden und wie viel Erfahrung Sie bereits haben. Im Laufe der Zeit wird sie zu einer wertvollen Packhilfe. Wenn Sie z. B. eine frostige Nacht überstanden haben, ohne zu frieren, wissen Sie genau, welchen Schlafsack und welche Kleidung Sie mitnehmen müssen, wenn Sie wieder mit kalten Nächten rechnen. Sie können auch notieren, welche Dinge Sie auf Ihrer Wanderung vermisst haben – etwa eine dickere Isoliermatte, einen Hut oder Handschuhe. Schreiben Sie außerdem auf, wie viel Sonnencreme, Brennstoff für den Kocher und Insektenschutz Sie benötigt haben; vielleicht kommen Sie das nächste Mal mit kleineren Mengen aus.

HITZE UND SONNE
Bei hohen Temperaturen muss im Zeltinneren eine gute Luftzirkulation gewährleistet sein.

RAHMENBEDINGUNGEN

Wer den Verlauf seiner Wanderung einschätzen kann, findet leichter die geeignete Ausrüstung.

ALLEIN ODER ALS GRUPPE

Wer allein wandert, kommt mit leichtem Gepäck aus und kann spontane Entschlüsse fassen, Gruppenwanderungen hingegen erfordern größere Zelte, mehr Kochgeschirr und sorgfältigere Planung.

GEPLANTE DISTANZ

Für Fernwanderungen sollte das Gepäck so leicht wie möglich sein; nehmen Sie nur mit, was Sie unbedingt brauchen.

WETTERVORHERSAGE

Ob Sie leichte oder schwere Kleidung und Ausrüstung brauchen, hängt vom Klima und den damit verbundenen Wettervorhersagen ab.

BESONDERE HOBBYS

Wenn Sie ein Fernglas oder eine Kamera mitnehmen, müssen Sie deren Gewicht einplanen und gegebenenfalls woanders einsparen.

Unterwegs mit leichtem Gepäck

Wandern »light« liegt seit längerem voll im Trend. Dank neuer Materialien hat sich das Gewicht der Ausrüstungen für Wanderer stark verringert. Bei der Zusammenstellung Ihrer Ausrüstung sollten Sie daher den Blick vor allem auf Gewicht und Nützlichkeit der einzelnen Teile richten. Ideal sind auch Produkte mit mehreren Funktionen, die sich vielseitig einsetzen lassen.

KOMFORT UND FITNESS

Ein leichter Rucksack ist gerade bei langen Aufstiegen einfacher und komfortabler zu tragen und belastet Knie, Nacken, Schultern und Rückenmuskulatur weniger als schweres Gepäck. Im Notfall können Sie sich mit leichterem Gepäck auch schneller in Sicherheit bringen. Wandern mit leichtem Gepäck ist in erster Linie eine Frage der richtigen Auswahl, heißt aber nicht, auf wichtige Teile der Grundausrüstung zu verzichten.

Aber auch das eigene Körpergewicht und die persönliche Fitness spielen eine Rolle – je besser der Körper trainiert ist, desto weniger unnötiges Eigengewicht trägt man mit sich herum.

HINWEISE ZUM GEWICHT

Folgende Richtwerte für Wanderausrüstungen sind ideal bei einer Wanderung unter durchschnittlichen Bedingungen in gemäßigtem Klima.

GEGENSTAND	MAX. GEWICHT
Rucksack	2 kg
2-Personen-Zelt	2,5 kg
Schlafsack	1 kg
Wanderschuhe	1 kg
1-Personen-Zelt	1,3 kg
Isoliermatte	650 g
Regenkleidung (Jacke und Hose)	550 g
Proviant (pro Tag pro Person)	900 g

SCHRITT FÜR SCHRITT GEPÄCK REDUZIEREN

Verringern Sie Ihr Gepäck lieber von Wanderung zu Wanderung, anstatt es auf einen Schlag auf ein Minimum zu reduzieren. Versuchen Sie zunächst bei schönem Wetter mit weniger auszukommen. Stellen Sie dann nach einer Wanderung bei schlechtem Wetter fest, was Sie benutzt haben. Was Sie während einer regnerischen Tour nicht gebraucht haben, können Sie künftig vermutlich getrost zu Hause lassen.

WANDERN »LIGHT«
Mit einem leichten Rucksack kommt man schneller voran und kann größere Strecken bewältigen.

IMPROVISIERTES ZELT
Wer kein Zelt mitnehmen möchte, legt einfach eine Plane über ein zwischen zwei Bäume gespanntes Seil. Wenn keine Bäume da sind, benutzen Sie Ihre Wanderstöcke als Zeltstangen.

PACKEN NACH MASS

Es gibt fünf hilfreiche Strategien, um das Gewicht und die Größe des Gepäcks zu reduzieren. Wer sie befolgt, hat beim Wandern weniger zu tragen, ohne dass die Sicherheit beeinträchtigt wird.

- Um überflüssiges Gewicht einzusparen, sollten Sie den Inhalt Ihres Rucksacks genau prüfen. Packen Sie nur das Nötigste an Kleidung ein – waschen Sie Ihre Kleider notfalls in einem Fluss. Reduzieren Sie Ihr Kochgeschirr auf das unentbehrliche Minimum – meist reicht ein einziger Kochtopf aus.

- Wenn Sie zu zweit oder in der Gruppe wandern, bietet es sich an, einige Ausrüstungsgegenstände gemeinsam zu benutzen: Zelt, Kocher, Kochgeschirr, Erste-Hilfe-Ausrüstung, Taschenmesser und Toilettenartikel gehören ebenso dazu wie Sonnen- und Insektenschutz.

- Wenn Sie alte oder kaputte Ausrüstungsgegenstände ersetzen wollen, wählen Sie neuere und leichtere Materialien wie imprägniertes Nylon oder Titan und einfache Ausführungen, die in der Regel maximale Funktionalität bei minimalem Gewicht garantieren.

- Bedenken Sie, dass sich manche Dinge für mehrere Zwecke verwenden lassen. Was tagsüber z. B. als Wanderstock dient, kann nachts zur Zeltstange für eine Abdeckplane umfunktioniert werden.

- Messen Sie die Portionen, die Sie für einen bestimmten Zeitraum brauchen, für alle Lebensmittel ab. Kaufen Sie Insektenschutz, Seife, Zahnpasta und Salben in kleinen Packungsgrößen. Gewürze sollten Sie in kleine Beutel mit Zipp-Verschluss umfüllen und auf zusätzliche Verpackungen (wie Lebensmittelkartons) verzichten.

LEICHTES GEPÄCK

Mit leichtem Gepäck zu wandern heißt nicht, dass man auf Grundausrüstung und Dinge für den Notfall verzichten muss.

TASCHENLAMPE

Schmale, leichte Taschenlampen sind beim Wandern und Zelten nützlich. Denken Sie daran, Ersatzbatterien mitzunehmen.

RUCKSACK

Rucksäcke ohne Metallgestell sind leichter und flexibler als Gestell-Rucksäcke und eignen sich besonders für leichteres Gepäck.

SCHLAFSACK

Leichte Schlafsäcke gibt es mit Daunen- oder Synthetikfüllung. Daunenschlafsäcke haben ein kleineres Packmaß und nehmen so weniger Platz weg.

Outdoor-Kleidung

Kleidung macht den größten Teil des Gepäcks aus. Outdoor-Kleidung aus neuen synthetischen Materialien ist extrem leicht, strapazierfähig, vielseitig und erfüllt höchste Ansprüche. Die einzelnen Teile sollten den äußeren Bedingungen entsprechend kombiniert werden.

Schicht für Schicht

Es spricht einiges dafür, anstelle eines dicken Pullovers mehrere dünne Kleidungsstücke übereinander zu ziehen. Je nachdem, ob man sich anstrengt, sich ausruht oder die Außentemperatur sich ändert, kann man wärmende Schichten an- oder ablegen. Materialien wie Wolle, Mikrofaser, Fleece oder Daunen eignen sich hervorragend für das »Zwiebelprinzip«, da sie gut isolieren.

DAS ZWIEBELPRINZIP

Das Zwiebelprinzip ist deshalb effektiv, weil Luft zwischen die einzelnen Lagen gelangt, die isoliert. Mehrere Kleidungsstücke, am besten aus feuchtigkeitsabsorbierenden Materialien, in der richtigen Reihenfolge übereinander gezogen, saugen innen den Schweiß auf und lassen keine Feuchtigkeit von außen eindringen.

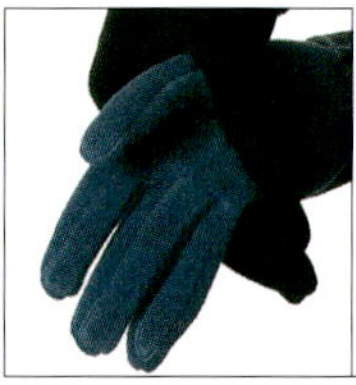

Leichte, eng anliegende Handschuhe, die unter größere Fleece-Handschuhe gezogen werden, schützen die Finger vor Nässe und Kälte.

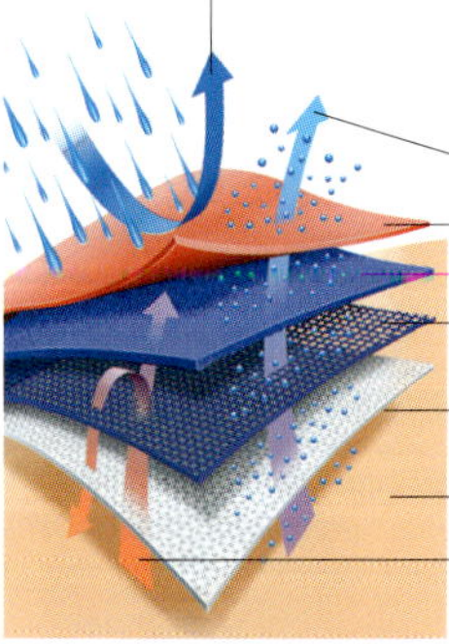

EINZELNE SCHICHTEN

Die obere (äußere) Schicht gibt den Schweiß nach außen ab, lässt Regenwasser aber abperlen. Die darunter liegenden Schichten halten den Körper warm.

STOFF	EIGENSCHAFTEN	VERWENDUNG
BAUMWOLLE Baumwolle trägt sich angenehm, saugt aber Feuchtigkeit auf und hält sie. Sie ist daher für nasskaltes Wetter ungeeignet.	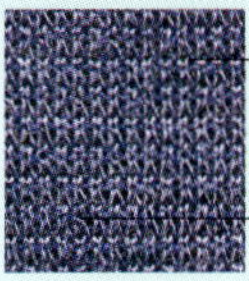 *Saugt Wasser auf* *Lässt die Luft zirkulieren*	■ Shorts ■ Hosen ■ T-Shirts ■ Bandanas ■ Sonnenhüte
WOLLE Wolle isoliert gut, kann aber direkt auf der Haut kratzen. Merino- und Kaschmirwolle sind leicht, halten warm und kratzen nicht.	 *Ist wasserabweisend* *Hält warm bei Nässe*	■ Socken ■ Pullover ■ Mützen ■ Handschuhe ■ Lange Unterwäsche
SEIDE Seide trägt sich zwar leicht und angenehm, hält jedoch die Feuchtigkeit. Sie wird daher heute meist durch synthetische Fasern ersetzt.	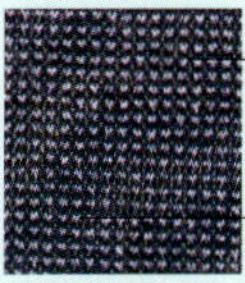 *Trägt sich angenehm auf der Haut* *Leicht*	■ Lange Unterwäsche ■ Schlafsackeinsätze
POLYPROPYLEN Polypropylen ist preiswert, transportiert Feuchtigkeit nach außen, hält warm, trocken und trägt sich angenehm.	 *Saugt Feuchtigkeit auf* *Trocknet schnell*	■ Lange Unterwäsche ■ Regenkleidung ■ Sturmhauben ■ Handschuhe ■ Mützen ■ Hemden
FLEECE Fleece ist trotz seines Volumens ein sehr leichter, wärmender Stoff. Mikrofleece hat einen dichteren Flor, ist leichter, hält aber nicht so warm.	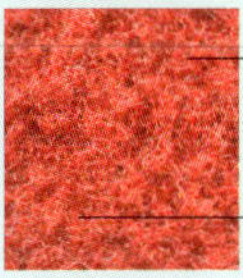 *Speichert Wärme bei Nässe* *Wärmt gut bei geringem Gewicht*	■ Westen/Unterhemden ■ Mützen ■ Handschuhe ■ Hosen ■ Jacken ■ Sturmhauben
MIKROFASER Kleidungsstücke aus Mikrofaser sind dehnbar und schmiegen sich eng an den Körper. Sie sind meist winddicht und leiten Feuchtigkeit gut ab.	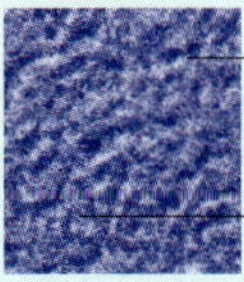 *Dicht gewoben* *Hält Feuchtigkeit gut ab*	■ Westen ■ Windjacken ■ Shorts ■ Regenkleidung ■ Handtücher
GORE-TEX® Eine wasserabweisende Membran mit mikroskopisch kleinen Poren hält Regen ab, lässt aber gleichzeitig Schweiß nach außen verdunsten.	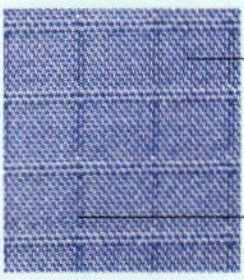 *Ist wasserabweisend* *Atmungsaktiv*	■ Regenjacken ■ Regenhosen ■ Handschuhe ■ Mützen ■ Gamaschen ■ Schuhe
SOFTSHELL Ähnlich wie isolierendes Fleece ist Soft-Shell sehr atmungsaktiv und außerdem Wind und wasserabweisend.	 *Ist teilweise wasserabweisend* *Sehr atmungsaktiv*	■ Jacken ■ Wasserdichte Leggins

Kleidung bei Hitze

Beim Wandern kann sich der Körper durch die Anstrengung extrem aufheizen. Wenn man zusätzlich in großer Hitze wandert, sollte man so gut als möglich für Kühlung sorgen, um einen Hitzschlag zu verhindern. Entsprechende Kleidung aus atmungsaktiven Materialien, die die Luft gut zirkulieren lässt und die Haut zugleich vor der Sonne schützt, kann dabei helfen.

VERHALTEN BEI HITZE

Wer sich zu lang direkt der Sonne aussetzt, bekommt leicht einen Sonnenbrand und läuft Gefahr auszutrocknen. Bei sehr heißem Wetter sollten Wanderer darauf achten, dass ihre Körpertemperatur nicht allzu sehr ansteigt und sie genügend Flüssigkeit zu sich nehmen. Wenn der Schweiß nicht richtig verdunsten kann, begünstigt er außerdem Sonnenallergien.

RICHTIGE KLEIDUNG

Schützen Sie die Haut vor der Sonne, indem Sie so viel wie möglich davon mit dünner Kleidung bedecken. Denken Sie daran, einen Hut aufzusetzen.

SONNENSCHUTZ

Wählen Sie locker sitzende, helle Kleidung, um die Haut vor Sonne und Insekten zu schützen.

Eine breite Krempe spendet Gesicht und Nacken Schatten. Helle Farben reflektieren die Sonnenstrahlen

Synthetikkleidung saugt Schweiß auf und trocknet schneller als Baumwolle

Die Ärmel sollten sich aufrollen und mit einem Knopf fixieren lassen

Ein Hemd mit Belüftungsschlitzen lässt die Luft zirkulieren und den Schweiß trocknen

Achten Sie darauf, dass Reißverschlüsse innen verblendet sind, damit sie nicht auf der Haut scheuern

Auf wasserdichte Schuhe kann man bei warmem Wetter, insbesondere in trockenen Gebieten, verzichten

KEEP COOL

Bei heißem und schwülem Wetter sollte die Kleidung zur Kühlung des Körpers beitragen.

Ein locker sitzendes T-Shirt aus feuchtigkeitsabsorbierendem Material trägt sich luftig und angenehm

Zipp-Hosen
Leichte lange Hosen schützen die Haut vor zuviel Sonne. Zipp-Hosen können auf Short-Länge verkürzt werden.

SCHWÜLE HITZE

Für eine Sommerwanderung reichen ein wasserabweisendes Wind-Shirt oder eine leichte Regenjacke als Schutz vor kurzen Schauern meist aus.

WIND-SHIRT

Wind-Shirts sind nicht wasserdicht, halten die Feuchtigkeit aber relativ gut ab. Bei leichten Sommerregen oder kühleren Sommernächten sind sie völlig ausreichend.

WINDSCHUTZ

Ein Wind-Shirt schützt vor warmem, trockenem Wind, wie er in der Wüste häufig auftritt.

Ein Stehkragen schützt den Nacken

Der dichte Stoff des Wind-Shirts hält Wind ab und lässt kaum Wasser eindringen

LEICHTE REGENJACKE

Bei heißem und regnerischem Wetter liegen Sie mit einer preiswerten Regenjacke aus Polypropylen immer richtig, denn sie ist atmungsaktiv und wasserdicht. Ultraleichte Jacken lassen sich zu kleinen Päckchen zusammenfalten.

REGENSCHUTZ

Entscheiden Sie sich für eine atmungsaktive, locker sitzende Jacke, die die Luft zirkulieren und den Schweiß verdunsten lässt.

Die Regenjacke sollte eine Kapuze haben. Manche Kapuzen besitzen ein Schutzschild, damit das Gesicht nicht nass wird

Achselreißverschlüsse und ein lockerer Sitz garantieren gute Durchlüftung

Dünne Stoffe reißen leicht. Seien Sie deshalb beim Klettern über Felsen oder beim Durchstreifen von Unterholz besonders vorsichtig

KOPFBEDECKUNGEN

Eine Kopfbedeckung sollte Kopf und Nacken vor Sonne und Insekten schützen und Schweiß ableiten.

BASEBALL-KAPPE

Der breite Schild schützt die Augen vor der Sonne.

BANDANA

Eine wassergetränkte Bandana bewahrt einen kühlen Kopf. Unter einer Baseball-Kappe getragen, schützt sie den Nacken vor der Sonne.

LEGIONÄRSKAPPE

Ein effektiver Sonnenhut mit Schild und einem abnehmbaren Nackenschutz (auch Desert hat genannt).

LEICHTER REGENHUT

Ein leichter Regenhut schützt vor Sonne und vor Regen und eignet sich daher gut für die Tropen.

Kleidung bei Nässe

In vielen attraktiven Wandergebieten ist das Wetter phasenweise wechselhaft. Plötzliche Schauer können nahezu überall auftreten, und fast jeder Wanderer wurde schon einmal von einem starken Regenguss überrascht. Wer entsprechende Kleidung dabei hat, ist gegen unliebsame Wetterkapriolen jedoch gefeit. Sie sollte trocken und leicht zugänglich verstaut sein.

FEUCHTIGKEITSABWEISENDE MATERIALIEN

Atmungsaktive, wasserdichte Textilien lassen keine Feuchtigkeit eindringen, geben aber den Schweiß nach außen ab. Am bekanntesten ist Gore-Tex®; es wird in Outdoor-Textilien und Schuhen verarbeitet. Polypropylen hat ähnliche Eigenschaften, ist aber in der Regel preiswerter.

KLEIDUNG BEI REGEN

Regenbekleidung sollte so locker sitzen, dass selbst mehrere isolierende Stoffschichten darunter den Bewegungsspielraum nicht einschränken.

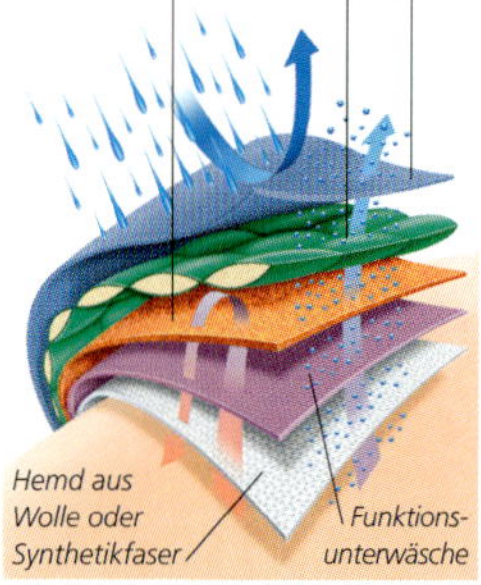

KLEIDUNG IM WINTER

Wenn Sie bei kaltem und nassem Winterwetter mehrere Schichten Kleidung übereinander tragen, bleiben Sie warm und trocken.

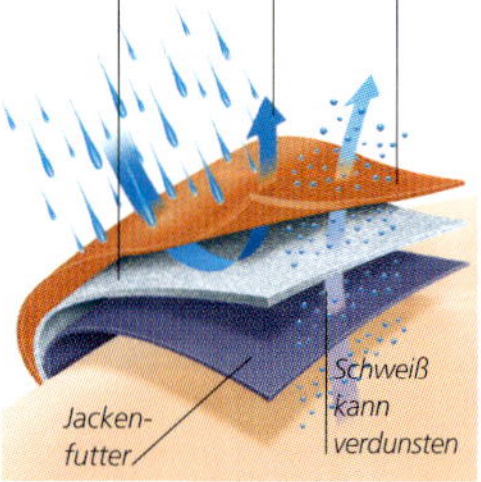

ATMUNGSAKTIVE BESCHICHTUNG

Die winzigen Poren der Gore-Tex®-Beschichtung lassen Schweiß nach außen, Regentropfen aber nicht eindringen.

LEICHTER PONCHO

Ponchos bestehen normalerweise aus preiswertem, imprägniertem Nylon und eignen sich aufgrund ihrer Luftdurchlässigkeit gerade für warmes Wetter. Das Rückenteil kann über den Rucksack gezogen werden.

PONCHO

Ein Poncho muss vor allem leicht sein. Sehr dünne Ponchos halten vielleicht nicht länger als eine Wandersaison, aber sie wiegen fast nichts und sind billig. Außerdem hat man darin volle Bewegungsfreiheit und kann bei Bedarf mehrere Kleidungsstücke darunter ziehen.

Wasserdichte Tasche
Eine wasserdichte Kartentasche ist bei Regenwetter unentbehrlich.

Eine Kapuze schützt Kopf und Nacken

Verschlüsse mit Tunnelzug lassen keinen Regen durch

REGENHUT

Der wasserfeste Hut hat eine breite Krempe, sodass das Wasser abläuft und nicht in Gesicht oder Nacken tropft.

KÜHLENDER KOPFSCHUTZ

Bei feuchtwarmem Wetter schützt ein Regenhut den Kopf vor Nässe und vor Sonne. Der Nacken bleibt luftig frei.

Ein Kinnriemen verhindert, dass der Hut bei einer Windböe davonfliegt

REGENKLEIDUNG GRIFFBEREIT VERPACKEN

Regenkleidung sollte man stets griffbereit haben, wenn es plötzlich regnet, am besten in einer Seiten- oder Vordertasche. Da man den Packsack des Rucksacks nicht zu öffnen braucht, werden die restlichen Sachen nicht nass.

TAGESRUCKSACK

In einem Tagesrucksack sollten Proviant, Erste-Hilfe-Set, Geld und Papiere sowie zusätzliche Kleidung Platz haben.

Regenkleidung lässt sich gut in einem der Außenfächer verstauen

In einer Seitentasche ist Regenkleidung bei Bedarf schnell griffbereit

KLEIDUNG FÜR UNTERSCHIEDLICHES WETTER

Warmes, trockenes Wetter oder leichte Schauer:

- Leichte Regenjacke oder Poncho
- Wind-Shirt
- Locker sitzendes T-Shirt
- Regen- bzw. Sonnenhut
- Wasserdichte Schuhe

Kaltes, wechselhaftes Wetter oder starker Regen:

- Mehrere Lagen Kleidung
- Wasserdichte Jacke mit Kapuze
- Wasserdichte Hosen
- Gamaschen
- Wasserdichte Wanderstiefel
- Regenhut

Kleidung bei Kälte

Eine Wanderung bei frostigen Temperaturen kann ungeheuren Spaß machen. Man braucht sich nicht gegen Insekten zu schützen und ist nach einem Aufstieg nicht so erschöpft wie bei warmem Wetter. Gewöhnlich sind nur wenige Gleichgesinnte unterwegs, man ist allein mit sich und der Natur. Um das Winterwandern zu genießen, benötigt man aber unbedingt angemessene Kleidung.

SCHNEE

Für eine Wanderung im Schnee sollten Sie über leichter, feuchtigkeitsableitender Unterwäsche mehrere Schichten warmer, isolierender Kleidung tragen und darüber eine wasserdichte und windabweisende Jacke. Sorgen Sie dafür, dass kein Schnee unter die Jacke gerät. Schlagen Sie ein langsames, gleichmäßiges Tempo ein, das Sie nicht ermüdet – so erübrigen sich längere Pausen, in denen einem leicht kalt wird.

Eine wasserdichte, isolierende Jacke mit wasserdichtem Reißverschluss hält Schnee und Regen ab

Wasserdichte, leichte Hosen sorgen dafür, dass die Beine auch im Tiefschnee warm und trocken bleiben

IM SCHNEE WANDERN

Bei Kälte sollten Sie eine wasserdichte Jacke tragen, die Sie warm und trocken hält.

Eine warme Mütze ist wichtig. Manche Wollmützen sind mit wasserdichtem, atmungsaktivem Fleece gefüttert

Eine wasserdichte, atmungsaktive Jacke sorgt dafür, dass kein Schneewasser in die isolierende Unterbekleidung eindringt

Die Handschuhe sollten innen mit einem isolierenden und außen mit einem wasserdichten, atmungsaktiven Material beschichtet sein

Wasserdichte Hosen zieht man normalerweise über Schweiß ableitende oder isolierende Leggins

Gamaschen verhindern, dass Schneewasser in die Schuhe läuft

Schwere Lederstiefel halten die Füße warm und trocken

GUTE PLANUNG

Ziehen Sie an, was Sie auf der Wanderung tragen wollen, und stellen Sie sich ein paar Minuten ins Freie. Wenn Sie leicht frösteln, haben Sie die richtige Wahl getroffen. Wenn Ihnen mollig warm ist, sind Sie zu warm angezogen.

TROCKENE KÄLTE

Direkt auf der Haut sollten Sie Textilien tragen, die den Schweiß aufsaugen und nach außen abgeben. Ist es trocken, aber stürmisch, sollte die äußere Kleidungsschicht Wind abweisend sein (z.B. aus Mikrofaser). Mütze und Handschuhe müssen schnell griffbereit sein, wenn es kälter wird. Um sich wohl zu fühlen, ist man im Winter nach dem »Zwiebelprinzip« ständig mit an- und ausziehen beschäftigt. Beim Aufstieg sollte man ein, zwei Schichten ausziehen, um nicht zu schwitzen. Geht es leicht bergab, zieht man sich wieder dicker an, um nicht zu frieren.

Eine Mütze ist bei Kälte unbedingt nötig

Es gibt dünnere und dickere Funktionswäsche; bei kaltem Wetter benötigen Sie die wärmere Variante

Eine winddichte Jacke verhindert das Auskühlen, insbesondere in ungeschützten Lagen

KLEIDUNG BEI KÄLTE

Ziehen Sie mehrere Schichten übereinander, um sich schnell auf Temperaturschwankungen einstellen zu können.

KALTES, REGNERISCHES WETTER

Tragen Sie Funktionsunterwäsche und als oberste Schicht eine atmungsaktive, wasserdichte Hose und Jacke. In ungeschützten Lagen, wenn kalter Regen Ihnen ins Gesicht peitscht, benötigen Sie eventuell eine zusätzliche isolierende Schicht, um nicht auszukühlen. Wenn man stehen bleibt, besteht die Gefahr, dass man friert, man sollte daher möglichst wenig Pausen machen. Gehen Sie langsam in gleichmäßigem Tempo, das Sie den ganzen Tag halten können – auch beim Bergaufgehen.

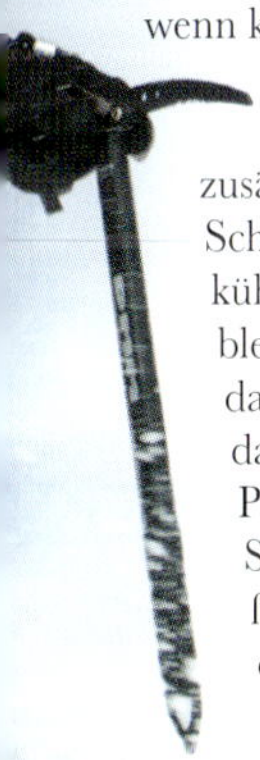

Falls nötig, ziehen Sie über die Mütze noch eine schützende Kapuze

Ein Stehkragen, der sich mit einem Gummizug zuziehen lässt, schützt die empfindliche Nackenpartie vor Zugluft

Eine Regenjacke sollte bis über die Hüften reichen und so locker sitzen, dass mehrere Schichten Kleidung darunter passen

KLEIDUNG FÜR NASSKALTES WETTER

Ziehen Sie sich nicht zu warm an – auch von Schweiß wird man nass.

BEKLEIDUNG FÜR NIEDRIGE TEMPERATUREN

Die richtige Kleidung ist die Voraussetzung dafür, sich auch bei Kälte wohl zu fühlen.

- **Schlagen Sie ein Tempo an, mit dem Sie sogar einen Aufstieg bequem schaffen.** Wer zu schnell geht, fängt an zu schwitzen. Der Schweiß kondensiert, wenn man stehen bleibt, bildet einen feuchten Film auf der Haut und man beginnt zu frieren.
- **Halten Sie Snacks griffbereit,** die Sie während des Gehens essen können. So können Sie ein gleichmäßiges Gehtempo halten.
- **Wenn Sie Ihr Tempo gefunden haben,** passen Sie Ihre Kleidung daran an. Das kann bedeuten, eine Schicht an- oder ausziehen zu müssen oder mit Hilfe von Reißverschlüssen Temperatur und Luftzirkulation zu regulieren.
- **Die Kerntemperatur** des Körpers lässt sich mit Mütze und Handschuhen am schnellsten und effektivsten regulieren.
- **Bei Regen setzen Sie einen wasserdichten Hut** mit Krempe auf, damit Gesicht (und gegebenenfalls die Brille) und Nacken nicht nass werden.

Kleidung fürs Zelten

Am Ende eines anstrengenden Wandertages ist man in der Regel müde und hungrig. Während der kühleren Abendstunden beginnt man in schweiß- oder regennassen Kleidern schnell zu frieren. Warm und behaglich fühlt man sich nur, wenn es im Zelt warm und trocken ist. Sie sollten also jederzeit trockene Kleidung zur Hand haben – auch um Ihrer Gesundheit willen. Wandern strapaziert aber auch die Kleidung; sie hält länger, wenn sie gut gepflegt wird.

KLEIDERWECHSEL

Sobald Sie das Zelt aufgebaut haben, ziehen Sie warme und trockene Kleidung an, damit Sie sich nicht erkälten oder gar auskühlen, denn Ihre Wanderkleidung ist wahrscheinlich verschwitzt und schmutzig. Tragen Sie lange Funktionsunterwäsche aus Polypropylen und, wenn nötig, eine Fleece-Jacke und eine Mütze. Wenn die Temperatur abends unter den Gefrierpunkt sinkt, ist eine Daunenjacke ideal. Lüften Sie Ihre Wanderkleidung, damit sie am nächsten Tag trocken ist.

SCHLAFKLEIDUNG

Damit Sie im Schlafsack nicht frieren, sollten Sie mehrere Schichten übereinander ziehen. Ideal ist lange Unterwäsche aus reinem Polypropylen, die das Futter vor Verschmutzung schützt und warm hält. Bei Bedarf ziehen Sie eine weitere Schicht Kleidung darüber. Wenn Sie nur zwei Garnituren dabei haben, tragen Sie nachts Ihre Zeltkleidung. Bei Kälte helfen eine Mütze und Handschuhe. Schließen Sie außerdem sämtliche Reißverschlüsse und den Wärmekragen Ihres Schlafsacks.

UNERWARTET KALTE NÄCHTE

Gelegentlich sinken die Temperaturen infolge einer plötzlichen Kaltfront nachts weit unter das erwartete Maß. In diesem Fall ziehen Sie am besten mehrere Schichten Kleidung an – u. a. Ihre Regenkleidung (wenn sie trocken ist), denn sie isoliert zusätzlich und hält beim Schlafen einen Teil der Körperwärme auf der Haut zurück.

KLEIDER WASCHEN

Wenn das Zelt steht, waschen Sie Ihre Wanderkleidung. Synthetische Materialien trocknen wesentlich schneller als Baumwolle und Wolle.

KLEIDER TROCKNEN
Am besten trocknen Kleider, wenn sie gut ausgewrungen über eine Wäscheleine gehängt werden. Die Leine kann beispielsweise auch benutzt werden, um Lebensmittel vor Tieren geschützt aufzuhängen oder Dinge am Rucksack zu befestigen.

KLEIDERPFLEGE BEIM CAMPEN

Nach jeder Tagesetappe sollten Sie Ihre Wanderkleidung möglichst auswaschen. Manche Synthetikfasern trocknen sehr schnell, vor allem an einem sonnigen Nachmittag. Verunreinigen Sie niemals eine Wasserquelle mit Seife oder Waschmittel, sondern waschen Sie in einem Behälter, und kippen Sie das Seifenwasser anschließend vorsichtig auf die Erde. Die Kleider können Sie über einer zwischen zwei Bäume gespannten Wäscheleine trocknen. Wer keine Zeit zum Waschen hat, sollte die Kleidung wenigstens lüften und sie zu diesem Zweck über eine Wäscheleine hängen oder auf einem Felsen ausbreiten.

KLEIDERPFLEGE ZU HAUSE

Wer seine Wäsche richtig pflegt, investiert in ihre Haltbarkeit. Um lange Freude an Ihren Kleidern zu haben, sollten Sie die Pflegehinweise exakt befolgen.

- **Beachten Sie** die Waschhinweise auf den Etiketten. Outdoor-Textilien sind mit milder Seife (nicht mit Waschmittel!) zu säubern und vertragen meist keine chemische Reinigung. Polypropylen und viele Wollprodukte müssen in kaltem Wasser gewaschen werden.
- **Trocknen Sie die Kleidung** den Empfehlungen des Herstellers gemäß. Die meisten Outdoor-Textilien aus Fleece und Gore-Tex® eignen sich für den Wäschetrockner – im Gegensatz zu Kleidungsstücken aus Polypropylen oder Wolle.
- **Der Imprägnierschutz von Textilien** aus Gore-Tex® und anderen wasserdichten, atmungsaktiven Materialien geht mit der Zeit verloren. Die Kleidungsstücke beginnen dann, Wasser aufzusaugen bzw. Feuchtigkeit von außen eindringen zu lassen. Bügeln kann hier Abhilfe schaffen. Außerdem lässt sich die Imprägnierung mit speziellen Produkten, die dem Waschwasser zugegeben werden, erneuern, z. B. mit Nikwax®. Bevor Sie ein solches Produkt benutzen, lassen Sie sich fachkundig beraten und stellen Sie sicher, dass das Kleidungsstück auch nach der Behandlung noch atmungsaktiv ist.
- **Kleidungsstücke aus Fleece,** Softshell oder Daunen sollten mit speziellen Reinigungsmitteln gewaschen werden. Nikwax® vertreibt eine komplette Produktpalette, durch deren Anwendung sich die Lebensdauer der Kleidung erhöht.
- **Outdoor-Kleidung sollte nur sauber** und vollständig trocken in einer gut gelüfteten Umgebung aufbewahrt werden, damit sich kein Schimmel bilden kann.

Richtiges Schuhwerk

Beim Aussuchen von Wanderschuhen geht es zunächst darum, den richtigen Schuhtyp zu finden. Das Spektrum reicht von leichten Trekking-Sandalen über Allterrain-Schuhe bis zu schweren Bergstiefeln. Das Allerwichtigste ist in jedem Fall ein perfekter Sitz.

Die Auswahl

Passende Schuhe sind die Grundvoraussetzung für jede Wanderung. Schlecht sitzende Schuhe verursachen Blasen, Schmerzen und schlechte Laune und sind der häufigste Grund dafür, dass Wanderer aufgeben. Vor dem Schuhkauf sollten Sie überlegen, welche Wanderungen Sie unternehmen wollen bzw. ob bereits Probleme mit Wanderschuhen auftraten und wenn ja, welche.

DER AUFBAU EINES WANDERSCHUHS
Um entscheiden zu können, welchen Schuh man tragen will, sollte man den Aufbau und die Funktionen der unterschiedlichen Schuhtypen kennen.

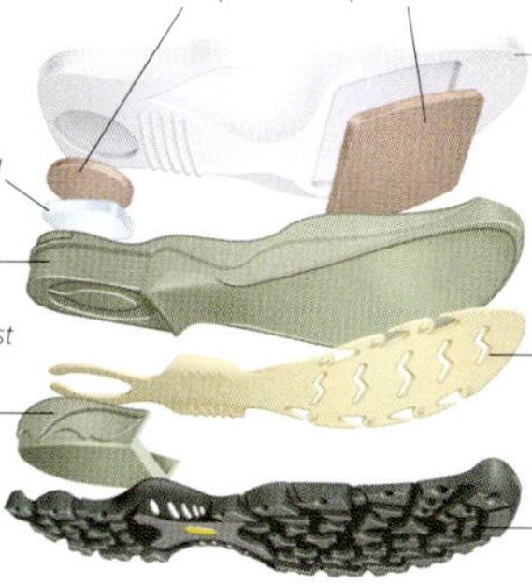

DER AUFBAU EINER SCHUHSOHLE
Die Sohle eines Wanderschuhs besteht aus mehreren Schichten, die den Fuß schützen und stützen. Profil und gute Posterung sind besonders wichtig

Kleine Sockenkunde

Socken sind ein wichtiger Teil der Wanderausrüstung. Sie sollen Schweiß ableiten, die Füße polstern und warm halten. Die Passform eines Schuhs lässt sich mit ihrer Hilfe optimieren. So sollte man in etwas zu großen Schuhen dickere und in engen Schuhen eher dünnere Socken tragen. Wenn genug Platz im Schuh ist, kann man zwei Paar Socken übereinander tragen.

FUNKTIONSSOCKEN

Leichte Socken aus feuchtigkeitsabsorbierendem Material scheuern nicht und nehmen den Schweiß auf, sodass sich nicht so leicht Blasen bilden. Auch dünne Wollsocken und Socken aus Polypropylen scheuern nicht.

UNTERZIEHSOCKEN

Socken aus Wolle oder Polypropylen schmiegen sich an die Haut und machen selbst Blasen erträglicher.

SOMMERSOCKEN

Sommersocken bestehen aus dünner Wolle oder aus einem Wolle-Nylon-Gemisch. Wolle ist auch bei heißem Wetter empfehlenswert, da sie den Schweiß aufsaugt und gut polstert. Socken mit einem zusätzlichen Nylonanteil halten länger.

LEICHTE SOCKEN

Diese Socken sind an der Sohle und an der Ferse verstärkt, die restlichen Teile sind dünner.

TREKKING-SOCKEN

Trekking-Socken sind dicker als Sommersocken, bei vielen Wanderern aber wegen ihrer guten Polsterung auch im Sommer beliebt. Sie helfen dadurch an beanspruchten Stellen Blasen zu verhindern.

ALLROUND-SOCKEN

Diese haltbaren Socken sind für Fernwanderungen sehr zu empfehlen.

WINTERSOCKEN

Wintersocken sind dicker als Trekking-Socken. Auch sie sollten mit leichten, feuchtigkeitsabsorbierenden Unterziehsocken getragen werden. In den Schuhen sollte genügend Platz für beide sein, sonst werden die Füße nur schlecht durchblutet.

WINTERSOCKEN

Derart dicke Socken braucht man hauptsächlich bei Minusgraden.

MEHR KOMFORT

Mit Einlegesohlen, Pads oder Unterziehsocken lässt sich der Tragekomfort von Wanderschuhen erhöhen.

- Einlegesohlen sind der Fußform angepasst und werden lose in den Schuh gelegt. Sie verbessern die Passform.
- Maßgefertigte Einlegesohlen sind bei orthopädischen Schuhmachern erhältlich.

Wenn die Füße öfter schmerzen, suchen Sie einen Orthopäden auf. Die Schuhe sollten Sie mitnehmen.

- Weiche Pads in Absatzform aus Gummi, Schaumstoff oder Gel tragen dazu bei, dass die Fersen beim Wandern nicht schmerzen.
- Dünne Sockeneinlagen, die zwischen zwei Socken passen, wärmen die Füße bei Kälte.

Schuhe für jede Wanderung

Bei der Auswahl von Wanderschuhen sollten zwei Dinge eine Rolle spielen: zum einen die persönlichen Voraussetzungen (z. B. Fußform, Ansprüche an den Tragekomfort), zum anderen die Art der Wanderung und das zu erwartende Gelände. Wanderschuhe sollten so leicht wie möglich sein, da unnötiges Gewicht an den Füßen beim Gehen sehr ermüden kann.

LEICHTE TREKKING-STIEFEL

Trekking-Stiefel aus Leder und Kunstfaser vereinen die Vorteile eines Wanderstiefels (guter Halt, gute Bodenhaftung) mit der Flexibilität eines Turnschuhs. Viele haben ein wasserfestes, atmungsaktives Futter. Da die Schuhe weich und elastisch sind, bekommt man in ihnen kaum Blasen.

MATERIALMIX

Diese Schuhe eignen sich wegen ihres geringen Gewichts und ihres Tragekomforts für Ein- oder Zweitages-Touren in leichtem bis mittelschwerem Gelände.

MITTELSCHWERE WANDERSTIEFEL

Ein guter Kompromiss zwischen Trekking-Stiefeln und schweren Bergstiefeln mit hohem Schaft sind mittelschwere Wanderstiefel mit Knöchelaussparung. Sie sind leichter und flexibler als traditionelle Wanderstiefel.

LEICHTE LEDERSTIEFEL

Stiefel aus Nubukleder geben mehr Halt als leichte Trekking-Stiefel und lassen das Wasser besser abperlen. Ihr Gewicht hält sich im Rahmen.

SCHWERE BERGSTIEFEL

Seitdem leichte Trekking-Stiefel den Markt erobert haben, sind schwere Bergschuhe etwas aus der Mode gekommen. Doch für Wanderungen mit schwerem Rucksack in unwegsamem Gelände sind sie ideal.

SCHWERE LEDERSTIEFEL

Lederstiefel aus Vollleder sind schwerer als leichte Trekking-Stiefel, geben aber einen besseren Halt und sind schneetauglich.

WINTERSTIEFEL

Traditionelle Winterstiefel sind mit dickem Filz gefüttert. Die meisten modernen Varianten besitzen ein isolierendes Fußbett, das nur wenig Wärme durch die Sohle abgibt. Das wasserdichte Oberleder und die Laufsohle aus Gummi halten den Fuß warm und trocken.

Das flexible Obermaterial ist bequem, gibt aber wenig Halt

Gummisohlen haben eine gute Bodenhaftung und sind wasserdicht

SCHNEEBOOTS
Winterstiefel haben in der Regel einen Innenschuh aus Filz oder einem Synthetikmaterial wie Thinsulate®.

KLETTERSTIEFEL

Moderne Kletterstiefel sind flexibler als traditionelle schwere Bergstiefel. Sie sind steigeisenfest und halten die Füße auch bei extremer Kälte warm. Sie können mit und ohne Steigeisen getragen werden.

Beim Wandern durch Schnee und Eis geben Steigeisen sicheren Halt

KLETTERSTIEFEL
Aufgrund ihres Gewichts und ihrer Steifheit eignen sich Kletterstiefel nicht für lange Wanderungen.

DSCHUNGELSTIEFEL

Dschungelstiefel besitzen einen hohen Schaft aus Leinen oder Nylon, Gummisohlen, Lederkappen und -absätze. Sie sollten so eng anliegen, dass sie beim Waten durch dicken Schlamm nicht vom Fuß gesogen werden. Dennoch benötigen die Füße einen gewissen Spielraum, da sie in Dschungel-Boots leicht schwitzen und anschwellen. Feuchtigkeitsabsorbierende Socken sind empfehlenswert. Bei Hitze sollte man auf leichtgängigem Gelände besser leichte Trekking-Schuhe oder -Sandalen tragen.

Der hohe Schaft verhindert zu starke Verschmutzung am Hosensaum

Die Lederkappen sind wasserabweisend

DSCHUNGEL-BOOTS
Dschungel-Boots sind wasserdicht und liegen eng an. Der Schaft reicht etwa bis zur Mitte des Unterschenkels.

Welcher Schuh passt zu mir

Der wichtigste Aspekt beim Kauf eines Wanderschuhs ist die richtige Passform. Doch selbst in einem Schuh, der beim Kauf wie angegossen sitzt, kann man sich später Blasen laufen. Lassen Sie sich von Fachpersonal beraten und beachten Sie einige Kriterien, die ein guter Wanderschuh erfüllen muss.

DER RICHTIGE SITZ

Am besten kauft man Schuhe nachmittags, wenn die Füße schon etwas dicker sind. Nehmen Sie Wandersocken und gegebenenfalls Einlagen zur Anprobe mit. Lassen Sie Ihre Füße im Sitzen und im Stehen vermessen, und erwähnen Sie Problemzonen, z. B. Stellen, an denen Sie häufig Blasen bekommen.

Perfekte Wanderschuhe müssen wie angegossen sitzen. Wenn Sie den Fuß im Schuh nach vorne schieben, sollte zwischen Ferse und Fersenkappe ein Fingerbreit Platz sein. Im Zehenbereich muss der Schuh so viel Spielraum bieten, dass Sie die Zehen bewegen können.

Auf einer schiefen Ebene (die es in den meisten Fachgeschäften gibt) können Sie feststellen, ob die Zehen beim Bergabgehen vorne anstoßen. Wenn Sie das Bergaufgehen testen, ziehen Sie die Ferse im Schuh so weit wie möglich hoch. Sie sollte sich maximal 1 cm anheben lassen. Probieren Sie verschiedene Schuhe an, um Passform und Komfort vergleichen zu können. Wandern Sie im Geschäft einige Zeit herum, um festzustellen, ob die Schuhe drücken oder scheuern.

Auch zu Hause sollten Sie die Schuhe immer wieder tragen. Die meisten Fachhändler nehmen Schuhe, die nicht im Freien benutzt wurden, zurück. Erst wenn Sie mit Ihren Schuhen zufrieden sind, beginnen Sie sie einzulaufen, zunächst auf kurzen, dann auf längeren Wanderungen.

VERBESSERUNG DER PASSFORM

Bei älteren Schuhen lässt sich die Passform oft mit ein paar simplen Tricks verbessern. Bei zu großen Schuhen kann man sich mit Einlegesohlen oder dickeren Socken behelfen. Scheuernde oder zu weite Stellen lassen sich mit Moleskin polstern. Zu enge Schuhe kann man weiten lassen oder notfalls dünnere Socken darin tragen.

PRONATION UND SUPINATION KORRIGIEREN

Pronation und Supination sind weit verbreitet. Bei Pronation (oder Überpronation) knickt der Fuß beim Auftreten zu stark nach innen ab, bei der selteneren Supination (oder Unterpronation) dagegen leicht nach außen. Dauerhafte Fuß- und Gelenkprobleme können die Folge sein. Spezielle Einlegesohlen sorgen für Stabilisierung und einen aufrechten Gang.

PRONATION

Das Sprunggelenk knickt zu stark nach innen ab

Starke Abnutzung an der Innenkante des Absatzes weist auf Pronation hin

SUPINATION

Das Sprunggelenk weicht nach außen aus. Dadurch wird der äußere Knöchel belastet

Starke Abnutzung der Außenkante des Absatzes weist auf Supination hin

Schuhpflege

Schuhe begleiten Sie buchstäblich auf Schritt und Tritt und sind Matsch, Wasser, Schnee und Schmutz ausgesetzt. Leder ist strapazierfähig und wasserdicht, will aber gut gepflegt sein, um nicht brüchig und rissig zu werden oder auszutrocknen. Bei richtiger Pflege halten Wanderschuhe jahrelang.

LEDERSTIEFEL IMPRÄGNIEREN

Viele Wanderstiefel aus Kunstfaser mit Leder benötigen vor der ersten Wanderung keinerlei Behandlung, doch Vollederschuhe müssen imprägniert werden. Halten Sie sich bei der Produktwahl an die Hinweise und Anweisungen des Herstellers, damit Sie Ihre Garantieansprüche nicht verlieren. Meist kann man die handelsüblichen Produkte verwenden. Sie sollten allerdings auf den Ledertyp Ihres Schuhs abgestimmt sein.

Damit das Leder wasserdicht und geschmeidig bleibt, muss es wiederholt behandelt werden, vor allem, wenn es stark strapaziert wurde. Bringen Sie die Imprägnierung sorgfältig auf, und lassen Sie die Schuhe trocknen, ehe Sie sie wieder benutzen.

LEDERSTIEFEL SÄUBERN

Regelmäßiges Reinigen verhindert, dass sich Schmutz im Leder festsetzt und es beschädigt. Wann immer möglich, bürsten, wischen oder waschen Sie Matsch und Schmutz mit Wasser ab. Hartnäckigen Verschmutzungen ist oft nur mit einer Reinigungslösung beizukommen.

DAS FUTTER SÄUBERN

Wischen Sie das Futter Ihrer Stiefel nach jedem Gebrauch aus, um Schmutz und schädliche Salzablagerungen zu entfernen. Sprühen Sie die Schuhe mit einem geeigneten Spray ein, um Geruchsbildung vorzubeugen.

SCHUHE TROCKNEN

Trocknen Sie Ihre Schuhe niemals neben einer direkten Wärmequelle (Heizkörper, Feuer, Ofen usw.). Schnelles Trocknen schadet auf Dauer dem Leder und dem Klebstoff, mit dem die Sohle fixiert ist. Entfernen Sie Schnürsenkel und Einlegesohlen, und stopfen Sie die Schuhe mit Zeitungspapier aus. Sie sollten bei Raumtemperatur langsam trocknen.

ANKLEBEN EINER SCHUHSOHLE

Wenn die Sohle sich vom Schaft löst, dann meist im Zehenbereich. Um sie wieder anzukleben, braucht man einen starken Klebstoff.

1 Reinigen Sie den betroffenen Bereich gründlich mit Alkohol. Wenn der Schuh trocken ist, tragen Sie großzügig Klebstoff auf die schadhafte Stelle auf.

2 Lassen Sie den Klebstoff ein paar Minuten antrocknen, und drücken Sie dann die Sohle gegen die Vorderkappe.

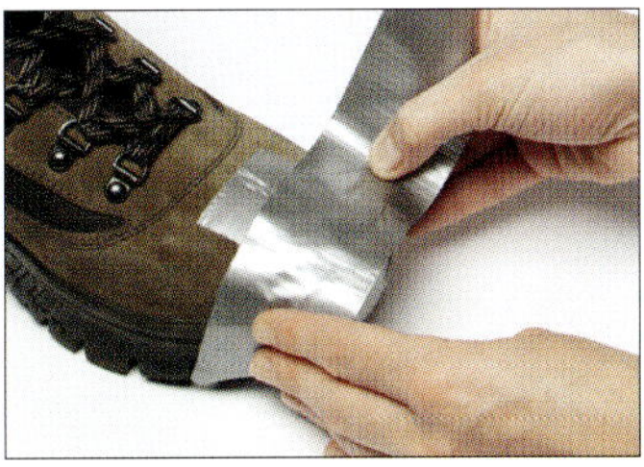

3 Fixieren Sie die reparierte Stelle mit Klebeband, und lassen Sie den Klebstoff mindestens 24 Stunden trocknen.

Schuhe für Tagestouren

Nicht jeder Wanderer braucht Wanderstiefel – wer sich auf Tagestouren beschränkt, ist mit Halbschuhen oft bequemer und auf jeden Fall billiger unterwegs. Trekking-Schuhe, -Sandalen oder andere leichte Halbschuhe reichen für ein Wanderwochenende meist vollkommen aus. Bei wenig Gepäck eignen sich leichte Schuhe auch für längere Touren.

ALLTERRAIN-SCHUHE

Auf gut gepflegten Pfaden und in einfachem Gelände sind Allterrain-Schuhe sehr zu empfehlen. Allerdings bieten sie dem Sprunggelenk keinen Halt und besitzen eine nicht allzu griffige Sohle. Für Wanderungen in schlammigem, unebenem Gelände eignen sie sich daher nicht.

Die Schuhe sollten so groß sein, dass man sie mit Wandersocken tragen kann

ALLROUND-SCHUH

Allterrain-Schuhe bieten dem Vorderfuß weniger Halt als Trekking-Schuhe.

TREKKING-SCHUHE

Trekking-Schuhe sind leicht, strapazierfähig und oft billiger als Wanderstiefel. Normalerweise bestehen sie aus atmungsaktivem Material, besitzen eine griffige Sohle und stabilisieren den Fuß seitlich sehr gut. Sie eignen sich für Wanderer, die Tages- oder Zwei-Tagestouren mit wenig Gepäck unternehmen.

LEICHT, ABER FEST

Trekking-Schuhe sind ein Mittelding zwischen leichten Trekkingstiefeln und Running-Schuhen. Sie bieten mehr Halt als Allterrain-Schuhe.

Ein stabiles Fußbett und eine feste Sohle geben Halt

TRAIL-RUNNING-SCHUHE

Viele Hersteller bieten inzwischen Running-Schuhe für Wanderer an. Die griffige Sohle sorgt für eine gute Bodenhaftung und Polsterung, die Ösenschnürung für eine gute Passform.

LEICHTGEWICHT

Trail-Running-Schuhe sind leicht und flexibel, für Wanderungen mit schwerem Gepäck aber ungeeignet.

Ein gepolsterter Schaftrand erhöht den Tragekomfort

Abriebfeste Gummisohlen sind griffig und strapazierfähig

WANDERSCHUHE ODER WANDERSTIEFEL?

Wanderschuhe sind empfehlenswert:
- wenn Sie zu Blasen neigen
- wenn Sie auf unproblematischem Gelände oder gut gepflegten Fußwegen wandern
- wenn Sie nur einen Tagesrucksack tragen

Wanderstiefel sind empfehlenswert:
- wenn Sie leicht umknicken
- wenn Sie auf felsigem oder sumpfigem Gelände wandern und querfeldein gehen
- wenn Sie einen schweren Rucksack tragen

TREKKING-SANDALEN

Amphibien-Sandalen waren lange Zeit vor allem bei Wassersportlern populär. Inzwischen haben sie auch die Outdoor-Szene erobert und kommen gern im Sommer zum Einsatz. Manche Modelle besitzen vorne einen Zehenschutz. Das Riemensystem gibt dem Fuß sogar auf unebenem Gelände stabilen Halt, und das Fußbett sorgt für eine gute Passform.

WANDERSANDALEN

Stabile Sandalen mit Profilsohle bieten auf Schritt und Tritt sicheren Halt.

LEICHTE SANDALEN

Leichte Sandalen eignen sich als Reserveschuhe oder für Tagestouren auf gut gepflegten Wegen.

SANDALEN FÜR DEN CAMPINGPLATZ

Ein paar zusätzliche leichte Sandalen leisten beim Campen gute Dienste, z. B. preiswerte Flip-Flops. Sie können auch am Strand und im Wasser getragen werden.

FLIP-FLOPS

Flip-Flops bieten weder Halt, noch sind sie gepolstert. Sie sollten daher nicht zum Wandern getragen werden.

Rucksäcke

Gleichgültig, ob Sie einen Tag oder eine Woche lang auf Schusters Rappen unterwegs sind – Sie benötigen in der Regel einen Rucksack. Er gehört zur Grundausstattung jedes Wanderers und sollte auf das Gepäckvolumen und auf die Körpermaße abgestimmt sein.

Die Wahl des Rucksacks

Rucksäcke sind Stofftaschen mit Rahmen. Der Packsack dient zum Verstauen des Gepäcks, der Rahmen verteilt das Gewicht auf den Körper. Ein integrierter Rahmen ist leicht und bequem zu tragen. Rucksäcke mit Außengestell eignen sich vor allem für Touren mit schwerem Gepäck. Kofferrucksäcke können in Reisetaschen und Daypacks verwandelt werden.

RUCKSACK MIT INTEGRIERTEM GESTELL

Diesen Rucksacktyp benutzten ursprünglich vor allem Bergsteiger, da ein Außengestell sich beim Klettern im Felsen oder Eis verfangen kann. Der größte Teil der Wanderausrüstung ist in einem Rucksack mit integriertem Rahmen sicher aufgehoben. Manche Expeditionsrucksäcke besitzen externe Pickelschlaufen, Steigeisen-Gurte, Skihalterungen und Haltelaschen für Extragepäck.

RUCKSACKGRÖSSE

In Europa werden Rucksäcke nach Volumen klassifiziert. Wie groß Ihr Rucksack sein sollte, hängt davon ab, wie lange Sie unterwegs sind, wie viel Ausrüstung Sie haben und wie groß Sie sind. Große Rucksäcke haben etwa ein Volumen von 75 bis 95 Litern.

VOM BERGSTEIGEN ZUM WANDERN

Rucksäcke mit Innengestell sind die beliebteste Rucksack-Variante und daher in großer Auswahl erhältlich.

RUCKSACK MIT AUSSENGESTELL

Diese klassischen Allround-Wanderrucksäcke bestehen aus einem festen Gestell (meist aus Aluminium) mit Packsack. Stützbänder verhindern, dass das Gestell direkt auf dem Rücken aufliegt. Unter und über dem Packsack können weitere Ausrüstungsgegenstände am Rahmen befestigt werden.

KLASSISCHER RUCKSACK

Rucksäcke mit Packrahmen eignen sich für schwere Lasten.

RUCKSACKTYPEN

Bevor Sie sich für einen Rucksack entscheiden, sollten Sie die Vor- und Nachteile von Innen- bzw. Außengestell gegeneinander abwägen.

INNENGESTELL

- Schwerpunkt der Last liegt tief und nah am Rücken
- Ideal für schwieriges Gelände – der körpernahe Sitz dämpft Erschütterungen und erleichtert die Balance
- Bei Frauen beliebt wegen des tiefen Schwerpunktes.

AUSSENGESTELL

- Schwerpunkt der Last liegt hoch
- Gute Belüftung, da der Packsack den Rücken nicht berührt
- Oft billiger als vergleichbare Rucksäcke mit Innengestell
- Mehr Fächer

KOFFERRUCKSÄCKE

Kofferrucksäcke sind relativ neu auf dem Markt. Sie können nach Bedarf vergrößert oder verkleinert werden. Wenn Sie den Tagesrucksack nicht benötigen, können Sie ihn einfach abnehmen, um Gepäck zu sparen.

PACKSACK UND TAGESRUCKSACK

MULTIFUNKTIONS-RUCKSACK

Er kann in eine Reisetasche verwandelt werden. Der Tagesrucksack ist abnehmbar.

KOFFERRUCKSACK

REISETASCHE

Anpassen und Packen des Rucksacks

Wie komfortabel ein Rucksack sich trägt, hängt davon ab, wie gut er sitzt, wie gut er gepackt ist und wie viel er wiegt. Rucksäcke sind in den unterschiedlichsten Größen und Ausführungen erhältlich: Lassen Sie sich beim Kauf unbedingt Zeit. Achten Sie darauf, dass der Rucksack sich an den Rücken schmiegt, ohne zu scheuern, zu drücken oder im Nacken zu reiben.

DIE RICHTIGE GRÖSSE

Die richtige Rucksackgröße hängt von der Länge Ihres Rückens vom Dornfortsatz des 7. Halswirbels bis etwa zur Mitte der Lendenwirbelsäule ab. Jeder Hersteller hat seine eigene Maßtabelle, zum Teil auch für Schulter- und Hüftgurte.

DEN RUCKSACK ANPASSEN

Zum Anpassen sollte der Rucksack mit leichtem Gepäck gefüllt werden. Lockern Sie alle Gurte, schultern Sie den Rucksack, und zurren Sie dann die Schultergurte und den Hüftgurt fest, bis sie eng anliegen. Durch Lockerung bzw. Anziehen der Lagekontrollriemen hinter den Schultern kann man Gewicht von den Schultern auf die Hüften verlagern und umgekehrt. Manche Rucksäcke haben im Beckenbereich Stabilisierungsriemen, mit denen die Lastübertragung reguliert wird. Besonders Frauen profitieren von diesem System, da bei ihnen der Trageschwerpunkt tiefer liegt als bei Männern.

DER PASSENDE RUCKSACK

Damit der Rucksack richtig sitzt, sollten Sie zunächst Ihren Rücken vermessen lassen und dann ein für Ihre Maße passendes Modell anprobieren.

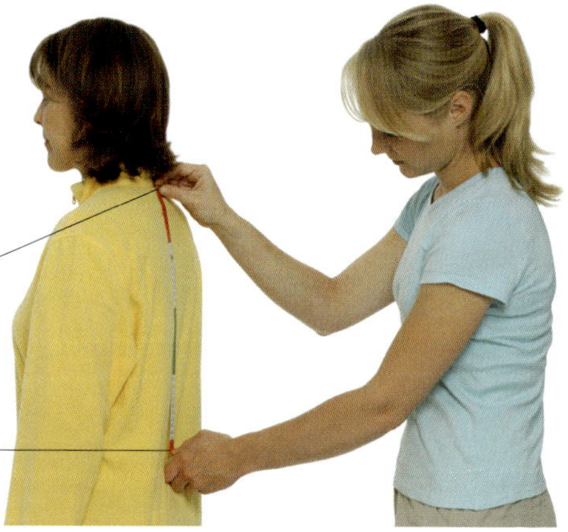

Man misst vom Dornfortsatz des 7. Halswirbels (Vertebra prominens) …

… bis zur Lendenwirbelsäule (Oberkante der Beckenknochen)

SO SITZT DER RUCKSACK

Alle Teile des Rucksacks sollten mit Hilfe der Gurte so justiert werden können, dass sie auch dann bequem sitzen, wenn Sie unterschiedliche Gepäckmengen mitnehmen.

Die Schultergurte sollten eng anliegen, die Bewegungsfreiheit der Arme aber nicht einschränken

Der Brustgurt stabilisiert die Schultergurte

Der Hüftgurt sollte bequem auf der Hüfte aufsitzen

Wenn Sie die Lagekontrollriemen anziehen, verlagern Sie mehr Gewicht auf die Schultern

RICHTIG PACKEN

Verstauen Sie Ihre Ausrüstung zunächst in wasserdichten Beuteln, um sie vor Regen und Schmutz zu schützen. Achten Sie beim Packen darauf, dass alles, was Sie täglich brauchen, gut zugänglich ist und schwere Gegenstände möglichst nahe am Rücken liegen, damit ihr Gewicht den Rucksack nicht vom Körper wegzieht. Leichtere Dinge gehören ins Bodenfach.

DER GEPACKTE RUCKSACK

Dargestellt ist eine von mehreren Möglichkeiten, einen Rucksack zu packen. Im Lauf der Zeit entwickelt jeder Wanderer sein eigenes System je nach Ausrüstung, Größe des Rucksacks usw.

ERSATZTEILE NICHT VERGESSEN

Rucksäcke sind in der Regel gut verarbeitet, doch selbst das strapazierfähigste Modell nimmt Schaden, wenn man auf eine Gurtschnalle tritt oder der Rucksack einen felsigen Hang hinunter rutscht. Für den Fall der Fälle sollten Sie Folgendes mitnehmen:

- eine robuste Teppichnadel und reißfestes Garn zur Reparatur von Nähten;
- eine zusätzliche Gurtschnalle;
- Ersatzschnallen für die Schultergurte;
- Splintbolzen (für Rucksäcke mit Außengestell);
- eine Zange (für Rucksäcke mit Außengestell).

SCHUTZ VOR REGEN

Plastikhüllen schützen Ihr Gepäck bei Regen. Dinge, die Sie unterwegs brauchen, kommen in Außentaschen oder separate Beutel:

- das Deckelfach eignet sich für Regenkleidung, die Regenhülle und das Mittagessen;
- am Hüftgurt kann ein kleiner Beutel mit Wanderführer, Taschenmesser, Kompass und Insektenschutz befestigt werden;
- elektronische Geräte müssen unbedingt in Taschen mit Reißverschluss oder wasserdichten Beuteln verstaut werden;
- Müllsäcke eignen sich als Schlafsackhülle oder Zusatzhülle für Kleiderbeutel.

Rucksäcke für kurze Touren

Nicht für jede Tour braucht man einen großen Rucksack. Kleinere Rucksäcke sind leichter und besser zu tragen. Kofferrucksäcke mit Innengestell, die wie Reisetaschen benutzt werden können, eignen sich vor allem für Vielreisende mit ganz unterschiedlichen Zielen. Tages- und Tourenrucksäcke sind für Wochenendwanderungen mit wenig Gepäck meist ausreichend.

VERWANDLUNGSKÜNSTLER

Vielseitig verwendbare Kofferrucksäcke sind vor allem bei Rucksackreisenden, die von Herberge zu Herberge ziehen, beliebt. Sie können wie ein normaler Rucksack getragen, aber auch in eine Reisetasche verwandelt werden, wodurch sie sich auch für Städtetouren eignen.

ALS REISETASCHE

Für die Anreise mit Flugzeug oder Bus ist ein Kofferrucksack besonders praktisch, weil das Tragesystem komplett verstaut und daher unterwegs nicht beschädigt werden kann.

Wenn die Gurte unter der Abdeckung verschwunden sind, kann der Rucksack wie eine Reisetasche getragen werden

Schultergurte und Hüftgurt sind unter einer Stofflasche sicher verstaut

Die Stabilität des Rucksacks wird durch ein Innengestell erhöht

Der Hüftgurt erhöht den Tragekomfort bei leichtem Gepäck

ALS RUCKSACK

Kofferrucksäcke, die häufig zum Wandern benutzt werden, sollten einen gepolsterten Hüftgurt und ein stabiles Innengestell besitzen.

TAGESRUCKSACK

Ein großer Rucksack für eine Tagestour kostet unnötig Kraft, ein Tagesrucksack genügt für kürzere Wanderungen vollkommen. Er sollte so groß sein, dass die Ausrüstung für eine Tageswanderung in schwierigem Gelände bei unbeständigem Wetter hineinpasst. Kleine Rucksäcke haben oft keinen Hüftgurt; wer schwereres Gepäck mitnimmt, sollte ein Modell mit Hüftgurt wählen.

DIE RICHTIGE GRÖSSE

Tagesrucksäcke haben ein Volumen von 20 bis 45 Litern. Der Rucksack sollte Platz für zusätzliche Kleidung, Regenkleidung, Proviant und Erste-Hilfe-Set haben.

Mit elastischen Zugbändern können Dinge außen am Rucksack festgezurrt werden

Ein zweites Fach mit Reißverschluss erleichtert das Ordnen der Packstücke

In der Seitentasche kann eine Wasserflasche verstaut werden

GESCHULTERTER RUCKSACK

ABNEHMBARE FÄCHER

Manche Rucksäcke haben ein abnehmbares Deckelfach, das man um die Taille schnallen kann. Seine Größe liegt zwischen Daypack und Gürteltasche, es eignet sich für kurze Ausflüge mit minimaler Ausrüstung.

DREI IN EINEM

Sie können den Rucksack mit oder ohne Deckelfach tragen und das Deckelfach als Gürteltasche verwenden.

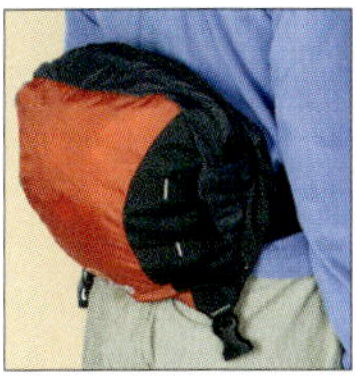

DECKELFACH ALS GÜRTELTASCHE

RUCKSACK UND DECKELFACH

TOURENRUCKSÄCKE

Kleinere Tourenrucksäcke eignen sich für Wanderungen mit leichtem Gepäck. Sie besitzen kein festes Gestell, können für die Anreise also in einem Koffer verstaut werden. Größere Modelle besitzen ein einfaches Tragesystem mit Hüftgurt und versteiftem Rückenteil.

RUCKSÄCKE FÜR LEICHTES GEPÄCK

Tourenrucksäcke eignen sich eher für Wochenendtouren als für Fernwanderungen.

Der Deckel wird über den Packsack gezogen und mit Kompressionsriemen festgezurrt

Ein Rucksack ohne Gestell ist flexibel, für schweres Gepäck aber nicht geeignet

Der Hüftgurt ist nicht so gut gepolstert wie bei einem Trekking-Rucksack

GÜRTELTASCHE

Bei warmem Wetter ist für eine Tagestour mit minimalem Gepäck eine Gürteltasche ideal.

SO LEICHT WIE MÖGLICH

Eine Gürteltasche ist lediglich groß genug für Snacks, Papiere und Kleinkram.

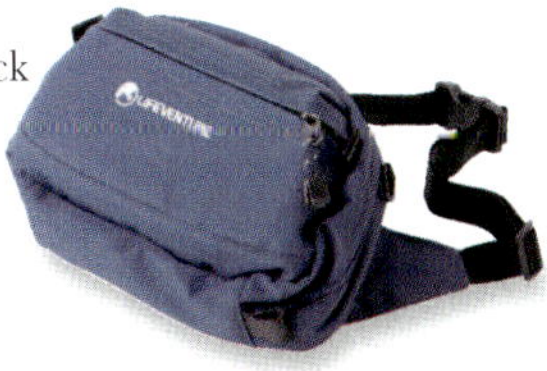

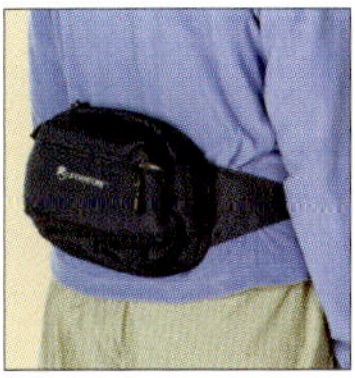

UMGESCHNALLTE GÜRTELTASCHE

SACK

Ein Packsack eignet sich nur für kurze Ausflüge vom Camp aus. Manche Kompressionssäcke kann man mit Hilfe von Riemen auf den Rücken ziehen.

Der Sack wird oben mit Schnüren zugezogen

Um den Sack zu komprimieren, zieht man an den Riemen

EIN SACK – ZWEI FUNKTIONEN

Ein Kompressionssack, der normalerweise als Schlafsackhülle dient, kann auch als leichter Tagesrucksack benutzt werden.

Zelte

Das passende »Zuhause« für eine Wanderung zu finden, ist nicht einfach: Aus unzähligen Modellen gilt es das Zelt auszuwählen, das Ihren Anforderungen exakt entspricht. Und es muss leicht sein! Ein Zweipersonenzelt für gemäßigte Klimazonen sollte höchstens 2,5 kg wiegen.

Die Zeltkonstruktion

Drei-Jahreszeiten-Zelte eignen sich für unterschiedliche Witterungsbedingungen und sind in den gängigen Formen erhältlich. Das Innenzelt besteht aus leichtem, atmungsaktivem Material, das vor Insekten schützt und für eine gute Belüftung sorgt. Außenzelt und Boden sind wasserdicht. Der Boden sollte an allen Seiten etwa 10 cm hochgezogen sein. Die meisten Zelte werden von zwei oder drei Gestängebogen getragen.

DREI-JAHRESZEITEN-ZELT: INNENZELT

Tragbares Zuhause mit innovativem Design: ein Geodät-Zelt aus leichten Materialien ist besonders sturmstabil.

Sicher eingehakt
Das Innenzelt lässt sich schnell und einfach am Gestänge befestigen.

Schlaufen
Das Gestänge wird durch Schlaufen geschoben, um die Spannung gleichmäßig zu verteilen.

Zeltbefestigungen
Dank der farbigen Gurtbänder ist die passende Öse für das Gestänge schnell gefunden.

DREI-JAHRESZEITEN-ZELT: AUSSENZELT

Das Außenzelt ragt weit über den Eingang des Innenzeltes hinaus, der so vor Regen geschützt ist. Außerdem entsteht zusätzlicher Stauraum. Bei geschlossenem Außenzelt ist die Belüftung eingeschränkt.

Abspannleinen sichern das Zelt gegen heftigen Wind

Der Eingang kann aufgerollt und befestigt werden

Das Außenzelt reicht bis fast auf den Boden

Verdeckte Tasche
In einem Fach an der Innenseite des Zelts kann man Dinge verstauen, die man nachts vielleicht benötigt

Versteckte Tür
Der Eingang mit Rundreißverschluss kann in einer verdeckten Tasche verstaut werden

Das feinmaschige Moskitonetz am Eingang ist gleichzeitig das Fenster

Wannenboden
Der Zeltboden ist an den Seiten hochgezogen, damit bei Unwetter kein Wasser eindringt

ZELTFORMEN

Die meisten Zelte entsprechen einer der folgenden drei Grundformen, auch wenn es teils recht avantgardistische Varianten gibt.

FIRSTZELT

Dieser älteste, einfache Zelttyp ist auch bei schlechtem Wetter leicht aufzubauen und im Vergleich zu vielen Konkurrenzprodukten relativ billig.

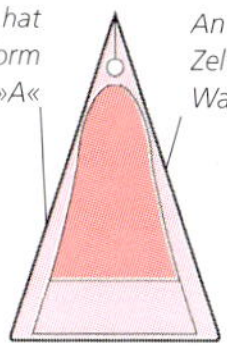

Das Firstzelt hat die Form eines »A«

An der steilen Zeltwand läuft Wasser gut ab

TUNNELZELT

Tunnelzelte besitzen mehrere Gestängebogen. Sie sind meist leichter als Firstzelte und ermöglichen eine bessere Raumausnutzung.

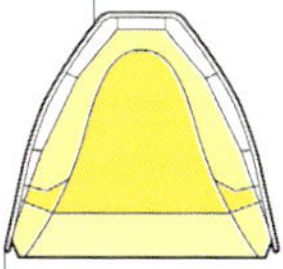

Gestängebogen vergrößern die Nutzhöhe

Geringes Gewicht dank zweier Gestängebogen

KUPPELZELT

Die Gestängebogen eines Kuppelzelts kreuzen sich in einem oder mehreren Punkten, was das Zelt stabiler macht.

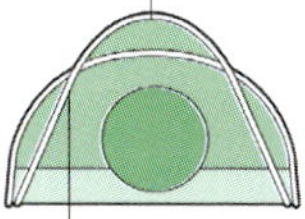

Auf der Kuppel bleibt kein Schnee liegen

Das gekreuzte Gestänge sorgt für hohe Stabilität

Die Zeltauswahl

Vor dem Zeltkauf sollte man überlegen, auf welchem Gelände man sein mobiles Zuhause aufschlagen möchte und welchem Wetter es standhalten muss. Nach den Witterungsverhältnissen, für die sie geeignet sind, werden Zelte auch klassifiziert: Sommerzelte eignen sich für laue Nächte, Winterzelte bei Kälte. Drei-Jahreszeiten-Zelte können fast immer eingesetzt werden.

SOMMERZELT

Sommerzelte sind licht- und luftdurchlässig und die leichteste Zeltvariante, bieten aber wenig Wetterschutz. Das Innenzelt besteht in der Regel aus insektenundurchlässigem Material; das Außenzelt gewährt Schutz gegen kurze Regenschauer, hält aber einem Unwetter in den Bergen nicht stand. Sommerzelte eignen sich für Regionen der gemäßigten Klimazone und sollten unterhalb der Baumgrenze neben einem Baum oder Windschutz aufgeschlagen werden, da sie nicht so windstabil sind wie Drei-Jahreszeiten- und Winterzelte.

LEICHTES SOMMERZELT

Ein leichtes Kuppelzelt aus dünnem Material ist beim Wandern kein großer Ballast.

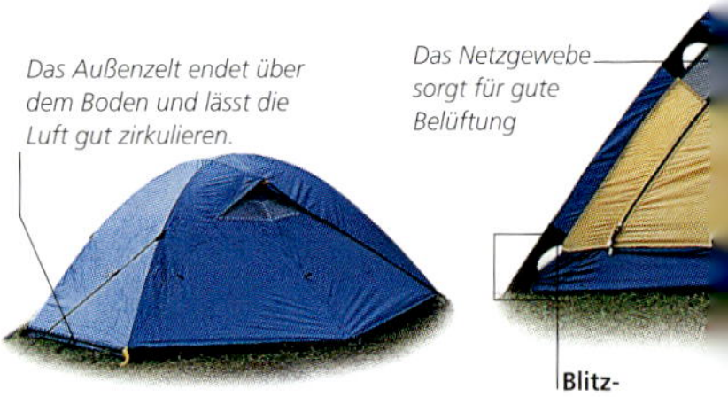

SOMMERZELT MIT AUSSENZELT

DREI-JAHRESZEITEN-ZELT

Drei-Jahreszeiten-Zelte sind am gängigsten und vielseitigsten. Sie eignen sich für die meisten Klimazonen und Gebiete. Selbst bei leichtem Schneefall und im Hochgebirge bieten sie ausreichenden Schutz. Die meisten besitzen ein strapazierfähiges Außenzelt und eine Apsis für die Lagerung der Ausrüstung. Zwei oder drei Zeltstangen gewähren stabilen Halt. Es gibt selbststehende Drei-Jahreszeiten-Zelte und Modelle, die mit Heringen gesichert werden müssen; Letzteres kann bei felsigem Boden problematisch sein.

ALLROUND-ZELT

Zahlreiche Netzeinsätze und Leichtgestänge sparen Gewicht, sind aber dennoch haltbar und strapazierfähig.

DREI-JAHRESZEITEN-ZELT MIT AUSSENZELT

WINTERZELT

Wer im Winter zelten möchte, muss mit Schneefall und Wind rechnen und sollte beim Zeltkauf daher in erster Linie auf Sicherheit und Komfort achten. Das Zelt sollte ein extrastarkes Gestänge, ein Sturmfenster und genügend Taschen für die Aufbewahrung von Ausrüstungsgegenständen besitzen. Kuppelzelte sind sehr windstabil und selbst bei starkem Schneefall ideal, denn der Schnee rutscht einfach vom Dach ab. Allerdings kann ein entsprechend ausgestattetes Zelt gut und gerne bis zu 4,5 kg wiegen.

ROBUSTES WINTERZELT

Im Winter zählt Stabilität mehr als Leichtigkeit: Drei Aluminiumstangen und strapazierfähiges Ripstop-Nylon bieten Schutz vor Wind und Wetter.

WINTERZELT MIT AUSSENZELT

ÜBERLEGUNGEN VOR DEM KAUF

Bevor Sie sich für einen Zelttyp entscheiden, klären Sie folgende Fragen:

- In welchem Gelände und unter welchen Witterungsbedingungen wird es benutzt?
- Was ist wichtiger: Komfort oder Gewicht?
- Für wie viele Personen wird es benötigt?
- Wie viel Stauraum soll es haben?
- Wer trägt das Zelt (wandern Sie allein oder können Sie das Gewicht auf zwei oder mehr Personen verteilen)?

SOMMERZELT OHNE AUSSENZELT

Das **Gestängekreuz** sorgt für Stabilität.

Das Außenzelt wird mit **Blitzverschlüssen** am Innenzelt befestigt.

Farbig markierte Stangen und Gurtbänder mit Ösen erleichtern das Aufschlagen des Zeltes.

DREI-JAHRESZEITEN-ZELT OHNE AUSSENZELT

Das Innenzelt wird mit **Steckverschlüssen** am Gestänge befestigt; dies erhöht die Stabilität bei schlechtem Wetter.

Bei schlechtem Wetter lässt sich der Zeltaufbau beschleunigen, indem man das Innenzelt mit **Haken** am Gestänge befestigt.

Das **Netzgewebe** sorgt für eine gute Ventilation, der Reißverschluss mit abgedichteter Naht ist wasserdicht.

WINTERZELT OHNE AUSSENZELT

Mit einem **Reißverschluss** reguliert man die Lüftung, sodass die Ausrüstung auch bei Regen trocknen kann.

Der **Kondensschwamm** absorbiert Feuchtigkeit und sorgt dafür, dass das Außenzelt »auf Abstand« bleibt.

Dank der **Reißverschlussschlaufen** lässt sich der Eingang auch mit Handschuhen leicht öffnen und schließen.

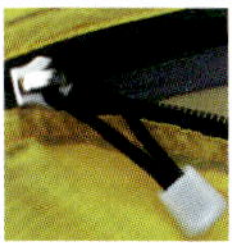

Zelte für besondere Anforderungen

Nicht immer ist ein Standard-Zweipersonenzelt das Richtige. Vielleicht ist es zu groß für den Rucksack oder für eine Person einfach zu schwer. Wenn gutes Wetter zu erwarten ist oder Sie vorwiegend in Hütten oder Herbergen nächtigen möchten, reicht ein kleines, leichtes Zelt oder eine Plane für Notfälle und gelegentliche Übernachtungen im Freien.

PYRAMIDENZELT

Dieses Pyramidenzelt ist sehr vielseitig. Es wird mit Hilfe einer Mittelstange oder eines Astes aufgerichtet und hat keinen Boden. Hebt man den Boden darunter entsprechend aus, können drei oder vier Personen darin stehen und schlafen.

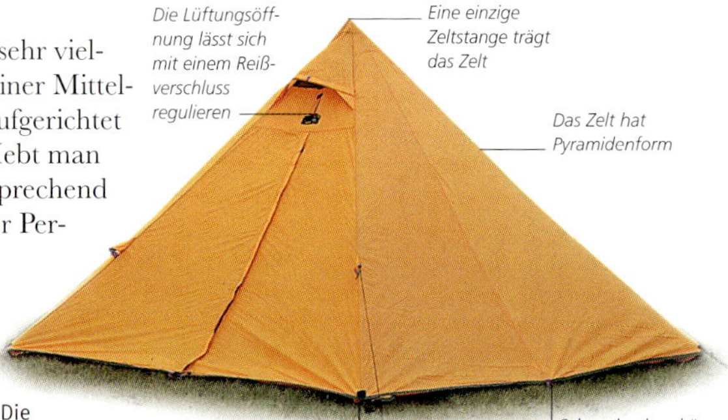

LEICHTES PYRAMIDENZELT

Das Zelt ist leicht und vielseitig. Die Laschen können mit Heringen abgespannt werden.

BIWAKZELT

Dieses Einwandzelt sieht aus wie ein großer Schlafsack und besteht normalerweise aus wasserfestem, atmungsaktivem Material. Biwakzelte lassen sich leicht transportieren, bieten aber kaum Bewegungsfreiheit. An der Innenseite bildet sich leicht Kondenswasser.

EIN WINZLING

Ein Biwakzelt eignet sich vor allem für kühle, trockene Regionen wie das Hochgebirge.

EIN-PERSONEN-ZELT

Ein Ein-Personen-Zelt ist schwerer als ein Tarp – eine beschichtete Plane –, bietet aber mehr Schutz bei Nässe. Auch in diesem Zelt bildet sich innen leicht Kondenswasser. Die geringe Höhe erschwert das Essen im Zelt.

EIN-PERSONEN-ZELT

Dieses Zelt ist dampfdurchlässiger als ein Biwakzelt und eignet sich daher gut für feuchte Gebiete.

Zeltpflege

Wollen Sie sicher sein, dass Ihr Zelt Ihnen über einen langen Zeitraum hinweg auch bei kaltem und nassem Wetter Schutz und Wärme spendet, müssen Sie vor, während und nach der Wanderung pfleglich damit umgehen. Die Lebensdauer eines Zeltes kann durch Imprägnierung verlängert werden. Um es vor Beschädigungen zu schützen, empfiehlt es sich, eine Bodenplane unterzulegen.

DAS ZELT OPTIMIEREN

Viele moderne Zelte sind ab Fabrik an den Nähten mit Nahtband versiegelt, damit keine Feuchtigkeit durch die Nahtlöcher sickern kann. Doch die meisten Hersteller dichten nur die Hauptnähte ab. Nahtdichter ist im Fachhandel erhältlich. Am besten nehmen Sie beim Zeltkauf gleich eine Tube mit.

EINE BODENPLANE BENUTZEN

Bodenplanen bestehen aus leichtem, wasserdichtem Material und werden unter das Zelt gelegt, um den Zeltboden vor Beschädigung zu schützen. Außerdem bieten sie bei Regen einen zusätzlichen Schutz gegen Nässe.

SONNEN- UND FEUERSCHUTZ

Direkte Sonne schadet dem Zeltstoff, er hält deshalb länger, wenn Sie das Zelt tagsüber abbauen. Wollen Sie dies vermeiden, schlagen Sie Ihr Zelt an einem schattigen Platz auf. Achten Sie wegen Funkenflug auch darauf, dass es weit genug vom Feuer entfernt ist.

DAS ZELT REINIGEN

Wenn Sie wieder zu Hause sind, sollten Sie Ihr Zelt mit Wasser reinigen – wenn möglich abends, damit es nicht dem direkten Sonnenlicht ausgesetzt ist. Schlagen Sie es auf, spritzen Sie es mit Wasser ab, und lassen Sie es aufgebaut trocknen. Zelte dürfen nicht chemisch gereinigt werden und sind weder waschmaschinen- noch trocknergeeignet.

DIE IMPRÄGNIERUNG ERNEUERN

Mit der Zeit ist auch imprägnierter Stoff nicht mehr hundertprozentig wasserdicht. Die Imprägnierung kann aber mit handelsüblichen Produkten erneuert werden. Sie werden normalerweise auf die unbeschichtete Stoffseite aufgebracht.

DIE LAGERUNG

Die richtige Lagerung kann die Lebensdauer eines Zeltes deutlich verlängern. Lassen Sie das Zelt vollständig trocknen, bevor Sie es in einen Stoffsack packen oder es zusammengefaltet an einem kühlen, trockenen Ort lagern.

NÄHTE VERSIEGELN

Arbeiten Sie im Freien an einem gut belüfteten Ort. Schlagen Sie das Zelt auf einer Wiese, einer Bodenplane oder einem anderen weichen Untergrund auf. Ein harter Untergrund wie Zement oder Beton eignet sich nicht, er könnte den Stoff beschädigen.

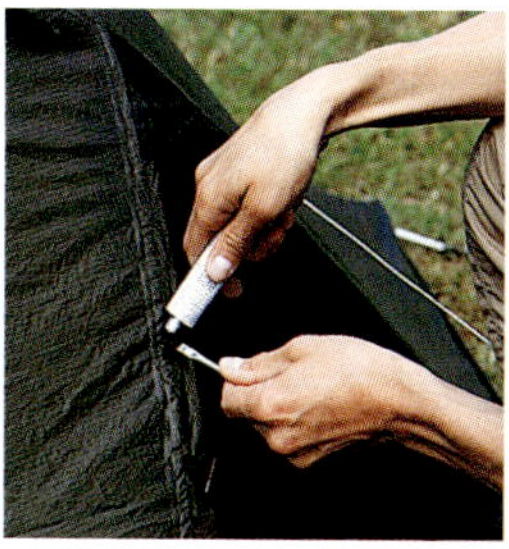

1 Den Nahtdichter bei straff gespanntem Stoff vorsichtig auf alle ungeschützten Nähte auftragen.

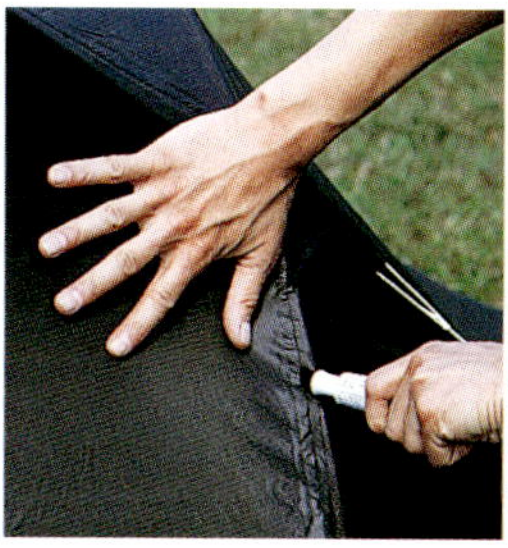

2 Den Nahtdichter großzügig bis über den Nahtrand hinaus auftragen, um alle Nahtlöcher zu füllen.

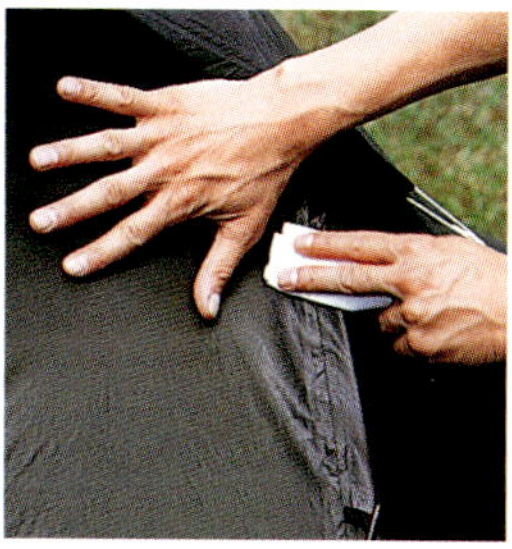

3 Überschüssigen Nahtdichter abwischen, trocknen lassen und eine zweite Schicht auftragen.

Der ideale Schlafsack

Nach einer anstrengenden Wanderung sehnt man sich nach Schlaf und Erholung. Ein geeigneter Schlafsack kann viel zu Ihrer wohl verdienten Nachtruhe beitragen. Er sollte warm genug sein für kalte Nächte, aber nicht zu warm, damit Sie bei milderem Wetter nicht schwitzen.

Schlafsackmodelle

Ein Schlafsack speichert die Körperwärme und umgibt diesen mit einer schützenden Hülle warmer Luft. Feine Daunen oder Synthetikfasern dienen als Isoliermaterial. Schlafsäcke mit dicker Füllung halten am wärmsten, doch auch Qualität und Gewicht spielen bei der Auswahl eine Rolle.

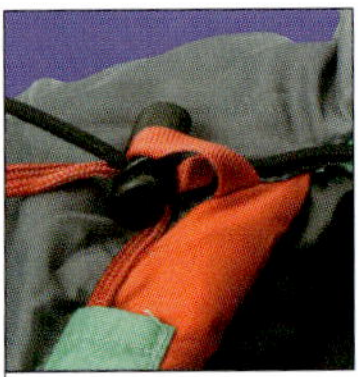

Schnürzug
Die Kapuze kann mit einem Schnürzug bei kaltem Wetter fest zugezogen und bei mildem Wetter gelockert werden.

DIE WAHL DES RICHTIGEN SCHLAFSACKS

Beim Kauf eines Schlafsacks sollten Sie Form, Material, Fachhöhe, Verarbeitung und individuelle Anforderungen prüfen.

Der Schlafsack sollte sich eng um die Schultern schmiegen, damit keine Wärme entweicht

Eine Kapuze ist bei kälterem Wetter unentbehrlich. Sie sollte so groß sein, dass Sie Ihren Kopf darin drehen können.

Die Unterteilung in Kammern sorgt dafür, dass die Daunen nicht an einer Stelle zusammenklumpen

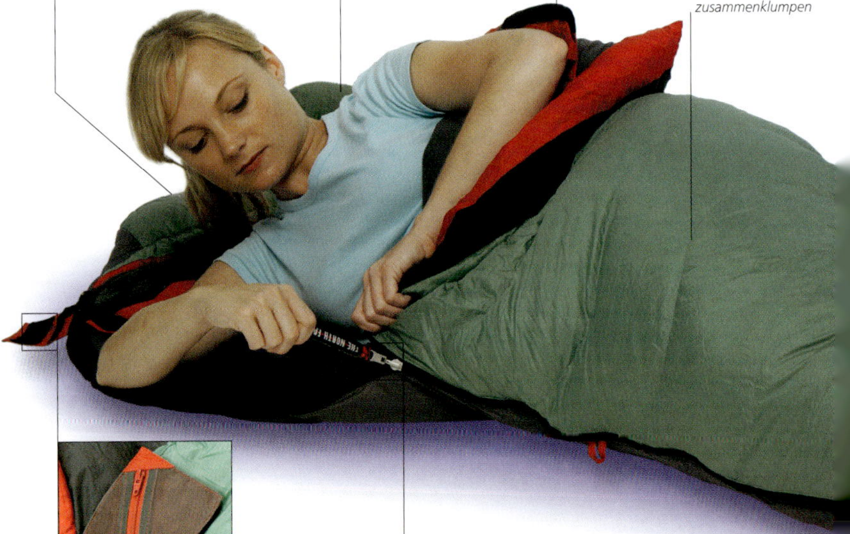

Tasche
Manche Schlafsäcke besitzen zusätzliche Taschen, in denen Schlüssel oder Brieftasche verstaut werden können.

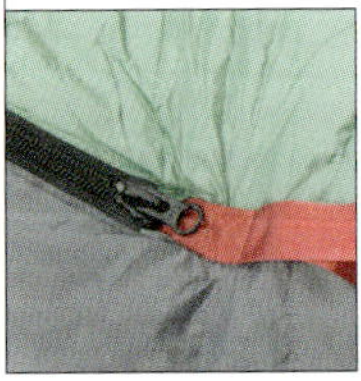

Reißverschluss
Der Reißverschluss sollte einen Klemmschutz und eine Abdeckung haben, damit keine Kältebrücke entsteht.

FÜLLMATERIALIEN

Schlafsäcke sind entweder mit Daunen oder Synthetikfasern gefüllt. Daunen wärmen in Relation zu ihrem Gewicht besser als Synthetikfasern – Hochgebirgsexpeditionen sind daher meist mit Daunenschlafsäcken ausgerüstet. Diese lassen sich auch besser zusammenpressen als Synthetikschlafsäcke – ein unschätzbarer Vorteil, wenn man auf wenig Raum viel zu verstauen hat.

Gänsedaunen sind bauschfähiger als Entendaunen und wärmen deshalb besser. Schlafsäcke mit Kunstfaserfüllung eignen sich besonders gut für feuchte Gebiete, denn anders als Daunenschlafsäcke bewahren sie selbst in nassem Zustand einen Teil ihrer Isolierfähigkeit und trocknen außerdem schneller.

TEMPERATURANGABEN

Anhaltspunkt für die Wärmekapazität eines Schlafsacks sind die Temperaturangaben der Hersteller. Theoretisch sollte man in einem »Null-Grad«-Schlafsack bei der entsprechenden Außentemperatur nicht frieren (Drei-Jahreszeiten-Schlafsäcke sollten unbedingt auf 0 °C ausgelegt sein). Da die Standards der Hersteller differieren und jeder ein anderes Wärmebedürfnis hat, sollten Sie sich auf solche Angaben jedoch nur bedingt verlassen. Auch Komfort- und Extremtemperatur-Angaben sind nur Circa-Werte.

Im Allgemeinen gilt: Je flauschiger der Schlafsack, desto wärmer hält er. Auch die Verarbeitung, etwa die Qualität der Reißverschluss-Abdeckungen und die Form der Kapuze, sowie ein guter Sitz im Schulterbereich spielen bei der Leistungsfähigkeit des Schlafsacks eine Rolle.

Ehe Sie einen Schlafsack kaufen, probieren Sie aus, ob er Ihnen »passt«. In einem zu engen Schlafsack fühlt man sich unwohl und drückt die Füllung zusammen, wodurch sie weniger wärmt

Da man an den Füßen besonders schnell friert, ist das Fußende häufig mit zusätzlichen Kammern versehen. Der Fußteil sollte genug Platz für eine natürliche Fußhaltung bieten

DAUNENFÜLLUNG

Eine Daunenfüllung besteht aus sehr kleinen, leichten Daunen. Die Qualität von Daunen bemisst sich nach ihrer Bauschfähigkeit, dem so genannten Loft:

- Um den Loft zu ermitteln, misst man die Füllkraft der Daunen, d. h. das Volumen pro Gewichtseinheit (Kubikzentimeter pro Unze Daunen). Je höher dieser Wert ist, desto besser wärmt der Schlafsack. Die Loftangaben sollten zertifiziert sein.
- Je höher der Loft der Daunen, umso wirksamer isoliert der Schlafsack und desto weniger Füllmaterial wird benötigt. Er ist entsprechend leichter und lässt sich besser komprimieren.

KAMMERN

Kammern sorgen für eine gleichmäßige Verteilung der Daunen.

DURCHGESTEPPT

Bei schlecht verarbeiteten Billigschlafsäcken kann die Wärme durch unisolierte Nähte entweichen.

KAMMERGENÄHT

Stege zwischen Innen- und Außengewebe verhindern Kältebrücken.

Isoliermatten und sonstiges Zubehör

Um die Nacht komfortabel und trocken zu verbringen, benötigt man außer einem geeigneten Schlafsack eine Schaumstoff- oder Isoliermatte zum Unterlegen. Moskitonetz, Hängematte, Rettungsdecke oder aufblasbares Kopfkissen hingegen sind nur unter bestimmten Umständen notwendig.

SCHLAFUNTERLAGEN

Eine Isoliermatte – egal, ob Thermo- oder Schaummatte – polstert den Körper beim Schlafen auf hartem oder unebenem Boden nicht nur ab, sondern schützt ihn auch vor Wärmeverlust. Als Faustregel gilt: Je dicker die Matte, desto besser isoliert sie – auch gegen Feuchtigkeit, die über den Boden ins Zelt eindringen kann.

THERMO-MATTEN

Thermo-Matten sind in verschiedenen Dicken erhältlich. Sie bieten einen hohen Komfort und isolieren hervorragend, sind jedoch schwerer und teurer als Schaummatten. Sie werden mit einem Pumpsack aufgeblasen oder sind selbst aufblasendend, wobei auch bei Letzteren manchmal nachgepumpt werden muss. Matratzen für den Winter müssen mindestens so lang sein wie der eigene Körper, im Sommer genügt ein kürzeres Modell.

SCHAUMMATTEN

Schaummatten sind leichte Schlafunterlagen, die einfach aufgerollt und unter den Rucksack geschnallt werden. Auf weichem Untergrund wie Sand oder Kiefernnadeln bieten sie den höchsten Komfort. Im Winter eignen sie sich auch als zusätzliche Isolierung unter einer Thermo-Matte.

KISSEN

Ein aufblasbares Kopfkissen ist zwar nicht unbedingt nötig, erhöht aber den Schlafkomfort. Ersatzweise verwendet man einen mit Kleidung gefüllten Stoffbeutel oder ein zusammengerolltes Fleece-Oberteil.

RUHIG SCHLAFEN

Ein aufblasbares Kopfkissen braucht man nicht unbedingt – es sollte auf jeden Fall leicht sein.

RETTUNGSDECKE

Eine Rettungsdecke ist eine metallbeschichtete Folie, die Wärme reflektiert. Sie wiegt nur ein paar Gramm, lässt sich leicht verstauen und schützt im Notfall vor Unterkühlung.

Die Aluminiumbeschichtung reflektiert die Körperwärme

SCHNELLES AUFWÄRMEN

Um sich schnell aufzuwärmen, mit der goldenen Seite nach innen in die Decke wickeln.

MOSKITONETZ

Beim Übernachten unter freiem Himmel bietet ein Moskitonetz, das wie eine Plane über eine Leine gehängt werden kann, Schutz gegen Insekten.

Manche sind mit Insektiziden behandelt

INSEKTENSCHUTZ

Moskitonetze halten Insekten fern und lassen trotzdem die Luft zirkulieren.

HÄNGEMATTE

Mit einer Hängematte kann man fast überall übernachten, selbst bei sumpfigem, felsigem oder unebenem Untergrund. Jeder baumbewachsene Platz eignet sich als Lager. Bei Regen schützt eine leichte Plane, die über der Matte und am Boden befestigt wird. Moderne Hängematten hängen in der Mitte kaum durch. In älteren Modellen schläft man bequemer, wenn man sich diagonal hineinlegt. So hat der Rücken besseren Halt.

BEFESTIGUNG EINER HÄNGEMATTE

Bringen Sie die Hängematte so an, dass Sie keine herabfallenden Äste treffen können. Die Gurte müssen an stabilen Bäumen oder Stangen rutschfest angebracht werden.

Der Abstand zwischen Matte und Baum sollte möglichst gering sein. Breite Gurte schützen die Rinde vor Beschädigung.

Benutzen Sie zum Schlafen eine Thermo-Matte oder eine Wärme reflektierende gepolsterte Unterlage, damit Ihnen nicht kalt wird. Man kann dafür auch einfach eine Metallfolie auf eine Schaummatte kleben.

Die Pflege von Schlafsäcken und Isoliermatten

Schlafsäcke verschmutzen nach ein paar Wanderungen. Sie zu reinigen ist heikel, denn häufiges Waschen mindert ihre Isolierfähigkeit. Für den Fall, dass Schlafsack oder Thermo-Matte unterwegs beschädigt werden und repariert werden müssen, sollte man immer ein Reparaturset bei sich haben. Gute Pflege verlängert die Lebensdauer eines Schlafsacks erheblich.

IM SCHLAFSACK ÜBERNACHTEN

Verschmutzte Daunen verlieren an Bausch- und Isolierfähigkeit. Bevor man in den Schlafsack kriecht, sollte dieser gut aufgeschüttelt und wenn möglich eine Weile gelüftet werden, damit sich die Daunen gut aufbauschen können. Eine Isoliermatte schützt den Schlafsack außen vor Schmutz. Wenn man Thermounterwäsche oder ein Inlett aus Seide oder Baumwolle verwendet, bleibt er auch innen länger von Schweiß, Fett und Schmutz sauber. Dies ist wichtig, da fettige oder verschwitzte Daunen an Isolierfähigkeit verlieren. Bei Hitze eignen sich auch leichte Hosen und ein langärmeliges Shirt (das auch vor Insekten schützt) als Schlafbekleidung.

Hat sich der Reißverschluss verklemmt, sollte man ihn vorsichtig mit einer Zange reparieren.

SCHLAFSACKPFLEGE – AUCH UNTERWEGS

Zum Lüften sollte man einen Schlafsack nie direkt ins Gras, sondern an eine trockene Stelle, etwa einen großen Felsen, legen, um zu vermeiden, dass er schmutzig oder klamm wird. Außerdem sollte der Schlafsack nicht mit nassen und schmutzigen Kleidern oder anderen feuchten Gegenständen in Kontakt kommen. Nasse Regenkleidung nachts nicht direkt am Schlafplatz verstauen!

TÄGLICH AUSSCHÜTTELN
Schütteln Sie Ihren Schlafsack einmal pro Tag aus. So bleibt er frisch, und die Füllung klumpt nicht.

EINEN SCHLAFSACK FLICKEN

Risse im Gewebe des Schlafsacks sollte man möglichst sofort reparieren.

- Für provisorische Reparaturen eignen sich verstärkte Gewebebänder (Gaffer Tape oder Duct Tape). Schneiden Sie einen runden Flicken zu, da der Stoff sich dann beim Kleben weniger verzieht als bei einem eckigen.
- Dauerhafter sind Reparaturen mit Nylon-Reparaturklebeband oder -klebeflicken. Reparatursets gibt es im Outdoor-Laden.
- Die Reparatur größerer Risse, aufgetrennter Nähte oder defekter Reißverschlüsse überlässt man am besten einem Fachmann.

DIE RICHTIGE AUFBEWAHRUNG DES SCHLAFSACKS

DEN SCHLAFSACK WASCHEN UND TROCKNEN

- Schlafsäcke sollten nicht öfter als notwendig gewaschen werden. Seife entzieht Daunen Fett, sodass ihre Bauschfähigkeit und infolgedessen auch ihre Wärmespeicherkapazität leidet. Auch den Synthetikfüllungen schadet zu häufiges Waschen.

- Benutzen Sie zum Waschen eine milde Seife, und halten Sie sich an die Anweisungen des Herstellers. Schlafsäcke können mit der Hand oder im Schonwaschgang der Waschmaschine gewaschen werden. Niemals chemisch reinigen.

- Wählen Sie zum Trocknen die schonendste oder niedrigste Einstellung des Wäschetrockners. Damit die Füllung keine Klumpen bildet, legen Sie ein paar Minuten lang einen Tennisball in die Maschine.

- Nasse Schlafsäcke sind sehr empfindlich. Sie können an der Luft getrocknet, sollten aber nicht über die Wäscheleine gehängt werden, damit die empfindlichen Kammern nicht reißen. Am besten breitet man den offenen Schlafsack über einer großen Wäschespinne oder auf einem aufgespannten Netz (etwa einem Badmintonnetz) aus, das allerdings nicht direkt auf dem Boden liegen darf.

DEN SCHLAFSACK VERSTAUEN

- Zwischen Ihren Wanderungen bewahren Sie den Schlafsack am besten locker gefaltet in einem großen Baumwollsack auf. Lagern Sie ihn auf keinen Fall für längere Zeit in der Kompressionshülle, um seine Bauschfähigkeit nicht zu beeinträchtigen.

- Auch Plastikhüllen sind ungünstig, da die Belüftung fehlt, was zu Schimmelbildung und Bakterienwachstum führen kann. Der Schlafsack muss immer vollständig trocken sein (siehe oben), bevor er verstaut wird!

PFLEGELEICHTE THERMO-MATTEN

Thermo-Matten sind pflegeleicht, und wer sie sorgsam behandelt, wird lange Freude daran haben. Schmutz und Flecken lassen sich mit einem weichen Tuch und warmem Seifenwasser entfernen. Die Matte sollte an der Luft trocknen und mit offenem Ventil nach Möglichkeit flach an einem trockenen Ort gelagert werden. Feuchtigkeit begünstigt Schimmelbildung.

LUFTMATRATZEN REPARIEREN

Luftmatratzen sind zwar komfortabel, aber auch empfindlich. Dornen, Kletten, Steine oder Funken können Risse oder Löcher verursachen. Beim Kauf einer Luftmatratze erhält man meist auch ein Reparaturset mit Flicken und Spezialkleber. Wenn Sie das Loch weder mit den Augen noch mit den Ohren orten können, blasen Sie die Matratze auf und legen sie anschließend ins Wasser. Ein Loch macht sich durch aufsteigende Luftbläschen bemerkbar.

1 Das Loch mit einem Stift markieren. Um es zu finden, tauchen Sie die Matte notfalls ins Wasser.

2 Die Matte trocknen lassen und das Ventil öffnen, Klebstoff auf der beschädigten Stelle verteilen.

3 Den Flicken aufkleben. Ein Topf heißes Wasser auf dem Flicken verstärkt die Haftung.

Kochausrüstung

Egal wie und wo man wandert – die Anstrengung der Wanderung macht hungrig. Mit dem richtigen Zubehör ist das Kochen auch unterwegs kein Problem. Um kein unnötiges Gepäck mitzuschleppen, sollte man vor der Wanderung entscheiden, wie oft und was gekocht werden soll.

Kocher

Mit einem Kocher im Gepäck ist man nicht auf Feuerstellen angewiesen. Ein Kocher ist überdies einfacher, sicherer und umweltfreundlicher. Feuer hinterlassen Narben in der Landschaft, vor allem in empfindlichen Ökosystemen, z. B. in Trockengebieten und der Tundra. Welches Kochermodell man benutzt, hängt u. a. davon ab, welche Brennstoffe am Reiseziel erhältlich sind.

AUSWAHL UND MENGE DES BRENNSTOFFS

Nicht alle Kocher benötigten gleich viel Brennstoff, und jeder Wanderer kocht anders – wie viel Brennstoff man benötigt, ist also trotz der Herstellerangaben schwer einzuschätzen. Um genauer planen zu können, notieren Sie bei jeder Tour, was und wie oft Sie gekocht haben und wie lange Ihr Brennstoffvorrat gereicht hat. Für eine Wochenendwanderung reichen 325 ml Flüssigbrennstoff bzw. eine 190-g-Gaskartusche meist aus. Die Flaschen müssen dicht sein, damit der Brennstoff nicht auslaufen kann.

WELCHE BRENNSTOFFE GIBT ES?

Wenn Sie ins Ausland reisen, informieren Sie sich bei einer Touristen-Information oder mit Hilfe eines Reiseführers, welche Brennstoffe an Ihrem Urlaubsort erhältlich sind. Petroleum, Benzin und Gaskartuschen gibt es fast überall.

FUNKTIONSWEISE EINES KOCHERS MIT FLÜSSIGBRENNSTOFF

Bei diesem Kochertyp wird der Brennstoff nach dem Vorheizen zu Gas und unter Sauerstoffzufuhr verbrannt.

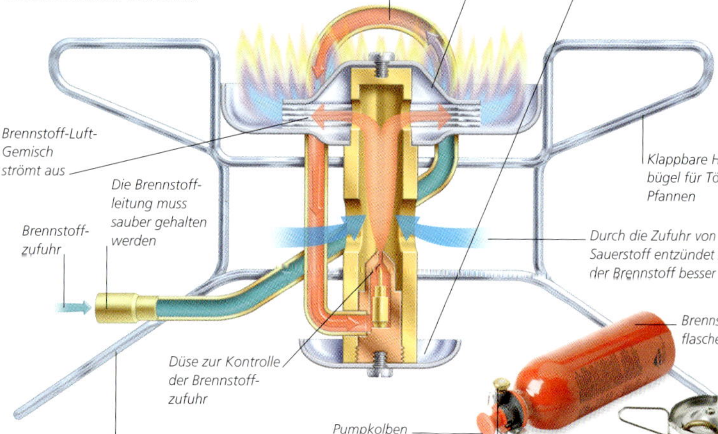

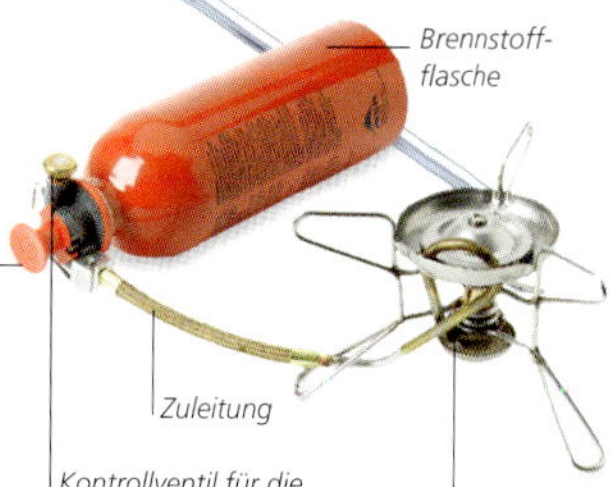

AUFBAU EINES KOCHERS

Kocher für Flüssigbrennstoff bestehen aus einer Brennstoffflasche und einer Kocheinheit mit Brennstoffschlauch.

KOCHER FÜR FLÜSSIGBRENNSTOFF

Die meisten Kocher dieser Art werden mit Reinbenzin, bleifreiem Normalbenzin oder Brennspiritus betrieben.

ZUVERLÄSSIGER KOCHER

Bei Bergsteigern sind diese Kocher sehr populär, weil sie einen selbst bei extremer Kälte im Hochgebirge nicht im Stich lassen.

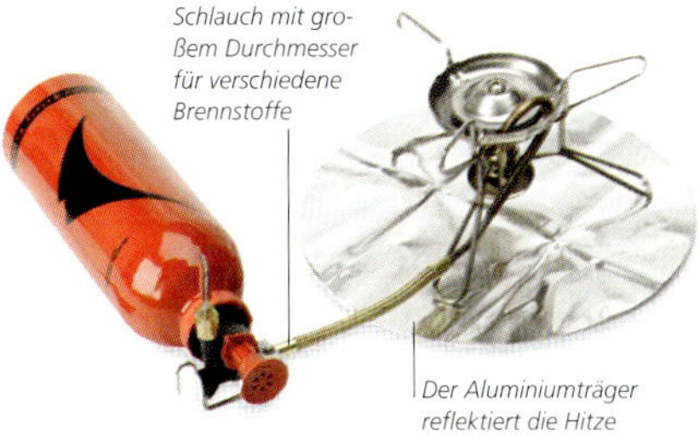

Schlauch mit großem Durchmesser für verschiedene Brennstoffe

Der Aluminiumträger reflektiert die Hitze

GASKOCHER

Gaskocher wiegen nicht viel und sind einfach zu bedienen, eignen sich wegen ihrer geringen Größe aber nur für kleine Töpfe und Pfannen. Sie werden mit einem Butan-Propan-Gemisch betrieben.

EINFACHER KOCHER

Gaskocher sind überall geeignet, wo man problemlos Gaskartuschen erhält, bei Kälte aber nicht sehr zuverlässig.

Durch das offene Ventil strömt das Gas zum Brenner

Der Brenner wird auf die Kartusche aufgesetzt

Nur kleine Töpfe auf die schmalen Haltebügel stellen, damit der Kocher nicht kippt

---

VIELSTOFF-KOCHER

Vielstoff-Kocher können sowohl mit Reinbenzin als auch bleifreiem Normalbenzin, manche sogar mit Standard-Gaskartuschen betrieben werden. Sie sind zwar schwer, aber sehr vielseitig.

ALLROUND-KOCHER

Vielstoff-Kocher sind ideal für Globetrotter, die in verschiedenen Ländern unterschiedliche Brennstoffe verwenden müssen.

Die Brennstoffflasche kann mit unterschiedlichen Brennstoffen gefüllt werden

Hier lässt sich die Flamme regulieren

Funktioniert auch bei starkem Wind

SPIRITUSKOCHER

Sie sind extrem leicht und werden mit Brennspiritus betrieben. Er wird in leichten Plastikflaschen verkauft und ist in jedem Haushaltswarengeschäft erhältlich.

LEICHTGEWICHT

Wenn Ihnen leichtes Gepäck wichtiger ist als Kochkomfort, ist ein Spirituskocher genau das Richtige. Da er nur eine geringe Hitze entwickelt, sind die Garzeiten entsprechend lang.

Zugedeckt gart das Kochgut schneller

Die Flamme lässt sich mit einem Simmerring (nicht sichtbar) regulieren

VOR DEM KAUF ZU BEACHTEN

Bevor Sie einen Kocher kaufen, klären Sie folgende Fragen:

- Bevorzugen Sie einen leichten Kocher?
- Genügen Ihnen einfache Mahlzeiten, die man auf kleiner Flamme erwärmen kann?
- Wandern Sie im Ausland und welche Brennstoffe gibt es dort?
- Arbeitet der Kocher Ihrer Wahl bei Kälte und in extremer Höhe zuverlässig?
- Wie groß sind Ihre Töpfe und Pfannen?

Zubehör

Damit das Kochen unterwegs gelingt, sollte man vorab klären, was sich problemlos kochen lässt und was man dafür braucht. Auch mit einfachen Zutaten und einem Topf kann man erstaunlich lecker kochen. Gourmets nehmen dafür einen Vorrat an Gewürzen oder getrockneten Kräutern mit.

KOCH- UND ESSGESCHIRR

Kochgeschirr für eine Wanderung sollte möglichst leicht sein. Taschenmesser, Besteck, Geschirr, Behälter für Lebensmittel, Topf- und Pfannensets, Becher und Reinigungsutensilien gibt es im Fachhandel. Manches können Sie sicher auch von zu Hause mitnehmen.

TASCHENMESSER

Ein Taschenmesser sollte Klinge, Schraubenzieher, Schere, Ahle, Dosenöffner, Drahtschere und Korkenzieher besitzen. Dieses Allround-Werkzeug kann alles vom Karottenschälen bis zum Dosenöffnen. Ein kleines, leichtes Modell reicht meist aus.

Nicht alle Taschenmesser haben einen Korkenzieher

Ein Dosenöffner ist unterwegs äußerst nützlich

BESTECK

Meist braucht man nur einen Löffel, um Gerichte, die auf dem Campingkocher zubereitet wurden, zu essen. In Outdoor-Läden sind platzsparende Camping-Bestecke oder Löffel-Gabel-Kombinationen erhältlich. Camping-Besteck sollte hitzebeständig, leicht und robust sein.

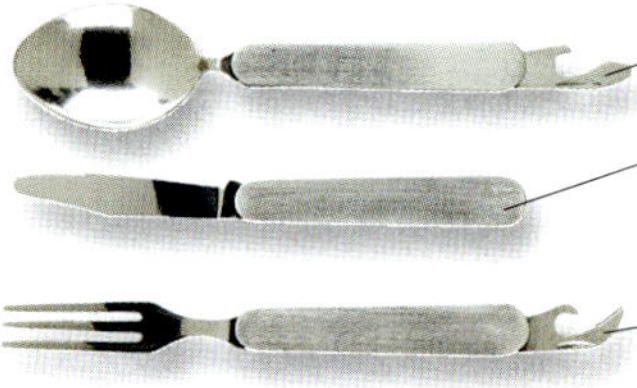

Ein Löffel ist unentbehrlich

Wer ein Taschenmesser dabei hat, braucht meist kein zusätzliches Messer

Gabel und Dosenöffner in einem

GESCHIRR

Tiefe Teller oder kleine Schüsseln aus Plastik sind ideal. Sie sollten aus Platzgründen in den Kochtopf passen. Wenn Sie zu zweit wandern, nehmen Sie Geschirr mit, das sich ineinander stapeln lässt. Das spart enorm Platz.

LEBENSMITTELBEHÄLTER

Lebensmittel transportiert man am besten in einem Nylonsack. Entfernen Sie unnötige Verpackungen oder messen Sie die Zutaten für jede geplante Mahlzeit genau ab und packen diese in Gefrierbeutel mit Zipp-Verschluss. Auch Trockenmilch, Zucker und Gewürze lassen sich in solchen Beuteln oder in kleinen Plastikflaschen gut verstauen.

Lebensmittel sollte man in einem wasserdichten Sack transportieren, den man unterwegs außer Reichweite von Tieren an einen Baum hängt

Gewürze füllt man am besten in kleine Plastikflaschen. Sie nehmen allerdings relativ viel Platz weg

WAS MAN BEIM KAUF BEACHTEN SOLLTE

Bevor Sie Ihre Ausrüstung zusammenstellen, klären Sie folgende Fragen:

- Wie viel Stauraum steht Ihnen zur Verfügung?
- Was für Mahlzeiten möchten Sie kochen, und welche Zutaten benötigen Sie?
- Für wie viele Leute werden Sie kochen?
- Worauf können Sie verzichten – auf eine Bratpfanne vielleicht?
- Wenn Sie zu zweit wandern, müssen Sie nicht alles doppelt mitnehmen

---

TÖPFE UND PFANNEN

Campingkochgeschirr mit ineinander stapelbaren Töpfen ist ideal zum Wandern, birgt aber die Gefahr, dass man mehr Geschirr (und damit mehr Gewicht) mitnimmt, als man eigentlich braucht. Überlegen Sie daher genau, was wirklich nötig ist, und beschränken Sie sich möglichst auf einen einzigen Topf. Ein Deckel gehört auf jeden Fall dazu – er verringert die Garzeit und spart Brennstoff. Aluminiumkochgeschirr heizt sich schnell auf, allerdings brennt das Essen darin leicht an. Titantöpfe sind teuer, aber extrem strapazierfähig und leicht.

BECHER UND TASSEN

In Isoliertassen bleiben Suppen und Getränke länger heiß. Ineinander stapelbare Tassen aus Lexan® sind robust und hitzebeständig, dabei leicht und einfach zu verpacken. An Emaille- und Metallbechern verbrennt man sich leicht den Mund.

REINIGUNGSSCHWÄMME

Für die Reinigung von Töpfen und Essgeschirr braucht man einen Scheuerschwamm. Synthetikschwämme sind robuster und hygienischer als echte Schwämme. Für den Abwasch gibt man ein paar Tropfen Neutralseife (aus einer kleinen Plastikflasche) ins Wasser.

Grundausrüstung

Zum Wandern muss man stets einen ausreichenden Vorrat an Trinkwasser mitnehmen. Ist das nicht möglich, benötigt man eine Ausrüstung zur Wasserentkeimung. Außerdem gehören Erste-Hilfe-Set, Uhr, Taschenlampe, ein Waschset, Kartentasche und Luftmatratze in den Rucksack.

Wasserbehälter

Für eine Tageswanderung genügt eine gut verschließbare Flasche, eventuell mit einem Ring am Schraubverschluss, die man in einer Außentasche des Rucksacks oder am Gürtel griffbereit hat. Trinkverschlüsse erleichtern das Trinken während des Gehens. Perfektionisten benutzen ein Trinksystem mit Trinkschlauch. Beim Campen kann auch ein Wasserbeutel nützlich sein.

WASSERFLASCHEN

Für eine längere Wanderung brauchen Sie eine haltbare Flasche. Polykarbonat-Flaschen von Nalgene™ sind kälte- und hitzebeständig, Aluminiumflaschen leicht und unzerbrechlich.

DIE RICHTIGE FLASCHE

Um Wasser aus einer flachen Quelle zu schöpfen, eignen sich vor allem Flaschen mit weitem Hals. Aus einer Flasche mit schmalem Hals lässt es sich besser trinken.

WASSERBEUTEL

Für größere Mengen Frischwasser oder fürs Wasserholen beim Zelten eignen sich große Wasserbeutel oder -säcke. Kleine Beutel lassen sich dagegen gleichmäßiger im Rucksack verteilen.

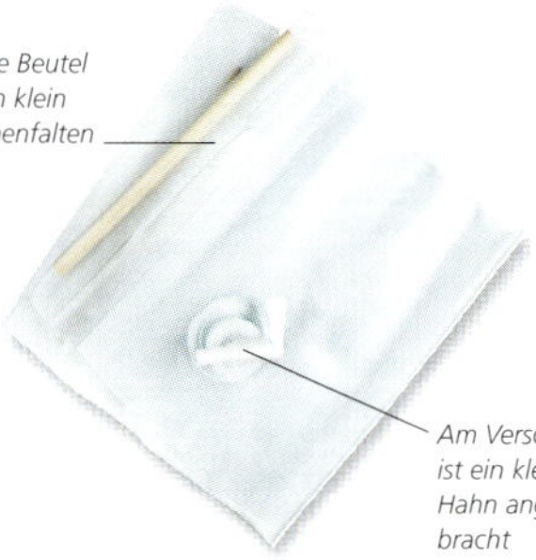

WASSER AUF VORRAT

Dieser Wasserbeutel ist leer sehr leicht, fasst aber mehrere Liter Wasser.

TRINKSYSTEME

Trinksysteme bestehen aus einem leichten, in den Rucksack integrierten Plastikbeutel mit einem Trinkschlauch. Sie können aber auch separat gekauft und im Tagesrucksack oder in der Gürteltasche untergebracht werden. Man kann so unterwegs trinken, ohne eine Pause einlegen zu müssen.

TRINKSYSTEM

In den Rucksack ist ein Wasserbeutel integriert. Der Trinkschlauch wird über die Schulter geführt.

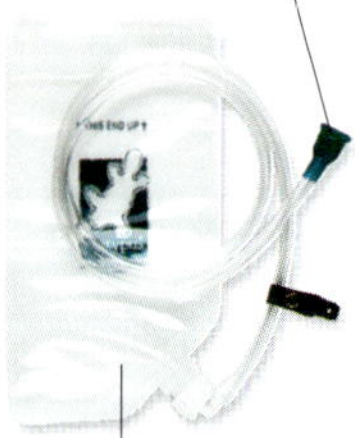

TRINKWASSERBEUTEL

Entkeimen von Wasser

Wer sein Trinkwasser natürlichen Gewässern entnimmt, tut gut daran, es zu entkeimen, denn es kann chemisch (durch den Menschen) oder mikrobiologisch (durch Parasiten, Bakterien und Viren) verunreinigt sein. Quellwasser aus Hochgebirgsquellen ist zwar normalerweise unbelastet, doch zur Sicherheit sollte man grundsätzlich jedes Wasser entkeimen.

ABKOCHEN

Am einfachsten entkeimt man Wasser, indem man es mithilfe von Topf und Kocher abkocht. Dies eignet sich zwar für die Desinfizierung von Kaffee- oder Teewasser, nicht aber, um unterwegs schnell die Wasserflasche nachzufüllen.

CHEMISCHE MITTEL

Zum Abtöten von Bakterien gibt es Tabletten, Pulver oder flüssige Mittel auf Chlor- und Silberbasis. Chlorpräparate haben eine kurze Einwirkzeit, sind aber im Gegensatz zu Silberionenpräparaten nicht geschmacksneutral. Chlor-Silber-Kombipräparate sind fast überall erhältlich. Jodpräparate sind in Deutschland zur Wasserentkeimung nicht erlaubt.

FILTER

Mit einem Keramik- oder Aktivkohlefilter können Parasiten und Mikroorganismen (außer Viren) aus dem Wasser gefiltert werden. Keramikfilter pressen das Wasser durch feine Poren; Schwebstoffe und Bakterien bleiben im Filter hängen. Aktivkohlefilter binden darüber hinaus Chemikalien, sind jedoch empfindlich und eignen sich nur für klares Wasser.

KOMBIFILTER

Combifilter bieten eine Kombination aus Keramik- und Aktivkohlefilter. Sie liefern sehr gute Wasserqualität, sind aber meist überdimensioniert.

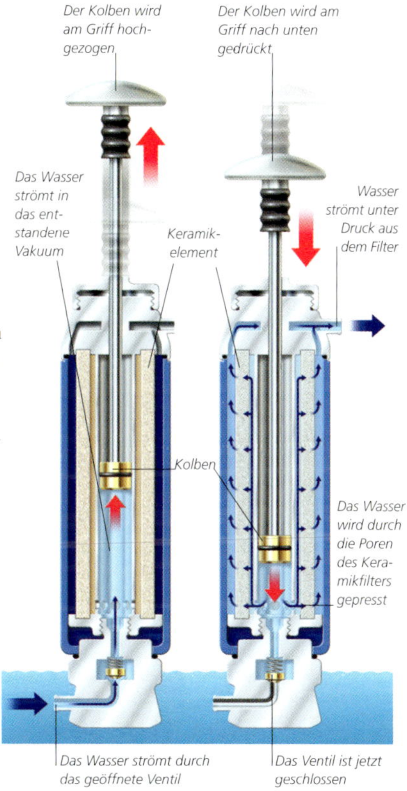

DER WASSERFILTER

Zieht man den Kolben am Griff nach oben, strömt von unten Wasser ein. Drückt man den Kolben bei geschlossenem Ventil nach unten, wird das Wasser durch den Filter gepresst.

DER UMGANG MIT FILTERN

- Die Ablagerung kleinster Teilchen führt zur Verstopfung des Filters. Für Filter mit auswechselbarem Einsatz sollten Sie immer einen Reserveeinsatz mitführen. Keramikfilter müssen regelmäßig gereinigt werden.
- Halten Sie sich bei der Reinigung des Filters an die Angaben des Herstellers.
- Manche Filter lassen sich mit einer Bürste säubern, andere werden mit klarem Wasser und verdünntem Bleichmittel (Eau de Javelle) gereinigt; Letzteres muss nach dem Durchpumpen gründlich ausgespült werden.
- Filtern Sie sehr schmutziges Wasser zunächst durch ein Tuch, das schont den Filter.

Erste-Hilfe-Set

Mit einem Erste-Hilfe-Set verhält es sich wie mit einem Ersatzreifen fürs Auto: Man hofft, dass es niemals zum Einsatz kommt, sollte es aber regelmäßig überprüfen. Pflaster beispielsweise müssen regelmäßig ersetzt werden. Achten Sie außerdem auf das Verfallsdatum von Medikamenten!

INHALT

Standard-Erste-Hilfe-Sets enthalten lediglich Verbandsmaterial. Für eine Wanderung müssen sie entsprechend ergänzt werden: Schmerztabletten, Sonnen- und Insektenschutz sowie ein Mittel gegen Juckreiz gehören auf jeden Fall dazu. Speziell auf Wanderer zugeschnittene Erste-Hilfe-Sets sind in Outdoor-Läden erhältlich.

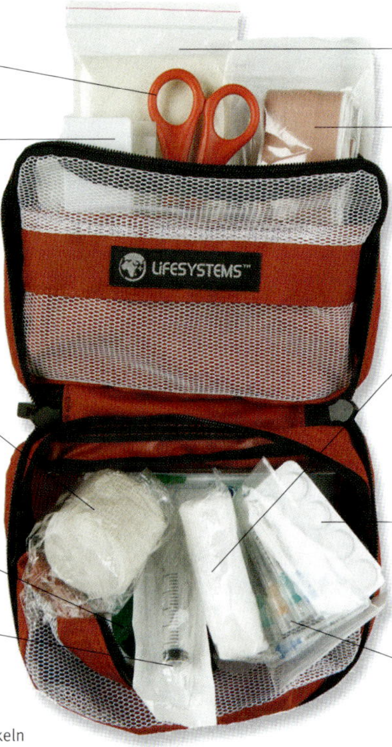

ERSTE-HILFE-SET
Packen Sie eine kleine Taschenlampe ins Erste-Hilfe-Set, falls Sie im Dunkeln Verbandsmaterial suchen müssen.

WAS AUSSERDEM IN DIE REISEAPOTHEKE GEHÖRT

Vergessen Sie Ihre Dauermedikamente nicht, und lassen Sie sich entsprechende Rezepte ausstellen, falls Sie unterwegs Nachschub benötigen. Außerdem sollten Sie einpacken:

- Malariatabletten, wenn Sie in entsprechende Gebiete reisen
- Beatmungsmaske oder Mundschutz, um im Falle einer Mund-zu-Mund-Beatmung sich und den Verunglückten vor Infektionen zu schützen
- Eine Rettungsdecke gegen Unterkühlung und Nässe
- Mittel gegen Ausschläge und Insektenstiche, u. a. Sprays, Tabletten gegen Allergien und entzündungshemmende Salbe gegen Juckreiz

Nützliche Extras

Was immer Sie auf Reisen brauchen – machen Sie eine Liste, damit Sie beim Packen nichts vergessen. Selbstverständlich ist diese Liste dem jeweiligen Reiseziel und der Länge der Wanderung anzupassen: Klima und Terrain sind unterschiedlich, und nicht überall auf der Welt erhält man ohne weiteres Nachschub.

TIPPS UND TRICKS

Nehmen Sie eine biologisch abbaubare Seife mit, um gegebenfalls kleine Verletzungen schnell säubern zu können. Dinge, die mehrere Funktionen zugleich erfüllen, sind oft praktisch und sparen Platz – so z. B. eine Uhr mit Weckfunktion und/oder Barometer. Beutel mit Reißverschluss dienen als Schutz vor Feuchtigkeit, Staub und Insekten.

TOILETTENARTIKEL

Jeder Mensch hat andere Ansprüche an die persönliche Hygiene. Die Grundausstattung sollte aus folgenden Utensilien bestehen: Kamm, Rasierer (Männer), eine kleine Tube Zahnpasta und Reisezahnbürste. Ein kleines Stück biologisch abbaubare Seife kann in einer Plastikseifendose transportiert werden.

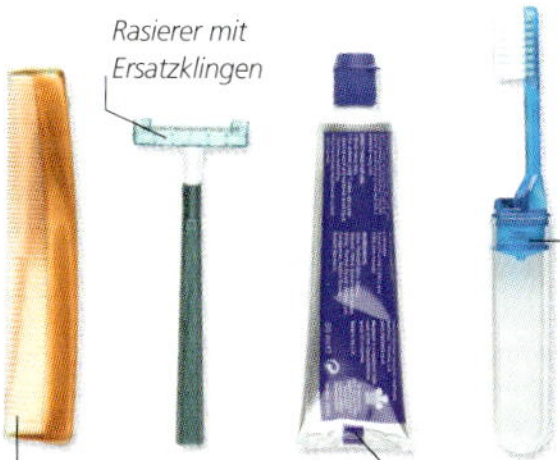

UHR

Nehmen Sie eine Uhr mit Weckfunktion mit. Manche Uhren sind außerdem mit Kompass, Barometer und Höhenmesser ausgestattet. Ein beleuchtetes Display ist im Dunkeln und bei Nebel hilfreich.

LUFTMATRATZEN-REPARATURSET

Wenn Sie eine Thermo-Matte mitnehmen, sollten Sie ein Reparaturset einpacken. Sie können damit außerdem Luftmatratzen, Regenkleidung, Zelt und Schlafsack flicken.

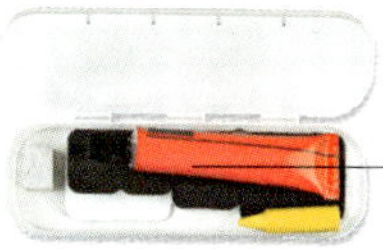

BEUTEL MIT REISSVERSCHLUSS

Kleidungsstücke, Streichhölzer, Lebensmittel oder elektronische Geräte – alles lässt sich dicht in Beuteln mit Reißverschluss verstauen. Da die Verschlüsse nicht sehr strapazierfähig sind, sollte man Ersatzbeutel mitnehmen.

WASSERDICHTE KARTENTASCHE

Eine wasserdichte, durchsichtige Kartentasche erleichtert die Orientierung bei schlechtem Wetter, und schützt die Karte.

Spezialausrüstung

Wer unter Extrembedingungen wandert, benötigt eine Spezialausrüstung und muss wissen, wie sie funktioniert. Gerade auf extreme Kälte sollte man sich gut vorbereiten. Wanderstöcke, GPS-Empfänger und eine Kamera können äußerst hilfreich sein.

Ausrüstung für Kälte

Damit Wandern auch bei Kälte ein Vergnügen ist, benötigt man die passende Ausrüstung. Einen optimalen Kälteschutz bieten mehrere übereinander gezogene Schichten Kleidung. Wenn Sie einen Eispickel oder Wanderstöcke benutzen, brauchen die Arme immer volle Bewegungsfreiheit.

WICHTIGE MASSNAHMEN

Kopf, Nacken, Hände und Füße müssen besonders gegen Kälte geschützt werden. Gamaschen sollten aus atmungsaktivem Material bestehen, damit die Füße darin nicht schwitzen. Steigeisen, Schneeketten oder Schneeschuhe bieten Halt bei verschneiten oder vereisten Oberflächen.

GAMASCHEN

Gamaschen verhindern, dass Wasser, Schnee und Steinchen in die Schuhe eindringen. Wintergamaschen reichen bis knapp unters Knie und bestehen aus wasserdichtem, atmungsaktivem Material. Ein Reißverschluss erleichtert das An- und Ausziehen, teilweise kann man auch mithilfe eines Klettverschlusses die Weite regulieren.

Verstellbare Gummizüge verhindern, dass Schnee und Schmutz eindringen

Abriebfestes Material ist strapazierfähiger

Der Riemen führt unter dem Fuß durch und fixiert die Gamasche

WÄRMENDE SOCKEN

Ein extra Paar Woll- oder Fleecesocken (die Sie nicht zum Wandern tragen) halten die Füße auch im Schlafsack warm und sorgen dafür, dass weder Schmutz noch Schweiß das Schlafsackfutter verunreinigen. Die Füße müssen trocken sein, bevor Sie die Socken anziehen.

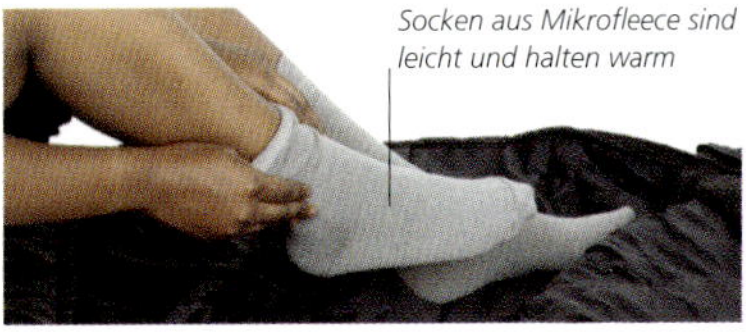

Socken aus Mikrofleece sind leicht und halten warm

GRÖDEL (HALBSTEIGEISEN)

Grödel verleihen auch an glitschigen Hanglagen eine gewisse Trittsicherheit, wiegen aber nur ein Bruchteil normaler Steigeisen. Sie werden mit Riemen an den Schuhen befestigt.

Die Steigeisen werden mit Riemen fixiert

Grödel besitzen normalerweise vier Zacken

SCHNEEKETTEN

Schneeketten für die Schuhe bestehen aus schmalen Metallstiften, die auf einem gummierten Netz angebracht sind, das über die Schuhsohle gezogen wird. Sie eignen sich für mäßig vereiste Wege, nicht aber für gefährliche Bergpfade, sind also kein gleichwertiger Ersatz für Steigeisen.

Ein abwaschbares Band fixiert die Schneeketten

Die Stifte sorgen für Halt im Schnee

Ein Gummiriemen führt unter die Sohle

BALACLAVA

Eine Balaclava (Sturmhaube) bedeckt Kopf, Nacken und einen Teil des Gesichts. Man kann sie mit und ohne Mütze oder unter einer Kapuze tragen. Auch in kalten Nächten hält sie warm, denn sie kann nicht vom Kopf rutschen, wenn man sich im Schlafsack umdreht. Balaclavas sind aus Polypropylen, Mikrofleece, Fleece oder ähnlichen Synthetikmaterialien. Außer bei extremen Minusgraden reicht beim Wandern eine dünnere, leichte Haube.

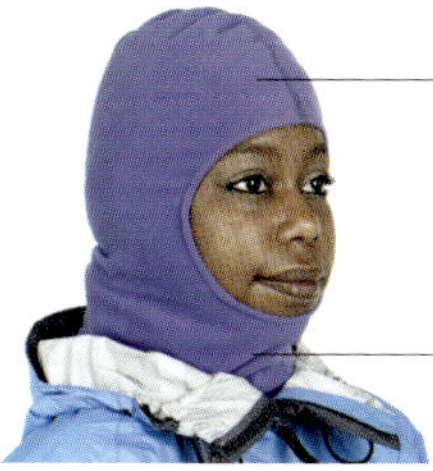

Ein feuchtigkeitsabsorbierendes und isolierendes Material ist ideal

Der untere Teil der Haube kann über das Kinn gezogen werden

SCHLAUCHSCHAL (BUFF)

Normale Schals verfangen sich mit ihren Enden leicht im Rucksackgestell oder in den Gurten, Schlauchschals hingegen schmiegen sich so eng um den Hals, dass sie sich nirgendwo einklemmen können. Außerdem können sie nicht plötzlich aufgehen und halten gleichmäßig warm. Bei Bedarf kann man sie schnell über Ohren, Hinterkopf und Kinn ziehen. Schlauchschals aus Mikrofleece sind komfortabel, warm und leicht.

Ein Buff kann mit oder ohne Mütze getragen werden.

SONNENBRILLE

Für das Wandern im Schnee, insbesondere oberhalb der Baumgrenze, ist eine fest sitzende Sonnen- oder Gletscherbrille mit UV-Filter unverzichtbar. Gletscherbrillen schützen durch einen zusätzlichen Seitenschutz am besten vor UV-Strahlung. Bei starkem Wind bieten Schneebrillen den besten Schutz, denn sie bedecken einen großen Teil des Gesichts. Beschlägt die Brille, setzt man sie kurz ab, bis das Kondenswasser verdampft ist.

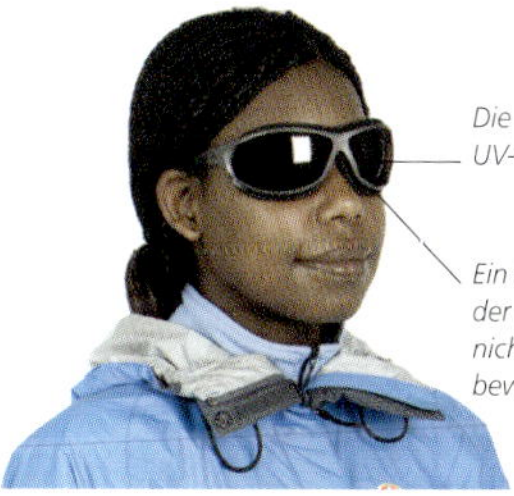

Die Gläser müssen UV-Strahlung filtern

Ein flexibler, gut sitzender Rahmen rutscht nicht, wenn Sie sich bewegen

HANDSCHUHE

Fleece- oder Polypropylen-Handschuhe speichern die Wärme, wasserdichte, atmungsaktive Handschuhe darüber halten von außen eindringende Feuchtigkeit ab. Mit dünnen Handschuhen, z. B. aus Stretch Fleece, lassen sich auch kompliziertere Tätigkeiten durchführen, etwa Zeltstangen zusammenzustecken. Unter Fleece- oder Propylen-Handschuhe gezogen, wärmen sie zusätzlich.

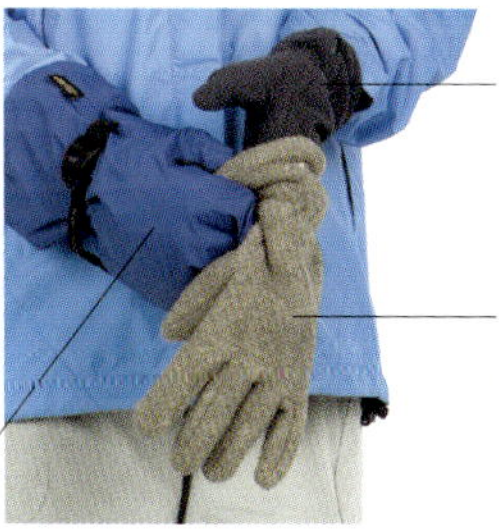

Wasserdichte, atmungsaktive Fäustlinge halten Schnee und Regen ab

Sehr dünne Handschuhe wärmen unter den eigentlichen Handschuhen zusätzlich

Fleece-Handschuhe halten besonders warm

EISPICKEL

Mit einem Eispickel lassen sich Trittstufen in eine vereiste Oberfläche hauen, an Steilhängen ist er daher von großem Nutzen. Außerdem kann er als »Stopper« eingesetzt werden, wenn man zu rutschen anfängt. Auch im Sommer braucht man manchmal einen Eispickel für die sichere Überquerung schneebedeckter Flächen. Falls Sie einen Eispickel mitnehmen, lassen Sie sich vorher genau erklären, wie man ihn einsetzt.

Mit der gebogenen, mit Zähnen besetzten Haue kann man bremsen, wenn man ins Rutschen kommt

Die scharfe Spitze am unteren Ende verleiht im Schnee Halt und Sicherheit

Trekking- und Wanderstöcke

Wanderstöcke sind gerade für ältere oder übergewichtige Personen sowie für Menschen mit Knieproblemen eine ausgezeichnete Möglichkeit, Schmerzen beim Wandern vorzubeugen. Sie verringern die Belastung von Wirbelsäule, Beinen und Knien, da ein Teil des Körpergewichts auf die Arme verlagert wird. Schon ein Stock bringt deutliche Erleichterung; zwei Stöcke sind optimal.

VERSCHIEDENE STÖCKE

Stöcke gibt es in allen Variationen: vom Teleskopstock bis zu traditionellen Holzstöcken. Wanderstöcke sollten eine Hartmetallspitze und einen Kunststoffteller gegen das tiefe Einsinken der Spitze besitzen, ein Anti-Schock-System, das Erschütterungen beim Bergabgehen auffängt, und Griffe mit Korkeinlage. Diese saugt den Schweiß auf und verhindert so Blasen.

DER EINSATZ VON WANDERSTÖCKEN

Man benutzt zum Wandern in der Regel zwei Stöcke, um die Knie zu entlasten und das Körpergewicht auszubalancieren. Wer Stöcke in erster Linie einsetzt, um gegebenenfalls das Gleichgewicht zu halten, kommt eventuell auch mit einem Stock aus. Was einem mehr liegt, muss man selbst ausprobieren.

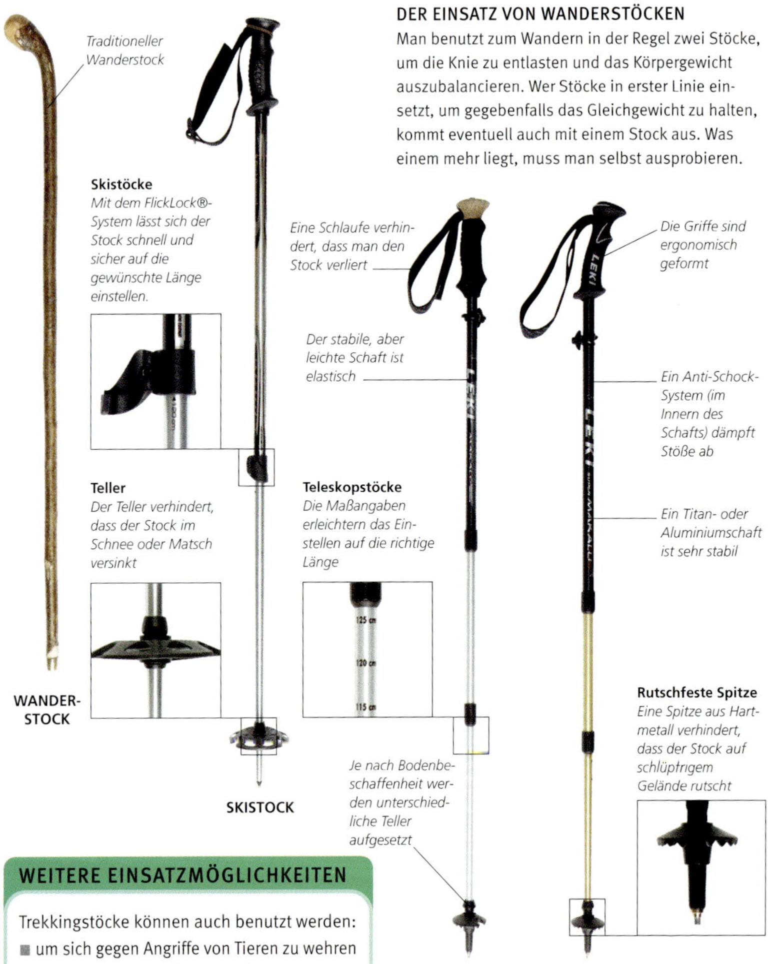

WEITERE EINSATZMÖGLICHKEITEN

Trekkingstöcke können auch benutzt werden:

- um sich gegen Angriffe von Tieren zu wehren
- als stabile Stange für eine Plane
- als Einbeinstativ für eine Kamera (nicht alle Stöcke)

Tiere fern halten

Manche Tiere haben sich an den Menschen bereits so gewöhnt, dass sie immer wieder Campingplätze aufsuchen, um Nahrung zu erbetteln oder zu stehlen. Das ist für die Tiere ungesund – und für den Menschen unter Umständen gefährlich. Wenn Sie in einem beliebten Wandergebiet unterwegs sind, sollten Sie Ihre Lebensmittel daher möglichst gut schützen.

HILFREICHE MASSNAHMEN

Um ihre Lebensmittel vor Tieren zu schützen, hängen viele Wanderer ihre Vorräte einfach an einen Baum (*siehe* S. 219). Allerdings sind manche Tiere inzwischen so gewieft, dass sie auch diese Vorräte ausfindig machen und plündern. In diesem Fall helfen nur bärensichere Container oder ausgefeilte Hängekonstruktionen.

BÄRENSICHERE CONTAINER

Bärensichere Behälter bestehen aus Hartplastik und können z. B. in manchen amerikanischen Nationalparks gemietet werden. Sie fassen normalerweise Lebensmittelvorräte für fünf Tage. Bärensichere Beutel bestehen aus demselben Material wie kugelsicheren Westen. Um Lebensmittel aufzuhängen, ist ein Karabiner nützlich.

LEBENSMITTEL VOR TIEREN SCHÜTZEN

Hängen Sie Ihre Lebensmittel in einiger Entfernung von Ihrem Schlafplatz mindestens 3–5 m über dem Boden an einem kräftigen Ast möglichst weit weg vom Stamm auf.

NAGETIER-SCHUTZ

Nicht nur Bären stehlen Nahrung. Auch für Mäuse und Ratten sind stark frequentierte Campingplätze und Hütten ein Schlaraffenland. Mit einem simplen Trick lassen sich die Tiere von der Nahrung fern halten. Man braucht dazu lediglich ein Taschenmesser, eine Büchse, 90 cm Kordel oder Seil und einen kleinen Stock.

1 Bohren Sie ein Loch in den Boden einer leeren Dose.

2 Drehen Sie diese um, und ziehen Sie ein Seil durch das Loch. Verknoten Sie das Seil unterhalb der Büchse, um sie zu fixieren. Es sollte etwa 30 cm herunterhängen.

3 Nageln Sie das obere Seilende an einen Ast, und binden Sie einen Stock an das untere Ende

4 Hängen Sie Ihre Lebensmittel an den Stock. Mäuse können die Dose nicht überwinden.

Elektronische Geräte

Es ist sicher nicht nötig, den Rucksack mit allerlei Gerätschaften zu beschweren, die für Outdoor-Freaks entwickelt wurden. Manche davon sind bei extremen Wetterverhältnissen oder in schwierigem Gelände allerdings durchaus nützlich. Achten Sie beim Kauf auf eine gute Qualität.

HÖHENMESSER

Ein Höhenmesser erleichtert die Orientierung in gebirgigem Terrain. Ein barometrischer Höhenmesser bestimmt die Höhe über Meeresniveau anhand von Luftdruckveränderungen.

BESTIMMEN DER EIGENEN POSITION

Wird der Höhenmesser beim Start der Wanderung auf die korrekte Höhe eingestellt, kann man damit unter Zuhilfenahme einer Karte die eigene Position bestimmen.

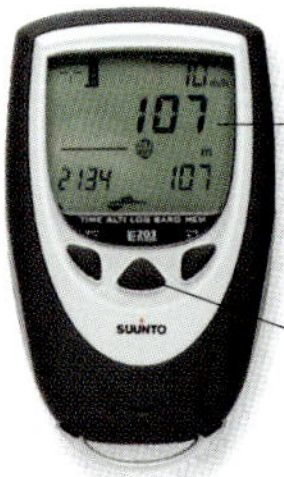

KILOMETERZÄHLER

Wer wissen möchte, welche Strecken er auf seinen Wanderungen zurücklegt, sollte sich einen Kilometerzähler anschaffen. Indirekt kann dieser auch bei der Orientierung helfen.

MESSEN VON DISTANZEN

Kilometerzähler zählen die Schritte und rechnen sie anschließend in die zurückgelegte Distanz um. Dafür müssen Sie zunächst Ihre Schrittlänge eingeben.

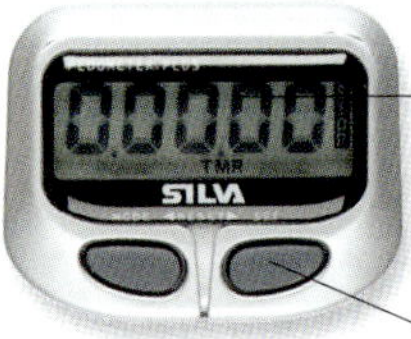

MOBILTELEFONE

Wer alleine wandert, vor allem in abgelegenen Gebieten, sollte für den Notfall ein Handy dabei haben. Leichtsinnig sollte man trotzdem nicht sein, denn nicht überall hat man auch Empfang.

UNTERWEGS TELEFONIEREN

Wenn Sie unterwegs unbedingt telefonieren müssen, tun Sie es möglichst diskret– nicht jeder möchte in freier Natur fremde Gespräche mithören.

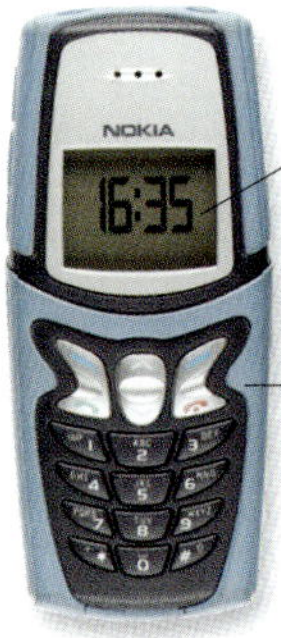

FERNGLÄSER

Ein Fernglas dient meist zur Beobachtung von Vögeln und anderen Tieren oder zum Heranzoomen markanter, weit entfernter Landschaftspunkte, ist aber auch eine nützliche Orientierungshilfe, wenn man nach dem Weg oder nach einer begehbaren Querfeldein-Route sucht.

NATUR PUR

Egal, ob Sie Vögel oder die Sterne beobachten wollen – ein unverwüstliches, aber leichtes Fernglas tut bei vielen Gelegenheiten gute Dienste.

GPS

Das Global Positioning System (GPS) ermittelt mit Hilfe der Signale von Navigationssatelliten die Position von GPS-Geräten auf der Erde. Man kann seine Position damit bis auf 3m genau bestimmen. Nach dem Einprogrammieren des Ziels errechnet das Gerät Kurs, Entfernung und durchschnittliche Gehzeit. Eingegebene Routen können gespeichert werden. Viele GPS-Empfänger sind selbsterklärend und daher einfach zu handhaben.

ZIVILE NUTZUNG

Ursprünglich wurde das GPS für militärische Zwecke entwickelt. Heute sind GPS-Empfänger für jeden erschwinglich.

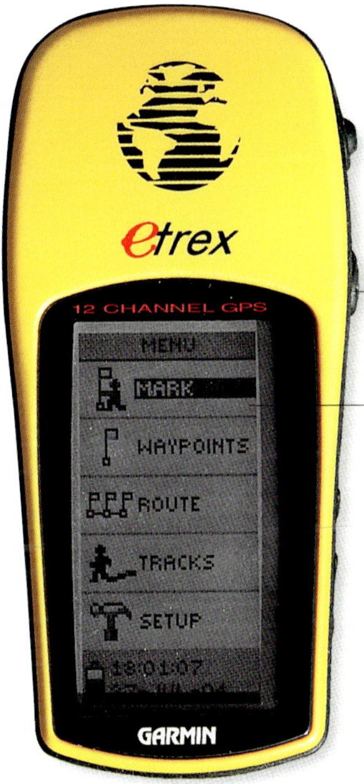

Bedienungselemente seitlich am Gehäuse

Die Menüfunktionen lassen sich durch Scrollen aufrufen

Der Bildschirm zeigt an, welche Satelliten zur Positionsbestimmung genutzt werden

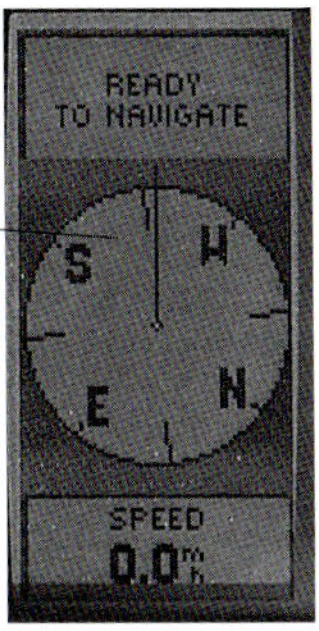

POSITIONSBESTIMMUNG

Hier erscheint der Kompasspfeil

Schrittgeschwindigkeit

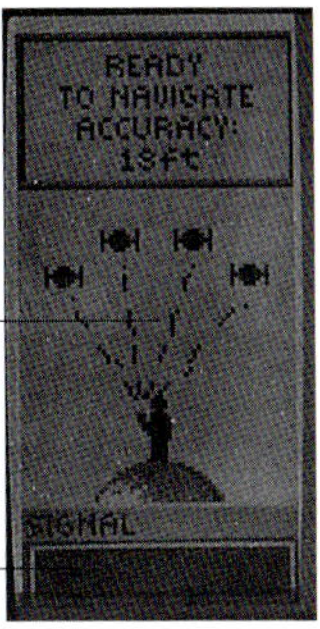

KOMPASS

Der Kompasspfeil zeigt nach Norden

Eine animierte Figur »begleitet« Sie

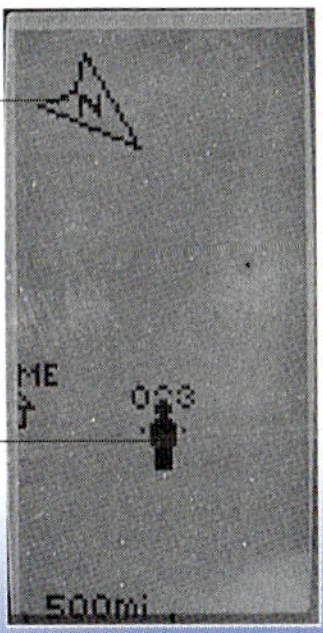

KARTENANSICHT

ORIENTIERUNG LEICHT GEMACHT

Mit einem GPS-Empfänger und einer Karte kann man sich kaum verirren (*siehe* S. 157).

VOR DEM KAUF

Bevor Sie sich für einen GPS-Empfänger entscheiden, sollten Sie folgende Fragen klären:

- Bevorzugen Sie ein einfaches Modell oder ein Gerät mit Kartenspeicher und Download-Funktion?
- Möchten Sie unterwegs die Höhenmeter bestimmen? Wenn ja, wählen Sie ein Modell mit integriertem Barometer.
- Spielen Größe und Gewicht des Geräts eine Rolle? Einfache Modelle sind oft leichter und kleiner als Geräte mit vielen Extras.
- Welche Extras brauchen Sie: wasserfestes Gehäuse, Kalender, Longlife-Batterien usw.

Fotografieren

Fotografien erinnern noch lange an eine erlebnisreiche Wanderung. Um wirklich gute Fotos zu machen, ist jedoch nicht nur Geschick, sondern auch technisches Know-how erforderlich. Die Kamera darf weder zu schwer noch allzu empfindlich sein, ist sie doch tage- oder wochenlang Wind und Wetter ausgesetzt. Gleichzeitig soll sie Bilder von möglichst hoher Qualität liefern.

DIGITALKAMERA

Eine Digitalkamera ist ausgesprochen praktisch, denn man kann seine Aufnahmen auf dem Display kontrollieren und misslungene sofort löschen – ein unschätzbarer Vorteil bei Action-Fotos oder Tieraufnahmen mit »Modellen«, die sich nicht kontrollieren lassen. Manche Digitalkameras sind so winzig, dass Sie in eine Handfläche passen (ein Pluspunkt für Wanderer, die Wert auf möglichst leichtes Gepäck legen), aber dafür empfindlich gegenüber Regen und Schmutz. Auf eine lange Wanderung sollte man Ersatzakkus und -speicherkarten mitnehmen.

DIGITALFOTOS
Digitalkameras werden bei verbesserter Bildqualität immer preiswerter und deshalb auch beliebter.

Wählscheibe
Zur manuellen Funktionswahl einschließlich Automatik

Sucher
Der gewählte Bildausschnitt erscheint im Sucher und auf einem kleinen LCD-Display

Blitz
Der Automatikblitz lässt sich manuell ein- und ausschalten

AF/Selbstauslöser
Zur automatischen Scharfstellung und zeitverzögerten Belichtung

Objektiv
Das Standardmodell hat ein Autofokus-Zoomobjektiv mit 3-fachem optischem Zoom

---

KOMPAKTKAMERAS

Kompaktkameras sind Sucherkameras, die auf digitale oder herkömmliche Weise funktionieren. Manche Hersteller bieten leichte, wasserdichte Modelle an, denen nicht einmal ein kurzes Bad in bis zu 3 m tiefem Wasser etwas ausmacht. Der Einsatz von Wechselobjektiven ist nur selten möglich.

SCHNAPPSCHÜSSE
Sucherkameras sind kompakt, leicht und einfach zu bedienen. Schon allein deshalb empfehlen sie sich für Wanderer. Ersatzbatterien nicht vergessen!

Auslöser
Leichtes Antippen genügt

Blitz
Automatikblitz für Aufnahmen bei schlechtem Licht

Sucher
Der Bildausschnitt erscheint im Sucher

Objektiv
Autofokus-Zoomobjektiv mit 3-fachem optischem Zoom

EINÄUGIGE SPIEGELREFLEXKAMERA

Eine traditionelle Spiegelreflexkamera (SLR) besteht aus einem Gehäuse und auswechselbaren Objektiven. Fotografiert wird mit 35-mm-Filmen. Sie eignet sich vor allem für ambitionierte Hobbyfotografen, ist für die meisten Wanderungen aber zu schwer.

SLR-OBJEKTIVE

Kein anderer Fotoapparat bietet so viele Möglichkeiten wie eine Spiegelreflexkamera. Dank austauschbarer Objektive lassen sich sowohl sehr große Bildausschnitte (Weitwinkelobjektiv) als auch sehr nahe oder ferne Objekte (Teleobjektiv) erfassen. Um bestimmte Effekte zu erzielen, können Filter eingesetzt werden.

FILME UND OBJEKTIVE FÜR SPIEGELREFLEXKAMERAS

FILME

- Wichtig für die Auswahl des Films sind die Lichtverhältnisse. 100-ASA-Filme eignen sich nur für gutes Wetter; 200- und 400-ASA-Filme lassen sich wesentlich flexibler einsetzen.
- In warmen Regionen sollten die Filme in der Mitte des Rucksacks aufbewahrt werden, eventuell in einem Kleiderbeutel. Sinken die Temperaturen unter den Gefrierpunkt, muss das Filmmaterial besonders vorsichtig behandelt werden, damit es nicht reißt.
- Filme unter 800 ASA nehmen beim Durchleuchten am Flughafen keinen Schaden. Wenn Sie Bedenken haben, können Sie Ihre Filme auch vom Sicherheitspersonal prüfen lassen. Oder Sie schicken die Filme per Post nach Hause bzw. lassen sie schon vor Ort entwickeln.

OBJEKTIVE

- Beschränken Sie sich aus Gewichtsgründen, wenn möglich, auf zwei oder drei Objektive.
- Je nach den Aufnahmen, die Sie machen wollen – Porträts, Landschafts- oder Innenaufnahmen –, packen Sie nur die entsprechenden Objektive ein.
- Zoomobjektive eignen sich für Aufnahmen aus unterschiedlichen Distanzen, da sie entfernte Objekte heranzoomen. Teleobjektive sind schwer und ergeben oft nur mit Stativ vernünftige Bilder.
- Eine Sonnenblende vermeidet die Überbelichtung von Aufnahmen bei direkter Sonne.

PERSÖNLICHE DINGE

Denken Sie beim Packen an folgende Utensilien:

- ☐ Waschset (Zahnbürste und Zahnpasta, Seife, Rasierer, Kamm, Handtuch, Binden oder Tampons, Toilettenpapier, Waschhandschuh)
- ☐ Medikamente
- ☐ Insektenschutz
- ☐ Lippenpflegestift
- ☐ Kamera und Filme
- ☐ Ersatzbatterien
- ☐ Tagebuch, Stift, Notizbuch
- ☐ Reparatur-/Klebeset
- ☐ Geld
- ☐ Seil, um Lebensmittel aufzuhängen (optional)
- ☐ Wäscheleine (optional)

KLEIDUNG UND AUSRÜSTUNG FÜR UNTERWEGS

Folgende Kleidungsstücke und Ausrüstungsgegenstände brauchen Sie fürs Wandern:

- ☐ Shorts oder lange Hosen
- ☐ Hemd
- ☐ Unterziehsocken
- ☐ dicke Socken
- ☐ Bergstiefel oder -schuhe
- ☐ Mütze
- ☐ Uhr
- ☐ Wanderstöcke
- ☐ Rucksack
- ☐ Kompass
- ☐ GPS-Empfänger
- ☐ Karte und/oder Wanderführer
- ☐ Zusätzliche Kleidung (Unterwäsche, Hosen, Hemd). Packen Sie eine Lage Kleidung mehr ein, als Sie eigentlich brauchen, sowie ein weiteres Paar Unterzieh- und Wandersocken.

KOCH- UND ESSGESCHIRR

Zum Kochen brauchen Sie folgende Gegenstände:

- ☐ Kocher mit Zubehör (Pumpe, Windschutz, Brenner, Streichhölzer)
- ☐ Brennstoffflasche oder -kartusche
- ☐ Topf, Deckel und Griffzange
- ☐ Plastikschüssel (fürs Essen)
- ☐ Topfreiniger
- ☐ Besteck
- ☐ Tasse oder Becher
- ☐ Kochspatel oder -löffel (optional)

SCHLAFAUSRÜSTUNG

Für eine Wanderung mit Übernachtung packen Sie Folgendes ein:

- [ ] Zelt (inklusive Stangen, Heringen, Schnur, Außen- und Innenzelt)
- [ ] Bodenplane
- [ ] Schlafsack
- [ ] Isoliermatte
- [ ] Schlafkleidung; bei kaltem Wetter zusätzlich eine lange Unterhose und ein langärmeliges Hemd
- [ ] aufblasbares Kissen (optional)

REGENAUSRÜSTUNG

Folgende Ausrüstungsgegenstände sollten im Deckelfach Ihres Rucksacks verpackt werden, damit sie griffbereit sind, wenn das Wetter umschlägt:

- [ ] Rucksackhülle
- [ ] Regenkleidung (Jacke oder Poncho, Hose, Handschuhe)
- [ ] Regenhut (optional)

ZEHN DINGE, DIE MAN UNBEDINGT BRAUCHT

Solche Survival-Listen wurden ursprünglich von Bergsteigern entwickelt, um für gefährliche Situationen gewappnet zu sein:

- [ ] Taschenmesser
- [ ] Wasserflasche
- [ ] Wasserfilter
- [ ] Taschenlampe
- [ ] Notproviant (Energieriegel und Studentenfutter für den Notfall)
- [ ] Extrakleidung (inklusive Regenkleidung)
- [ ] Streichhölzer und Feueranzünder
- [ ] Sonnenschutz und Sonnenbrille
- [ ] Signalpfeife und/oder -spiegel
- [ ] Erste-Hilfe-Set

LAST-MINUTE-CHECKLISTE

Erstellen Sie eine Liste mit allen Aufgaben, die vor der Abreise zu erledigen sind. Darauf kann z. B. stehen: »Heizung abstellen« oder »der Nachbarin einen Schlüssel geben«.

- [ ] Alle Lebensmittelvorräte in den Kühlschrank räumen
- [ ] Die Wasserflaschen füllen
- [ ] Die Hausschlüssel an einem sicheren Platz im Rucksack deponieren
- [ ] Den Wetterbericht hören
- [ ] Bei den zuständigen Informationsstellen die aktuelle Situation im Wandergebiet erfragen
- [ ] Sind alle notwendigen Papiere dabei, z. B. Führerschein und Personalausweis
- [ ] Den Routenplan zweimal kopieren (eine Kopie ins Auto, die andere für eine Vertrauensperson)
- [ ] Eine Vertrauensperson instruieren, falls man nicht zur geplanten Zeit zurück ist

PLANUNG UND ORGANISATION

Wanderungen in der Umgebung

Um sich einzulaufen und mit der Ausrüstung vertraut zu werden, macht man am besten zunächst kürzere Wanderungen in der näheren Umgebung mit Übernachtung im Zelt. Ohne lange Anreise wandert man los und ist bei Wetterumschwüngen auch schnell wieder zu Hause.

Vorplanung

Bevor Sie losgehen, sollten Sie so genau wie möglich recherchieren, was Sie erwartet. Denn wie genau Sie planen müssen, hängt vom Tourencharakter ab: Eine kurze Rundwanderung auf markierten Wegen z. B. erfordert kaum Planung, hier kommen Sie mit einem Tagesrucksack aus. Eine Ganztagstour in der Wildnis hingegen verlangt sorgfältige Planung und mehr Ausrüstung.

INFORMATIONEN ÜBER DIE ROUTE

Während für kurze Strecken oft eine Wegbeschreibung für eine problemlose Wanderung ausreicht, benötigen Sie bei längeren Wanderungen Informationen über die Beschaffenheit der Wege und des Geländes, über Höhenunterschiede, Gefahren, Hindernisse und Wasserstellen. Auch die aktuelle Wettervorhersage ist wichtig. Ein Ansprechpartner für nützliche Informationen sind in der Regel die örtlichen Wandervereine. Sie geben häufig Wander- und Umgebungskarten heraus oder informieren auf Websites über Routen und Wege. Sie organisieren häufig auch Gruppenwanderungen in die Umgebung. Oft werden solche Wanderungen nach Schwierigkeitsgrad klassifiziert, so dass man schon vorher weiß, worauf man sich einlässt. Viele, insbesondere europäische Vereine unterhalten Hütten, die Mitgliedern anderer Wandervereine Vergünstigungen gewähren. Umgebungskarten, Wanderführer und die richtige Ausrüstung bekommen Sie in Outdoor-Läden. Die Verkäufer in diesen Geschäften sind oft selbst begeisterte Wanderer und können Ihnen Auskünfte über

ihre Lieblingswanderwege geben. Viele Outdoor-Geschäfte bieten außerdem Vorträge und Seminare an, in denen die wichtigsten Kenntnisse vermittelt werden. Manchmal gibt es dort auch schwarze Bretter, auf denen Wandervereine über ihre Aktivitäten informieren.

Wanderkarten werden von den örtlichen Fremdenverkehrsämtern, Tourismusverbänden und von den Landesvermessungsämtern herausgegeben. In Naturparks geben Broschüren oder die Parkwarte aktuelle Informationen über Wanderwege. Bei Fremdenverkehrsämtern gibt es außerdem oft spezielle Info-Blätter und -Broschüren für Wanderurlauber.

BESCHAFFENHEIT DER WEGE

Wandert man in der näheren Umgebung, kennt man normalerweise Klima, aktuelles Wetter und eventuell zu erwartende Schwierigkeiten wie Überschwemmungen, Schneestürme, Nebel oder Waldbrände. Wege können aber auch aus anderen Gründen gesperrt sein – so wurden z. B. 2002 viele britische Wanderwege geschlossen, um die Ausbreitung von Tierseuchen einzudämmen.

Je nach Jahreszeit können starke Regenfälle harmlose Bäche und Flüsse in tiefe, reißende Ströme verwandeln, die nur schwer zu überqueren sind. Dürreperioden können auch Flüsse austrocknen, die normalerweise zuverlässig Wasser führen. Ein langer, kalter und schneereicher Winter kann dazu führen, dass Wege bis weit ins Frühjahr hinein durch Eis und Schnee blockiert sind.

Der Zustand der Wege hängt auch davon ab, in welcher Höhe ein Weg verläuft und ob er auf der Windseite oder auf der windabgewandten Seite eines Höhenkamms liegt. Lassen Sie sich aber nicht gleich entmutigen, wenn Sie plötzlich auf ein Hindernis treffen – oft findet man nach einiger Suche einen Alternativweg.

SCHWIERIGES TERRAIN
Querfeldeinwandern in bergigem Gelände kann die Gehzeit um mehr als 100 Prozent verlängern. Informieren Sie sich also rechtzeitig.

FLUSSDURCHQUERUNGEN
Wenn Sie auf Ihrer Route einen Fluss durchqueren müssen, sollten Sie eine Alternative für Hochwasser einplanen, z. B. zur Zeit der Schneeschmelze.

BEQUEM WANDERN
Auf ebenem Gelände und guten Wegen kommt man rasch voran und kann Landschaft und Natur in vollen Zügen genießen.

DIE PFLEGE VON WANDERWEGEN

Viele Wanderwege werden von Ehrenamtlichen – meist Mitgliedern eines Wandervereins – angelegt und unterhalten. Freiwillige Helfer legen überwucherte Wege frei, installieren Drainagesysteme, legen Treppen an und sammeln Müll ein. Wenn Sie an solchen Arbeitseinsätzen teilnehmen, treffen Sie andere erfahrenere Wanderer und lernen neue Wege in der Umgebung kennen.

Planung einer Tageswanderung

Eine Tageswanderung kann ein Ausflug in die Umgebung oder eine Wanderung in Ihrer Urlaubsregion sein. Auf jeden Fall ist sie ideal, um sich auf eine längere Tour vorzubereiten, um eine neue Ausrüstung auszuprobieren, die Kondition zu verbessern und das eigene Tempo einzuschätzen.

DAS ZIEL DER WANDERUNG

Attraktive Wanderziele sind beispielsweise Wasserfälle, Badeseen oder ein Berggipfel. Auch eine besonders interessante Landschaft, etwa eine Schlucht, kann ein tolles Wandererlebnis bieten. Wenn Sie sich auf unbekanntem Terrain bewegen, sollten Sie aber unbedingt im Kartenlesen sicher sein, um keine unliebsamen Überraschungen im Gelände, beispielsweise unerwartete Kletterpartien, zu erleben.

Fragen Sie in Buchläden und Outdoor-Geschäften nach Wanderführern zu Ihrer Region. Große Wandergebiete und Naturparks haben oft ausgedehnte Wegenetze und geben eigene Karten und Beschreibungen heraus, die auch den Schwierigkeitsgrad einer Wanderung vermerken. Wenn Sie nichts dergleichen finden, können andere Wanderer oder die Naturparkwarte helfen, den Schwierigkeitsgrad einzuschätzen.

GESCHWINDIGKEIT UND ENTFERNUNG

Um die Gehzeit berechnen zu können, müssen Sie wissen, wie viele Kilometer Sie in einer Stunde bequem zurücklegen und wie viele Stunden Sie am Stück wandern können. Man überschätzt seine Kräfte leicht und meint, sechs oder sieben Stunden zügig wandern zu können. Tatsächlich wird das Tempo am Ende einer Wanderung beträchtlich langsamer.

Unternehmen Sie mehrere kurze Wanderungen in der Umgebung – vielleicht mit einer Wandergruppe, bevor Sie zu einer Ganztagswanderung starten. Wenn Sie in der Gruppe wandern, sollten Sie Ihre Gehgeschwindigkeit nach dem langsamsten Wanderer richten.

Wer seine Durchschnittsgeschwindigkeit kennt, kann mithilfe der folgenden Tabelle abschätzen, wie weit und mit welcher Geschwindigkeit er an einem Tag wandern kann.

TEMPO UND STRECKENLÄNGE

SCHWIERIGKEITSGRAD	DURCHSCHNITTLICHES TEMPO	EMPFOHLENE DISTANZ/TAG
leicht	3 km/h	4,5–8 km
mittelschwer	4 km/h	6,5–9,5 km
schwer	5 km/h	9,5 km und mehr

Addieren Sie pro 300 m Höhenunterschied 30 Minuten hinzu. Planen Sie außerdem für jede gewanderte Stunde 10 Minuten Pause ein.

SEHENSWERTES
Landschaftliche Highlights wie dieser Wasserfall sind ideale Ziele, vor allem, wenn sie etwa auf halbem Wege liegen.

DIE ROUTENAUSWAHL

Bei einer Rundwanderung kehren Sie an den Ausgangspunkt zurück, ohne einen Teil des Weges zweimal gehen zu müssen. Manchmal kann man selbst eine Rundwanderung »erfinden«, indem man einfach Abschnitte verschiedener Wege kombiniert. Wenn Sie keinen Rundweg finden, können Sie zu einem interessanten Ziel und auf derselben Strecke auch wieder zurückwandern. Alternative: Wenn Sie die Strecke gemeinsam mit anderen wandern und über zwei Autos verfügen, können Sie erst zum Endpunkt fahren, einen Wagen dort abstellen und gemeinsam mit dem zweiten zum Startpunkt fahren.

DAS TERRAIN EINSCHÄTZEN

Oft gibt es mehrere mögliche Wanderwege, so wie die Strecken- und Rundwanderwege auf dieser Beispielkarte. Sie gibt auch Auskunft über Geländeform, Quellen, Flüsse oder Parkplätze.

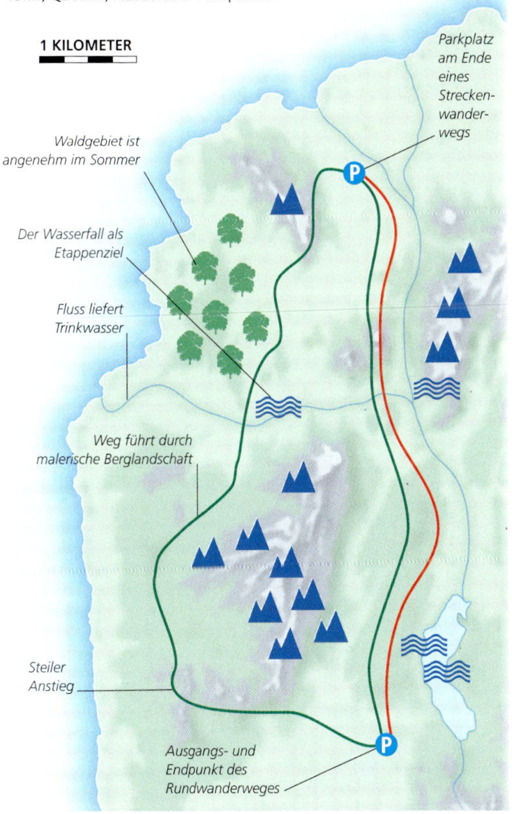

LEGENDE

- Streckenwanderung
- Rundwanderung
- Parkplatz
- Waldgebiet
- Felsen
- Wasserfall

DAS WICHTIGSTE

GENEHMIGUNGEN

Meist sind Genehmigungen nur bei mehrtägigen Wanderungen in Naturschutzgebieten erforderlich, mancherorts gilt dies auch für Tagestouren. Wege können zu bestimmten Jahreszeiten oder wegen lokaler Ereignisse gesperrt sein. Auch Parkgenehmigungen sind manchmal erforderlich. Auskunft geben die zuständigen Behörden, Fremdenverkehrsämter und Touristeninformationen.

KARTEN UND INFOS

Karten oder Wanderführer erhalten Sie in Buchhandlungen, in Outdoor-Läden oder bei Wanderorganisationen vor Ort. Brechen Sie möglichst nie ohne eine gute Karte oder einen Wanderführer auf. Wenn Sie die Gegend nicht kennen, ist die Gefahr sich zu verirren groß. Im Hochgebirge ist dies besonders gefährlich, da bei Nebel und Regen die Sicht behindert ist und die Landschaft plötzlich ganz anders aussieht.

SICHERHEIT

Auch bei Tageswanderungen ist Sicherheit wichtig:

- Planen Sie Ihre Wanderung gut und informieren Sie sich über das Wandergebiet.
- Tragen Sie geeignete Kleidung und robustes Schuhwerk. Nehmen Sie zusätzliche Kleidung mit, die Sie vor Kälte und Regen schützt.
- Hinterlassen Sie, wo Sie wandern und wann Sie voraussichtlich zurückkehren.
- Nehmen Sie für Notfälle ein Handy mit.
- Wandern Sie in abgelegenen Regionen zu zweit.

Ausrüstung für eine Tageswanderung

Wenn Sie bei gutem Wetter und auf ebenem Gelände wandern, reichen gute Wanderschuhe, bequeme Kleidung und ein Tagesrucksack mit Wasser und Verpflegung völlig aus. Für anspruchsvollere Wanderungen ergänzen Sie diese Grundausstattung durch die unten beschriebenen Ausrüstungsgegenstände.

KLEIDUNG UND AUSRÜSTUNG

Kurzwanderungen in der Umgebung bieten Ihnen die Chance, Kleidung, Schuhwerk und Ausrüstung zu testen. Wenn Sie nicht gerade im Gebirge leben, benötigen Sie für Tageswanderungen nur eine einfache, funktionelle Ausstattung. Dazu gehört bequeme Kleidung, die nicht scheuert. Unterbekleidung sollte Feuchtigkeit von der Haut wegtransportieren; Oberbekleidung vor Wind und Regen schützen.

GRUNDAUSSTATTUNG

Auswahlkriterien für Kleidung und Ausrüstung sind Wetter, Sonneneinstrahlung, Insekten, Beschaffenheit der Route und Streckenlänge.

Eine leichte Regenjacke ist vor allem im Gebirge, wo sich das Wetter schnell ändert, unverzichtbar

Der Tagesrucksack sollte groß genug sein, um zusätzliche Kleidung, persönliche Gegenstände, Proviant und Wasser aufzunehmen

Für abschüssiges, felsiges Gelände sind Teleskop-Wanderstöcke empfehlenswert

Wasserflasche
Prüfen Sie, ob der Verschluss gut schließt, und verstauen Sie Flaschen stehend im Rucksack.

Lange Hosen schützen vor Kälte, Sonnenbrand, Insekten und Dornen

Auf ebenem Terrain bieten Trekkingschuhe genügend Halt und Profil

TEXTILIEN

Auch wenn traditionsbewusste Wanderer Baumwoll-T-Shirts und -Shorts bevorzugen: Mit synthetischer Bekleidung aus modernen Hightech-Fasern lassen sich Schweiß und Körpertemperatur wirkungsvoller regulieren. Mikrofleece ist sehr leicht und speichert die Wärme selbst in nassem Zustand. Wollsocken oder Socken mit Wollanteil, kombiniert mit Unterziehsocken aus Synthetikfasern wie Polypropylen, sorgen für zusätzliche Dämpfung und warme, trockene Füße.

Ein Funktions-Shirt reguliert die Temperatur besser als eines aus Baumwolle

Bei hohen Temperaturen ist eine Gürteltasche angenehmer als ein Tagesrucksack

Zipp-Hosen lassen sich per Reißverschluss in Shorts verwandeln

LEICHTE KLEIDUNG

Bei heißem Wetter sind Shorts und ein T-Shirt bequem und man hat mehr Bewegungsfreiheit.

WANDERSTIEFEL

Wanderstiefel sind nicht nur bei schwierigem Gelände eine gute Wahl, sie stützen auch schwache Gelenke.

Eine Kopfbedeckung reguliert äußerst effektiv die Körpertemperatur

Reißverschlüsse ermöglichen eine Temperaturregulation auch bei unbeständiger Witterung

Handschuhe werden für Wanderungen oberhalb der Baumgrenze oder in kälteren Klimazonen benötigt

ZUSATZKLEIDUNG

Hut oder Mütze, Handschuhe und ein Mikrofleece-Shirt sollten Sie dabei haben, wenn sie bei unbeständiger Witterung unterwegs sind.

DAS WICHTIGSTE

WANDERAUSRÜSTUNG

Passen Sie Ihre Kleidung dem Wetter an. Feuchtigkeitsregulierende synthetische Materialien sind zu bevorzugen. Auch die sonstige Ausrüstung sollte sich nach Wetter und Gelände richten:

- Tagesrucksack oder Gürteltasche
- Wasser und Proviant
- Regenjacke oder -poncho
- Wanderstöcke
- Karte und Wanderführer
- Kompass
- Erste-Hilfe-Set
- Zusatzkleidung
- „Zehn Dinge, die man unbedingt braucht", wenn man im Gebirge oder in abgelegenen Gebieten wandert (*siehe* S. 105)

Zweitages-Wanderungen

Für Ihre erste Zweitages-Wanderung sollten Sie ein nahe gelegenes Ziel wählen und schönes Wetter abwarten. Auf einer Route mit niedrigem Schwierigkeitsgrad in einer bekannten Gegend ist es leichter, sein Tempo zu finden und das Einmaleins des Zeltens und der Outdoor-Küche zu erlernen.

AUSWAHL DER ROUTE

Ein Wanderführer für Ihre Region enthält vermutlich Dutzende von Wandervorschlägen. Suchen Sie nach gut ausgeschilderten, leichten Routen mit Zeltplätzen und Wasserstellen. Wenn Sie wissen, wo Sie wandern wollen, fragen Sie Mitglieder eines Wandervereins, das Personal in Outdoor-Läden oder den örtlichen Verkehrsverein nach Tipps.

KOMFORT UND SICHERHEIT

Der vielleicht häufigste Anfängerfehler ist eine zu ehrgeizige Planung. Das Gehen auf Wanderwegen unterscheidet sich stark von dem in der Stadt, weil die natürlichen Unebenheiten im Gelände die Muskulatur ganz anders beanspruchen als Asphalt. Außerdem erhöht das zusätzliche Gewicht eines Rucksacks den Kraftaufwand, der für jeden Schritt erforderlich ist. Anfänger bekommen deshalb häufig Muskelkater und Blasen. Es ist also besser, zunächst eine kurze, einfache Wanderung zu planen.

Sicherheitsaspekte sollte man ebenfalls beachten. Zelten Sie nicht oberhalb der Baumgrenze, geschweige denn auf Bergsätteln und Gebirgskämmen, wo Sie Stürmen ausgesetzt sein könnten. Wenn Sie Flüsse durchqueren müssen, erkundigen Sie sich nach dem Wasserstand, bevor Sie losgehen. Im Frühling können viele Wanderwege noch schneebedeckt, vereist oder sumpfig sein. In Trockengebieten sollten Sie rechtzeitig herausfinden, ob die vorhandenen Wasserquellen tatsächlich Wasser führen oder ausgetrocknet sind. Je mehr Informationen Sie vorher sammeln, desto angenehmer wird Ihre Wanderung verlaufen.

ZELTEN

Sie sollten vor Einbruch der Dämmerung auf Ihrem Zeltplatz sein, damit Sie noch bei Tageslicht das Zelt aufbauen und kochen können.

GEMEINSAM WANDERN

Eine Zweitages-Wanderung ist eine wunderbare Gelegenheit, mit der Familie oder Freunden zusammen zu sein. Mehrere Personen bedeuten außerdem mehr Sicherheit, und das Gewicht von Zelten und Kochausrüstung kann auf mehrere Schultern verteilt werden.

GRAFISCHE DARSTELLUNG EINER ROUTE

Dieser Rundweg führt durch eine abwechslungsreiche Landschaft und an einer Hütte vorbei. Die Gesamtstrecke mit zwei Tagesetappen ist 20 km lang.

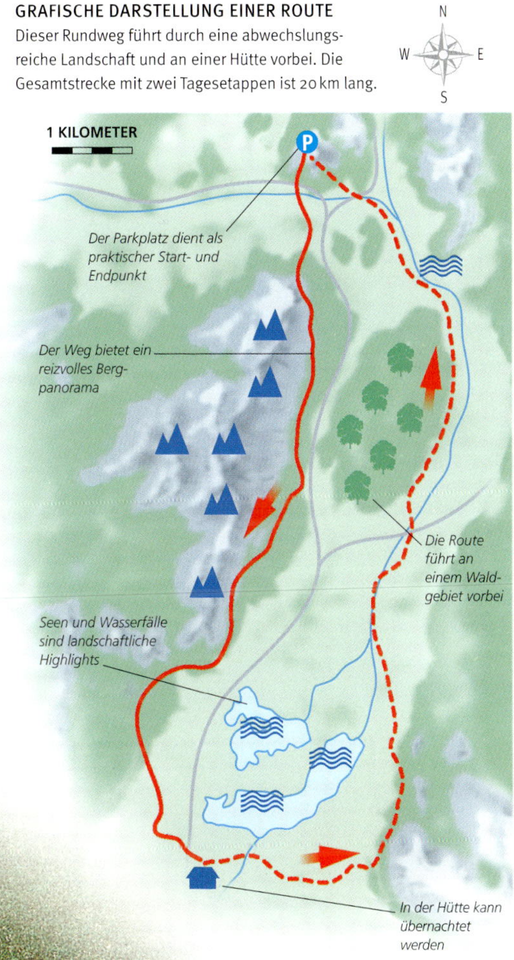

LEGENDE

- 1. Tag
- 2. Tag
- Parkplatz
- Waldgebiet
- Berge
- Wasserfall
- Hütte

DAS WICHTIGSTE

ROUTENPLANUNG

Ein detaillierter Wanderplan ist für eine Zweitages-Wanderung meist nicht erforderlich. Es kann allerdings sein, dass Sie – z. B. in Schutzgebieten – im Voraus einen Zeltplatz reservieren müssen und eine Genehmigung brauchen. Überlegen Sie, wie viele Kilometer Sie pro Tag zurücklegen wollen: 10–13 km sind im Allgemeinen genug für Anfänger; erfahrene Wanderer schaffen leicht das Doppelte. Informieren Sie sich über Zeltplätze oder Hütten. Achten Sie auf Wasserstellen und längere Anstiege, die Ihr Tempo mindern.

DIE ETAPPEN

Planen Sie leicht zu bewältigende Etappen, um sicher zu sein, Ihren Lagerplatz vor Einbruch der Dunkelheit zu erreichen. Bleiben Sie realistisch beim Einschätzen Ihrer Fähigkeiten, auch wenn Sie nur wenig Zeit haben oder einen längeren Weg zurücklegen wollen. Berücksichtigen Sie dabei das Gewicht Ihres Gepäcks, Steigungen, schwieriges Gelände und die Fitness Ihrer Begleiter. Planen Sie Zeit für Pausen, zum Essen und für Dehnübungen ein (siehe S. 142–145).

GENEHMIGUNGEN

In vielen Naturparks, Wäldern und Schutzgebieten ist das Zelten eingeschränkt oder nur auf ausgewiesenen Plätzen erlaubt. In manchen Regionen ist eine Genehmigung erforderlich. Auch eine Reservierung auf Zeltplätzen kann notwendig sein.

Ausrüstung für Zweitages-Touren

Für zweitägige Wanderungen benötigen Sie im Prinzip dieselbe Kleidung wie für Tageswanderungen, zusätzlich brauchen Sie aber Ausrüstung zum Übernachten. Mit modernen, leichten Materialien ist es möglich, das Gewicht von Zelt, Schlafsack, Kocher, Geschirr und Rucksack unter 5 kg zu halten.

DIE GRUNDAUSSTATTUNG

Zunächst brauchen Sie einen größeren Rucksack, um Ihre gesamte Ausrüstung unterzubringen. Dennoch sollten Sie sich auf das wirklich Notwendigste beschränken. Das Zelt sollte im Hinblick auf die erwarteten Gelände- und Wetterverhältnisse genügend Schutz bieten, und auch eine Bodenplane kann sinnvoll sein, um das empfindliche Zeltgewebe vor Rissen zu schützen. Eine Thermo-Matte und ein den Temperaturen angemessener Schlafsack sowie eventuell warme Kleidung für die Nacht sorgen für Schlafkomfort. Neben Lebensmitteln und einem Topf brauchen Sie einen Kocher. Im Sommer sind Zipp-Hosen geeignet, die abends als lange Hosen und tagsüber als Shorts getragen werden können. Denken Sie außerdem an ein Erste-Hilfe-Set und an einen kleinen Packsack für Hygieneartikel.

FAUSTREGEL

Die Kleidung für eine Zweitages-Wanderung ist dieselbe wie für eine Tageswanderung – allerdings kommt etwas zum Überziehen für abends dazu.

DIE RICHTIGE KLEIDUNG

Abends auf dem Zeltplatz hält zusätzliche Kleidung wie Funktionsunterwäsche und eine Fleece-Jacke Sie warm.

CHECKLISTE FÜR ZWEITAGES-WANDERUNGEN

Obwohl man eher zu viel als zu wenig für eine Zweitages-Wanderung einpackt, sollten Sie sich unbedingt vergewissern, dass Sie die folgende Grundausrüstung dabeihaben:

- Kleidung: Socken, Kopfbedeckung, Schuhe, Shorts oder lange Hosen, Hemd
- Orientierung: GPS, Karte, Kompass
- Schlafen: Schlafsack, Isoliermatte, Zelt, Bodenplane, Heringe
- Kochen: Kocher, Topf, Geschirr, Lebensmittel
- Für schlechtes Wetter und Notfälle: Regenschutz, warme Zusatzkleidung, Erste-Hilfe-Set, Handy, Rettungsdecke

NYLON-PACKSACK
In einem leichten Packsack können wichtige Kleinteile verstaut werden.

ERSTE-HILFE-SET
Ein Muss: das Erste-Hilfe-Set. Überprüfen Sie den Inhalt vor jeder Wanderung.

KOCHER UND TOPF
Mit einem Kocher dürfen Sie auch dort kochen, wo Lagerfeuer verboten sind.

KOMFORT BEIM ZELTEN

Zelten ist ein Abwägen zwischen Schutz und Schlafkomfort auf der einen und Begrenzung des Gewichts der Ausrüstung auf der anderen Seite.

Selbst organisierte Touren

Eine Wanderung, die mehrere Tage dauert, erfordert eine gründlichere Vorbereitung und Planung. Sie müssen sich einige Gedanken über Ausrüstung und Proviant machen, und wenn Sie im Ausland wandern, benötigen Sie vielleicht auch ein Visum und eine Reiseversicherung.

Die Auswahl des Wanderziels

Eine mehrtägige Wanderung ist eine echte Chance, den Alltagstrott hinter sich zu lassen. Suchen Sie sich eine möglichst interessante Route und die dafür geeignete Reisezeit aus, damit sich die Investition in die Reise richtig lohnt. Ebenfalls zu klären ist: Sind die Wege für mich ideal? Was ist bei der Anreise zu beachten? Brauche ich Impfungen und wie sind die hygienischen Bedingungen?

DIE PLANUNG DER ROUTE

Wenn Sie Ihr Reiseziel gefunden haben und wissen, welche Art von Wanderung Sie unternehmen wollen, versuchen Sie zusätzliche Wander-Informationen dazu zu bekommen, etwa bei einem Wanderverein, durch Diavorträge oder Wander- und Campingzeitschriften. Auch wandererfahrene Freunde können Ihnen eventuell Routen empfehlen. Wenn Sie in einem Naturpark oder Schutzgebiet wandern möchten, können Sie sich bei der zuständigen Behörde nach Routenempfehlungen erkundigen. Für Ihre ersten Mehrtageswanderungen sollten Sie häufig begangene Routen wählen, statt auf eigene Faust in abgelegenen Gegenden zu wandern.

INTERNET-RECHERCHE

Das Internet ist eine unerschöpfliche Quelle für hilfreiche Informationen über Wanderziele. Man findet über Suchmaschinen direkt ein bestimmtes Wandergebiet oder kann sich mit anderen Wanderern in Chat-Foren austauschen. Dabei bekommt man oft persönlich geprüfte Tipps und Hinweise.

KARTEN UND WANDERFÜHRER

Wanderkarten und -führer sollten möglichst aktuell sein. Recherchieren Sie auch unbedingt vorher, ob die gewählte Route nicht gerade gesperrt ist.

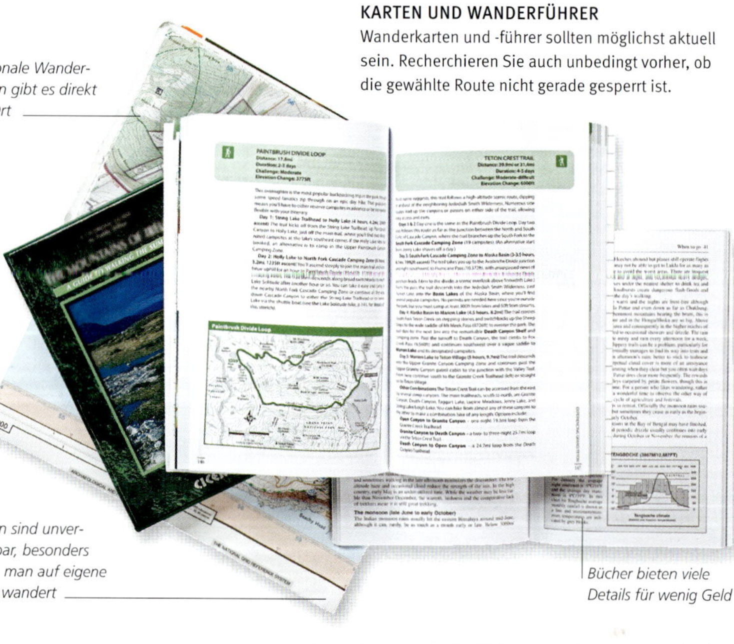

Regionale Wanderkarten gibt es direkt vor Ort

Karten sind unverzichtbar, besonders wenn man auf eigene Faust wandert

Bücher bieten viele Details für wenig Geld

HILFE AUS DEM NETZ
Inzwischen gibt es eine Vielzahl an informativen Websites, auf denen Sie unter anderem Routenvorschläge und Buchtipps finden.

Gezieltes Surfen im Internet hilft bei der Planung

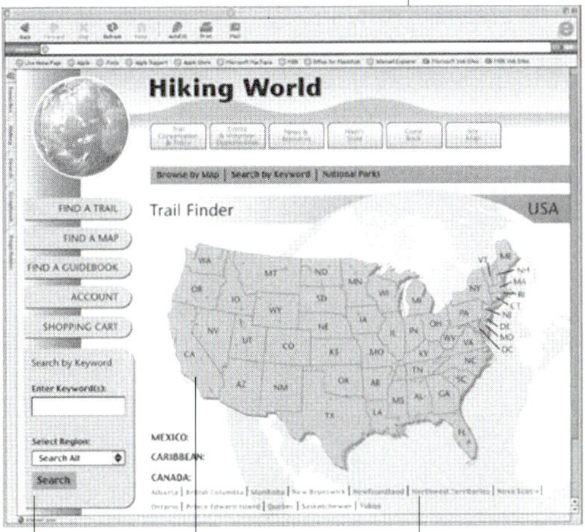

Gewünschte Region eingeben

Mit einem Klick zu Karten und Infos

Links führen zu ähnlichen Seiten

WANDERFÜHRER

Wanderführer finden Sie in Büchereien, Buchhandlungen, Outdoor-Geschäften und im Internet. Wenn Sie in ein weniger populäres Gebiet reisen, finden Sie durch eine Internet-Recherche eventuell Wanderführer, die in anderen Ländern und Sprachen erschienen sind. In Wanderführern findet man neben genauen Wegbeschreibungen auch Informationen über Unterkünfte, Zeltplätze, Wasserstellen, Probleme und Gefahren, Erreichbarkeit des Startpunkts, öffentliche Verkehrsmittel, jahreszeitliche Besonderheiten und vieles mehr.

KARTEN

Wanderkarten sind manchmal schwer aufzutreiben – besonders für entlegene Zielgebiete. Die meisten Wanderführer enthalten zumindest einfache Karten, die aber häufig nicht die detaillierten topografischen Informationen liefern, die Sie brauchen, um sich zu orientieren (*siehe* S. 152–153). Wanderführer geben aber meist Hinweise auf geeignete Karten und nennen Bezugsquellen. Wenn Sie zu Hause nicht fündig werden, fragen Sie an Ihrem Zielort nach entsprechendem Kartenmaterial.

AUF DEM RICHTIGEN WEG
Mit einer genauen Karte, einem Wanderführer und einem Kompass finden Sie unterwegs auch allein sicher Ihren Weg.

INTERNET-RECHERCHE

Mit ein bisschen Übung findet man im Internet Unmengen an wichtigen Informationen, Suchmaschinen helfen dabei.

- Websites für Wanderfans liefern nützliche Informationen zum Thema Wandern. Oft gibt es dort auch Chat-Rooms oder Foren für den Austausch mit Gleichgesinnten.
- Die individuellen Websites anderer Wanderer enthalten zwar oft Berichte und Informationen über bestimmte Routen, es ist allerdings schwierig, die Zuverlässigkeit solcher Berichte zu beurteilen. Wenn es eine Kontakt-Adresse gibt, kann man den Autor aber per E-Mail um weitere Informationen bitten.
- Auf Internet-Seiten finden Sie u. a. häufig Wanderführer-Empfehlungen. Material können Sie oft auch gegen Gebühr herunterladen.
- Einige ausgewählte Links finden Sie im Anhang (*siehe* S. 238–248).

Reiseplanung

Eine Wanderreise spiegelt sehr stark die Persönlichkeit des oder der Reisenden wider. Während manche Wanderer Flexibilität schätzen, planen andere ihre Tour bis ins Detail. Doch egal welcher Wandertyp Sie sind: An- und Abreise, Verpflegung und Unterkunft sollten Sie immer planen.

VORBEREITUNG

Die meisten individuellen Wandertouren erfordern weniger Organisation als ein herkömmlicher Urlaub, weil Sie keine Ferienwohnung mieten, kein Hotel buchen und kein Transportmittel organisieren müssen. Ihr Zelt ist Ihre Herberge, und Ihre Füße sind Ihr Fortbewegungsmittel. In manchen Wandergebieten muss man allerdings im Voraus Zelt- oder Hüttenplätze reservieren, und bei längeren Touren kann es sinnvoll sein, schon im Voraus an einem bestimmten Etappenziel für Verpflegungsnachschub zu sorgen. Außerdem sind logistische Fragen zu klären, z.B. Ihre An- und Abreise.

DIE REISEBUCHUNG

Wenn Sie nicht mit dem Auto zum Ausgangspunkt Ihrer Wanderung fahren, müssen Sie sich telefonisch, über Reisebüros oder das Internet um Flug-, Zug- oder Fährtickets kümmern. Für Informationen über die Route selbst, einschließlich Details über geführte Wanderungen, sollten Sie Kontakt mit Fremdenverkehrs- oder Wanderorganisationen in Ihrem Zielgebiet aufnehmen. Diese sind vermutlich hilfreicher als Reisebüros zu Hause, die sich, was die von Wanderern oft bevorzugten Gebiete jenseits der Tourismusregionen angehen, häufig nicht so gut auskennen.

ALLEIN ODER IN DER GRUPPE

Wanderexperten empfehlen, mit einem Partner oder in der Gruppe zu wandern, weil dies bei Unfällen oder in Notsituationen mehr Sicherheit bietet. Wenn man gemeinsam wandert, kann man außerdem das Gewicht gemeinsam genutzter Zelte und Kochausrüstung auf mehrere verteilen. Auch das gemeinsame Erleben der Natur ist eine schöne Erfahrung. Man-

TREFFPUNKT IM FREIEN
Wanderer treffen sich an einem Felsen im Schottischen Hochland. Der Austausch mit anderen Wanderern ist eines der größten Vergnügen des Wanderns.

SCHUTZ UND GESELLIGKEIT
Berghütten bieten Schutz bei schlechtem Wetter und sind ein Ort, um sich mit anderen Wanderern zu treffen und auszutauschen. Bei einem Gespräch mit den Hüttenbetreibern bekommt man oft wertvolle Tipps.

che Wanderer laufen zunächst allein los und schließen sich unterwegs Gleichgesinnten an. Am besten funktioniert dies, wenn Sie auf gut ausgebauten Wegenetzen wandern oder Einkehrmöglichkeiten ansteuern, wo Wanderer Pause machen und sich austauschen.

ORGANISIEREN VON VERPFLEGUNG

Vielleicht haben Sie die Möglichkeit, Verpflegungspakete im Voraus zu Unterkünften oder Postämtern auf Ihrer Route zu schicken. Natürlich können Sie Nahrungsmittel auch unterwegs kaufen – mögliche Nachteile sind, dass Sie mehr zu schleppen haben und dass die vor Ort einkauften Lebensmittel vielleicht ungewohnt, leicht verderblich oder sonstwie zum Wandern ungeeignet sind.

REISEKOSTEN

Wanderreisen schonen den Geldbeutel, besonders wenn Kosten für Hotels und Restaurants wegfallen.

- Legen Sie zunächst fest, wie viel Sie ausgeben können und wollen.
- Planen Sie, falls nötig, An- und Abreisekosten ein.
- Wanderführer geben Informationen über die Kosten für Zeltplätze, Hütten oder Gasthäuser.
- Planen Sie Reserven ein, um sich auch einen Restaurantbesuch zu gönnen.
- Die Kosten für Verpflegung können je nach Wanderregion sehr unterschiedlich sein, man braucht aber selten mehr Geld als zu Hause.
- Bei langen Touren sollten Sie eine finanzielle Reserve einplanen, um defekte Ausrüstung, aber auch Verbrauchsgüter wie Filme, Insektenschutz und Sonnenmilch zu ersetzen.

SICHERHEIT

Normalerweise ist es unbedenklich, mit Leuten zu wandern, die man unterwegs kennen lernt. Nicht jeder Wanderbekanntschaft, die sich Ihnen anschließen möchte, sollten Sie aber vertrauen.

- Vertrauen Sie Ihrem Instinkt. Insbesondere allein wandernde Frauen sollten vorsichtig sein.
- Behalten Sie Ihre Ausrüstung im Auge, vor allem elektronische Geräte.
- Halten Sie sich alle Optionen offen. Lassen Sie sich auf keine gemeinsame Nutzung von Koch- oder Campingausrüstung ein. Sie sollten Ihre Begleiter jederzeit verlassen können.

Die Planung der Route

Wie viel Planung erforderlich ist, hängt von der Art und der Länge der Wanderung ab. In jedem Fall gehört die Aufstellung eines Wanderplans dazu. Außerdem sollten Sie die gewählte Route sorgfältig in die Karte einzeichnen und Ihre Tagesetappen berechnen.

WANDERPLÄNE

Wanderpläne sind für längere Touren unverzichtbar, um berechnen zu können, wie viel Proviant Sie mitführen müssen. Um Ihren Bedarf abzuschätzen, müssen Sie wissen, wie viele Tage Sie brauchen, um von einer Stadt in die nächste zu gelangen. Manchmal genügt es, die Gesamtstrecke in durchschnittliche Tagesetappen zu teilen. Routen mit nur wenigen Zeltplätzen oder Wasserstellen bzw. Wanderungen durch Gegenden, die kaum Gelegenheit zum Einkaufen bieten, erfordern hingegen eine detailliertere Planung. Wer in Regionen wandert, in denen man aufgrund der Klima- oder Wegeverhältnisse nur langsam vorwärtskommt oder Umwege in Kauf nehmen muss, sollte außerdem einen zeitlichen Puffer einbauen. In jedem Fall ist es hilfreich, sich genau über die Route zu informieren, weil Sie in einigen Parks und Naturschutzgebieten nur an ausgewiesenen Stellen übernachten dürfen.

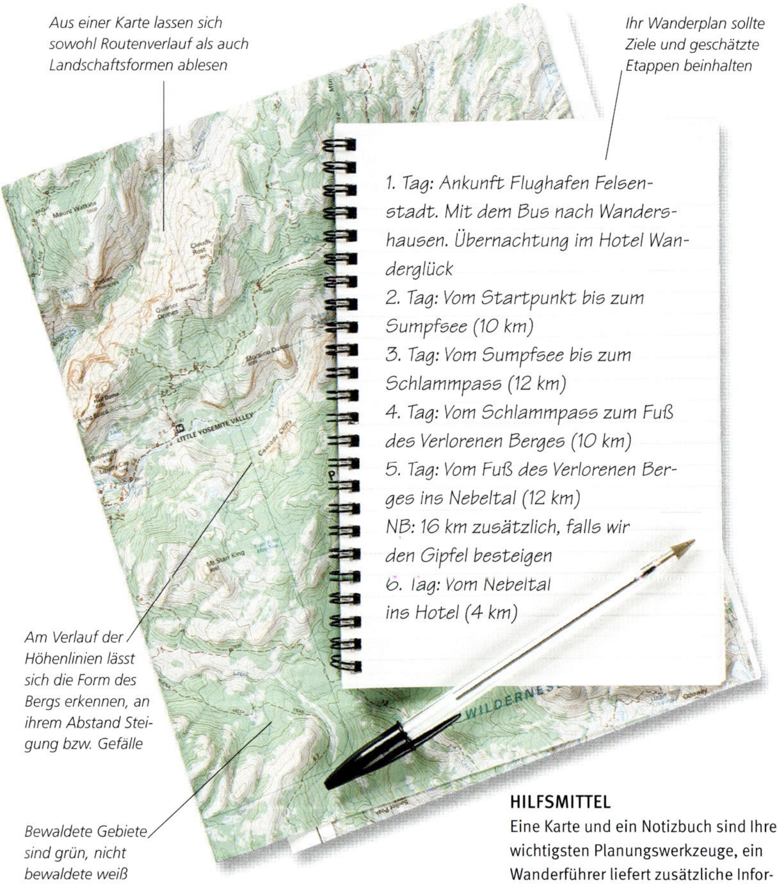

Aus einer Karte lassen sich sowohl Routenverlauf als auch Landschaftsformen ablesen

Ihr Wanderplan sollte Ziele und geschätzte Etappen beinhalten

Am Verlauf der Höhenlinien lässt sich die Form des Bergs erkennen, an ihrem Abstand Steigung bzw. Gefälle

Bewaldete Gebiete sind grün, nicht bewaldete weiß dargestellt

HILFSMITTEL
Eine Karte und ein Notizbuch sind Ihre wichtigsten Planungswerkzeuge, ein Wanderführer liefert zusätzliche Informationen.

MARKIERUNG DER ROUTE

Wenn Sie auf einem ausgeschilderten Wanderweg unterwegs sind, brauchen Sie nicht viel mehr zu tun, als den Weg auf der Karte zu suchen und der Markierung zu folgen. In großen Naturparks oder Wäldern gibt es aber oft ein weites Wegenetz. Wenn Sie eine Route ausgewählt haben, sollten Sie sie daher auf der Karte markieren, um sich später unterwegs zurechtzufinden. Markieren Sie auch mögliche Zeltplätze, längere Anstiege und alle Wasserstellen.

DIE ROUTE EINZEICHNEN

Wenn Sie Ihre Route mit einem Textmarker auf der Karte einzeichnen, können Sie sich unterwegs und vor allem bei schlechtem Wetter leichter orientieren.

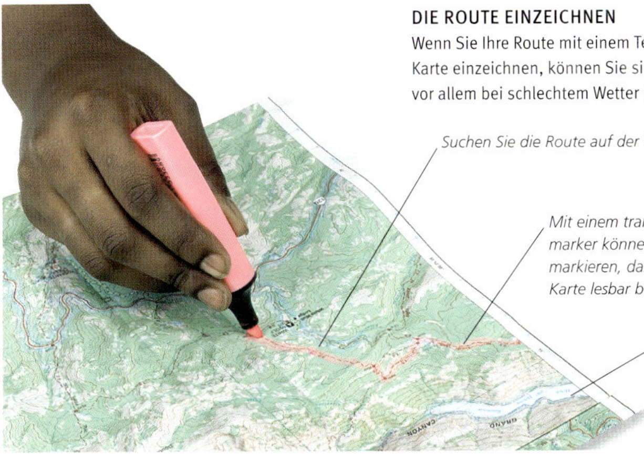

MESSEN VON ENTFERNUNGEN

Entfernungen auf einer Karte messen Sie mit einem Kartenrädchen oder einem Stück dünnen Draht (*siehe unten*). Auf diese Weise kommen Sie allerdings lediglich zu Schätzwerten, besonders bei kleinen Maßstäben, weil die Karte nicht alle Windungen des Weges wiedergeben kann.

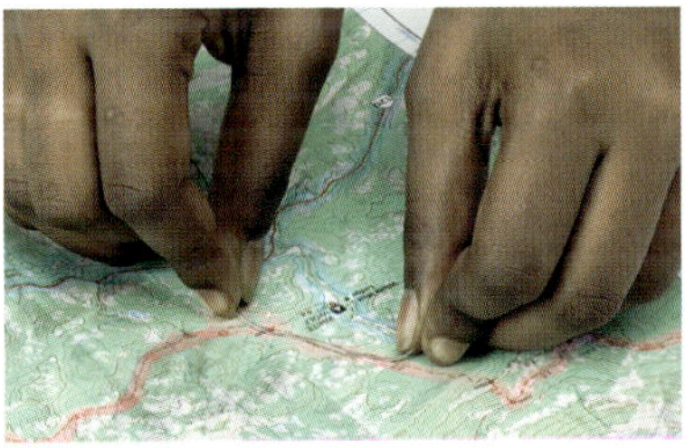

1 Um die Entfernung auf einer Karte zu messen, nimmt man einfach ein Stück dünnen Draht und biegt ihn entsprechend des Wegeverlaufs.

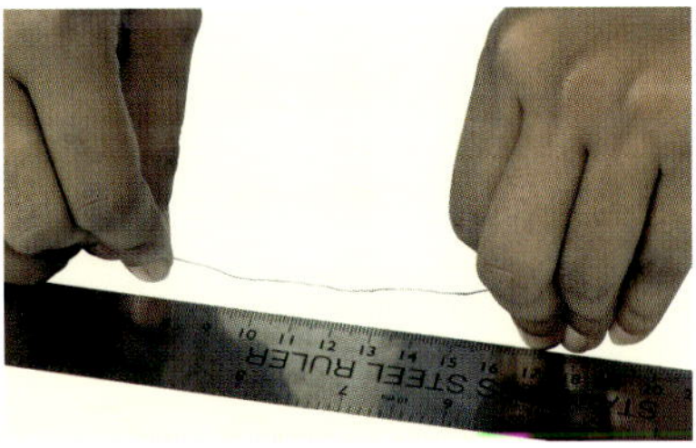

2 Wenn Sie die Route mit dem Draht nachgeformt haben, ziehen Sie ihn gerade, messen seine Länge und rechnen das Ergebnis um.

ENTFERNUNGEN BERECHNEN

Wenn Sie die Länge auf der Karte ausgemessen haben, müssen Sie sie in die reale Entfernung umrechnen. Bei einem Maßstab von 1:25 000 entspricht 1 cm auf der Karte 250 m in der Natur, oder anders ausgedrückt 4 cm sind 1 km. Wenn Sie Ihren Draht an den auf der Karte eingezeichneten Maßstab legen, können Sie die Entfernung ablesen. Bei Karten mit kleinem Maßstab sollten Sie sicherheitshalber 10 Prozent dazuzählen.

KARTEN LESEN
Eine Karte, auf der die Route und wichtige Details farbig markiert sind, erleichtert die Wanderung.

Wanderungen im Ausland

Wanderungen im Ausland erfordern sorgfältige Planung. Teilweise brauchen Sie zusätzlich zum Pass ein Visum, außerdem Bargeld in der Landeswährung, Reiseschecks, Impfungen und eine Auslandskrankenversicherung. Erkundigen Sie sich auch nach den jeweiligen Einfuhr- und Zoll-Bestimmungen.

VISA UND PÄSSE

Die Bearbeitungsdauer von Visa-Anträgen ist von Land zu Land unterschiedlich. In manchen Ländern bekommt man ein Visum erst nach einigen Tagen, in anderen direkt am Flughafen. Erkundigen Sie sich immer nach den aktuellen Bestimmungen, da sich die gesetzlichen Regelungen häufig ändern. Wenn Sie für die Anreise ein anderes Land durchqueren und sich dort einen Tag oder länger aufhalten möchten, kann ein Transitvisum erforderlich sein.

WÄHRUNG UND KREDITKARTEN

Kreditkarten werden weltweit akzeptiert und ersparen es Ihnen, Reiseschecks oder viel Bargeld mitnehmen zu müssen. Am besten ist eine Kombination dieser Zahlungsmittel. In abgelegenen Gegenden sollten Sie allerdings immer Bargeld bei sich haben, am besten in kleinen Scheinen, um Probleme beim Wechseln zu vermeiden. Nehmen Sie Reiseschecks in den wichtigsten harten Währungen, z. B. Dollar-Reiseschecks, mit.

ANDERE REISEDOKUMENTE

Für die Ausstellung von Genehmigungen sind manchmal Fotos notwendig, deshalb sollten Sie immer ein paar Passfotos dabei haben. Wenn Sie im Ausland ein Auto mieten wollen, benötigen Sie außerdem einen internationalen Führerschein.

EINFUHRBESTIMMUNGEN

In manchen Ländern sind die Einfuhrbestimmungen sehr streng, um zu verhindern, dass Pflanzen- und Tierkrankheiten eingeschleppt werden. Gebrauchte Wanderausrüstung wird manchmal beanstandet, weil der Schmutz an Stiefeln und Zeltstangen Parasiten enthalten kann. Säubern Sie also Ihre Ausrüstung sorgfältig, bevor Sie die Grenze überqueren. Auch die Einfuhr von bestimmten Lebensmitteln kann verboten sein.

EINKAUFEN
Für kleinere Einkäufe, besonders in abgelegenen Regionen oder auf Märkten, sollten Sie immer Bargeld dabei haben.

GELDGÜRTEL
Ein Geldgürtel ist bequem, aber – sichtbar getragen – eine Einladung für Taschendiebe. Wo Gedränge herrscht, sollten Sie Wertsachen immer festhalten.

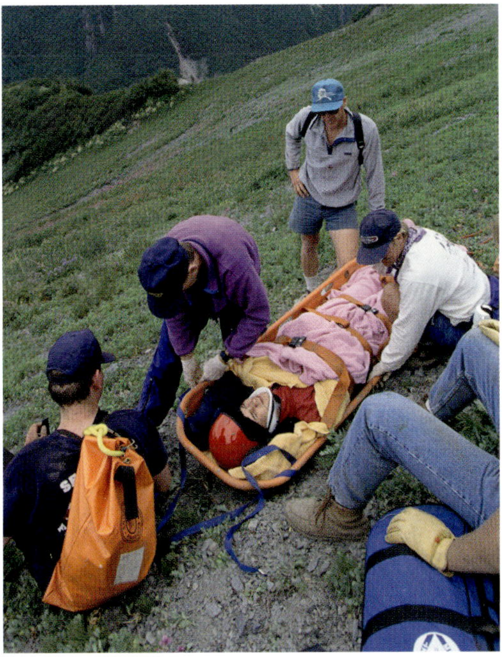

NOTFÄLLE
Rettungssanitäter bergen einen verletzten Wanderer. Reisekrankenversicherungen übernehmen die Kosten in der Regel. Wichtig ist aber das Kleingedruckte, da die Bestimmungen je nach Land variieren können.

VERSICHERUNGEN

Erkundigen Sie sich, welche Kosten Ihre Krankenversicherung übernimmt, wenn Sie in Ihrem Zielreiseland erkranken. Manchmal müssen Sie eine Behandlung auch bar bezahlen und die Erstattung zu Hause beantragen. Deutsche Krankenversicherungen z. B. übernehmen nur Kosten bei Reisen in EU-Länder, einige Mittelmeeranrainerstaaten und Staaten, mit denen ein Sozialversicherungsabkommen besteht. Eine Reisekrankenversicherung, die auch den Krankenrücktransport einschließt, kann also sinnvoll sein. Sein Gepäck kann man gegen Verlust, Diebstahl oder Beschädigung versichern.

IMPFUNGEN

Bei Fernreisen empfiehlt sich eine Impfberatung durch Ihren Arzt oder Apotheker bzw. bei einem Tropeninstitut. Aktuelle Informationen sind wichtig, da Erreger Resistenzen gegen Medikamente entwickeln können und es ständig neue Medikamente gibt. In Gebieten mit Gelbfieber-, Cholera-, Hepatitis-, Typhus-, Meningitis- und Tollwut-Gefahr kann Ihnen ohne Impfungen die Einreise verweigert werden. Beginnen Sie rechtzeitig – eine Immunisierung kann mehrere Wochen dauern. Vergewissern Sie sich auch, dass Ihr Impfschutz gegen Tetanus, Masern und Polio ausreicht.

MALARIA

PROPHYLAXE

Malaria wird durch die Anopheles-Mücke übertragen, die in vielen tropischen und subtropischen Gegenden vorkommt. In manchen Regionen ist der Malariaerreger inzwischen resistent gegen manche Medikamente; die Prophylaxeempfehlungen hängen daher von Ihrem Reiseziel ab. Einige Medikamente zur Malariaprophylaxe dürfen nicht über längere Zeit eingenommen werden. Sie müssen mit der Einnahme mindestens zwei Wochen vor der Abreise beginnen und sie bis mindestens zwei Wochen nach Ihrer Rückkehr fortsetzen.

BETROFFENE LÄNDER

Große Teile von Asien, Zentral- und Südafrika und Südamerika sind Malariagebiete, aber nicht überall sind Prophylaxemaßnahmen erforderlich. Reiseführer und Internetseiten (*siehe unten*) geben darüber genauer Auskunft.

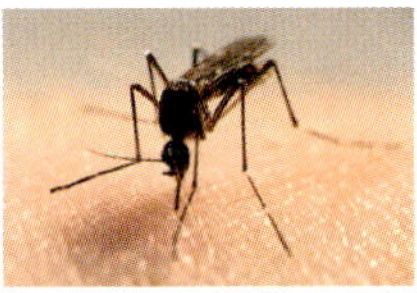

WEIBLICHE ANOPHELES-MÜCKE

INTERNET-INFOS

- www.dtg.mwn.de informiert über Impfvorschriften und gibt Empfehlungen zu Reiseimpfungen und Prophylaxemaßnahmen.
- www.fit-for-travel.de bietet viele Informationen zu Krankheiten, Vorbeugung, Impfberatung usw.

Organisierte Wanderreisen

Wem die Planung eines Wanderurlaubs auf eigene Faust zu unsicher ist, kann seine Reise über einen Veranstalter von Outdoor-Reisen buchen. Die Auswahl ist inzwischen riesig, geführte Touren gibt es in die abgelegensten Gebiete der Erde von der Arktis bis zu den Galapagosinseln.

Geführte Wanderungen

Bei geführten Wanderungen ersparen Sie sich den Großteil der Planung: Sie erhalten eine Packliste und profitieren vor Ort von der Erfahrung fachkundiger Reiseleiter, egal ob Sie von einem Sturm überrascht werden oder ob Ihr Kocher streikt. Die Preise variieren von Low-Budget- bis zu Luxusreisen.

VORTEILE ORGANISIERTER TOUREN

Bei geführten Wanderungen wird Ihnen nicht nur die Reiselogistik – Planung, Ausrüstung, Proviant, Tagespläne, Reise- und Notfallmanagement – abgenommen, solche Touren eröffnen Ihnen auch Einblicke in die Kultur- und Naturgeschichte der besuchten Region, wie Sie sie selbst mit der besten Reiseliteratur nicht gewinnen könnten. Manche Veranstalter bieten zudem Wanderungen jenseits der ausgetretenen Pfade an, bei denen Sie Routen und Gebiete kennen lernen, die Sie auf eigene Faust nicht entdecken würden.

Geführte Reisen eignen sich für alle, die nicht viel Zeit für die Planung aufwenden können. Alleinreisende schätzen an geführten Touren das Gemeinschaftserlebnis, und Anfänger erkunden auf sichere Weise Wandergebiete, in die sie sich allein niemals wagen würden.

DIE WAHL DES REISEVERANSTALTERS

Das Spektrum der Outdoor-, Trekking- und Abenteuerreiseanbieter reicht von kleinen Unternehmen bis zu internationalen Reiseagenturen. Suchen Sie nach einem Anbieter, der sich auf die von Ihnen gewählte Reiseform – ob eine Abenteuer-Wanderreise in exotische Länder oder eine Bergtour auf markierten Wegen in den Alpen – spezialisiert hat. Anbieter finden Sie im Internet sowie in Wander- oder Camping-Zeitschriften. Fragen Sie nach Referenzen, z. B. nach einer Liste zufriedener Kunden. Eine Internet-Recherche fördert häufig Berichte von Reiseteilnehmern zutage, die sehr erhellend sein können.

GEFÜHRTE TOUR IN UGANDA
Ranger schützen die Wanderer vor wilden Tieren und Wilderern. Führer erzählen Wissenswertes zur Naturgeschichte, Träger übernehmen das Gepäck.

VOR ORT ORGANISIERTE WANDERUNG
Preisgünstige geführte Touren können oft vor Ort gebucht werden. Hier hat eine Gruppe in Kathmandu einheimische Führer und Träger für den Annapurna Circuit engagiert.

Selbst kleine regional arbeitende Reiseanbieter vor Ort haben inzwischen in der Regel eine Website. Dank des Internets ist es mittlerweile möglich, Reisen direkt bei lokalen Anbietern im Zielland zu buchen. Dies ist meist billiger, als dieselbe Reise über ein Reisebüro abzuwickeln. Manche Touren kann man auch erst am Zielort buchen.

Viele nichtkommerzielle Anbieter organisieren ebenfalls Wander- und Trekking-Reisen, etwa große Umweltorganisationen, die ihre Angebote in Mitgliederzeitschriften veröffentlichen. Die Kosten sind hier oft geringer, und man lernt unterwegs viel, beispielsweise über Umweltaspekte oder die Auswirkungen des Tourismus auf das Gastland.

KOSTEN UND VORTEILE

Die Preise für geführte Touren sind sehr unterschiedlich. Gute Unternehmen arbeiten mit ausgebildeten Führern, die mehrere Sprachen fließend sprechen, verfügen außerdem über zuverlässige Transportmittel, funktionstüchtige Ausrüstung, über Personal, das sich auf die hygienische Zubereitung von Mahlzeiten versteht, und über gute Beziehungen zu örtlichen Dienstleistern. Letzteres ist vor allem wichtig, wenn Inlandsflüge oder Transfers nötig werden. Auch wenn Ihre Tour bestimmte Fähigkeiten, z. B. Klettererfahrung, erfordert und Ihre Sicherheit von der Kompetenz des Führers und der Qualität der Ausrüstung abhängt, sind seriöse, erfahrene Anbieter das Geld wert.

AUSRÜSTUNG
Die Art der Ausrüstung variiert, je nachdem, welches Gebiet Sie durchwandern und wie kostspielig die Tour ist.

WICHTIGE FRAGEN

Geführte Reisen reduzieren den Planungsaufwand erheblich. Ob es für Sie die richtige Reiseform ist, können Sie mit folgenden Fragen klären:

- Welche körperlichen Anforderungen stellt die Reise (Wanderetappen und -geschwindigkeit, Gelände)? Sind Sie diesen Anforderungen gewachsen?
- Wandern Sie gern in Gesellschaft?
- Sind Sie bereit, sich eine Unterkunft mit Menschen zu teilen, die Sie nicht kennen?
- Sind Sie fit genug, um ein gleichmäßiges Tempo zu halten, und flexibel genug, Ihr Tempo zu drosseln, wenn die Gruppe langsamer ist?
- Sind Sie bereit, einen Teil der gemeinschaftlichen Ausrüstung zu tragen?
- Akzeptieren Sie, dass ein anderer Ihren Wanderplan festlegt und Ihren Tagesablauf bestimmt?
- Sind Sie bereit, auch Aufgaben zu übernehmen ?
- Haben Sie Erfahrung mit ungünstigen Bedingungen (schlechtes Wetter, schwieriges Gelände), und können Sie solche Schwierigkeiten gelassen meistern?

Anforderungen richtig einschätzen

Auf einer organisierten Wanderreise Länder oder Regionen kennen zu lernen, ist spannend und erlebnisreich. Denn selbst bei bis ins Letzte geplanten Touren muss man auf unerwartete Herausforderungen gefasst sein. Schnell kann daraus eine Abenteuerreise werden. Rechnen Sie in jedem Fall mit den Launen der Natur und Überraschungen durch fremde Kulturen und Gebräuche.

RISIKEN UND CHANCEN

Geführte Reisen sind meist bequemer als selbst geplante: Häufig gibt es Personal, das die Zelte aufbaut und kocht, Träger oder Fahrzeuge stehen für den Transport des Gepäcks bereit. Mit einem Führer, der den Weg kennt, braucht man auch kein gutes Orientierungsvermögen. Dennoch sind auch solche Touren nicht immer ganz ungefährlich – abhängig vom Reiseland, Ihrem Ziel und Ihrer Wandergruppe. Natürlich stellt eine Wanderung durch die südfranzösischen Weinberge weniger Anforderungen als eine Trekkingtour in Nepal, aber mit ungünstigen Wetterverhältnissen oder Blasen können Sie überall zu kämpfen haben. Auf einer geführten Reise wird Ihr Reiseleiter Ihnen bei diesen Problemen weiterhelfen.

Manchen Wanderern sind geführte Touren zu langweilig. Wenn Sie jung und fit sind und gerne an Ihre Grenzen gehen, fühlen Sie sich möglicherweise durch langsamere und schwächere Mitwanderer »ausgebremst«. Andererseits verfügen die Führer solcher Touren meist über gute Kenntnisse der regionalen Kultur- und Naturgeschichte und können über Pflanzen, Tiere und geologische Formationen Auskunft geben. Von Non-Profit-Organisationen angebotene Touren werden oft von Naturwissenschaftlern geleitet, die Ihnen viel erklären können.

Komfort und hygienische Verhältnisse variieren je nach Reisegebiet stark. Führer in exotischen Ländern kennen die gesundheitlichen Gefahren für Touristen und helfen dabei, die richtigen Nahrungsmittel, Trinkwasser oder brauchbare Toiletten zu finden.

HELFENDE HÄNDE
Führer kennen die Gegend gut und helfen Wanderern, gefährliche Passagen der Route – z.B. Flussdurchquerungen – zu meistern.

TRÄGER UND FÜHRER

Gute Trekkingreiseveranstalter stellen Ihnen Führer zur Verfügung. Einheimische Führer beherrschen zwar möglicherweise Ihre Sprache nicht, aber ihre Kenntnisse der lokalen Kultur und Tradition wiegen diesen Nachtteil meist auf. Bei Touren in Entwicklungsländern, bei denen Spezialkenntnisse wie Extrem-Klettern und gute Ausrüstung erforderlich sind, engagieren gute Veranstalter oft ausländische Führer und bringen die Ausrüstung mit.

In manchen Ländern ist es üblich, Führern Trinkgeld zu geben. Über die jeweiligen Gepflogenheiten informieren Reiseunternehmen und Reiseführer.

Meist übernehmen bei Trekkingtouren in Entwicklungsländern Träger den Transport von Vorräten und Ausrüstung. Häufig sind dies Einheimische aus den umliegenden Dörfern, was die Kommunikation schwierig macht, trotzdem versteht man sich meist doch irgendwie.

Diese Träger werden meist sehr schlecht bezahlt und sind daher auf ein Trinkgeld angewiesen. Dessen Höhe hängt vor allem von der Länge und dem Schwierigkeitsgrad der Wanderung ab. Erkundigen Sie sich am besten beim Reiseleiter.

FREMDE KULTUREN
Führer wissen oft sehr viel über die Flora und Fauna einer Gegend und können Ihnen z. B. etwas über Heilpflanzen und ihre Verwendung erzählen.

Wenn Lasttiere Ihre Ausrüstung tragen, teilt der Veranstalter Ihnen mit, wie viel Gepäck Sie mitnehmen dürfen und wie Sie packen sollten. In der Regel gibt es Personal, das die Tiere für Sie belädt, führt und nachts versorgt.

Bei der Buchung einer Reise erfahren Sie, welche Ausrüstungsgegenstände Sie selbst mitbringen müssen bzw. ob die komplette Ausrüstung, einschließlich Zelten, gegen Gebühr zur Verfügung steht.

TREKKING MIT LASTTIEREN
Wenn Lasttiere die Ausrüstung tragen, wird das Wandern buchstäblich leichter, allerdings erfordert die Versorgung der Tiere auch eine straffere Tagesorganisation.

Die Vorbereitung

Unebenes Gelände, lange Steigungen oder starke Gefälle zu bewältigen ist körperlich anstrengender als das Gehen auf ebenem Asphalt – besonders in Wanderkleidung und -stiefeln und mit einem Rucksack auf dem Rücken. Testen Sie daher vor der Tour Ihre Ausrüstung und Ihre Fitness.

Testen von Ausrüstung und Kleidung

Auch eine sorgfältig ausgesuchte Ausrüstung sollte zunächst ausprobiert werden. Auf kurzen Wanderungen können Sie herausfinden, wie bequem sich Gepäck, Kleidung und Schuhwerk tragen. Üben Sie auch den Umgang mit neuen Ausrüstungsgegenständen, und prüfen Sie, ob alles in Ihren Rucksack passt.

WANDERN MIT RUCKSACK

Unternehmen Sie ein paar Tagestouren mit voll beladenem Rucksack, um zu prüfen, ob er richtig sitzt und nicht scheuert (*siehe* S. 72–73). Denn es ist besser, nicht erst auf einer langen Trekkingtour Schwachstellen zu entdecken. Plagen Sie schon nach kurzer Zeit Schmerzen? Haben Sie alle Gurte ausprobiert, um herauszufinden, wie sich das Gewicht am wirkungsvollsten verlagern lässt?

Mit vollem Rucksack zu wandern, kann die Füße anschwellen lassen – hier bekommt man mit schlecht sitzenden Wanderschuhen schnell Probleme. Testen Sie sie möglichst auf unterschiedlichem Untergrund wie Sand, Fels, Kies usw.

DER KLEIDERTEST

Auf Trainingstouren sollten Sie die Kleidung tragen, die Sie auch auf Ihrer Wanderung tragen wollen. So merken Sie schnell, ob Nähte drücken, ob das T-Shirt von den Schultergurten des Rucksacks verschoben wird, ob der Saum Ihrer Shorts an den Beinen scheuert. Testen Sie Ihre Kleidung möglichst bei den Temperaturen, die sie auf Ihrer Tour erwarten.

Rucksackgurte dürfen nicht scheuern, der Rucksack muss bequem sitzen

Sitzt der Hut auch bei Wind sicher?

Hosen sollten nicht scheuern und genug Bewegungsfreiheit bieten

Auch nach einer langen Wanderung mit Gepäck sollten Sie sich in Ihren Stiefeln noch wohl fühlen

PROBELAUF

Wenn Kleidung und Ausrüstung den Test auf einer Kurzwanderung bestehen, eignen sie sich ziemlich sicher auch für längere Touren.

DIE GERÄTE

Das Bedienen technischer Geräte wie Kocher, Wasserfilter, Kameras und GPS-Empfänger zu erlernen kostet Zeit. Je vertrauter Sie mit Ihren Geräten sind, desto leichter fällt Ihnen die Benutzung – auch unter ungünstigen Bedingungen.

Testen Sie Ihren Kocher, bevor Sie wandern, um sicherzugehen, dass alle Teile vorhanden und betriebsbereit sind. Sie sollten wissen, wie Ihr Wasserfilter funktioniert, und das Wechseln oder Reinigen der Filtereinsätze üben. Den richtigen Umgang mit einem GPS-Empfänger übt man am besten auf Kurzwanderungen (*siehe* S. 157), nur wenn man damit umgehen kann, ist er eine echte Hilfe. Eine neue Kamera sollte man unter verschiedenen Lichtverhältnissen testen. Notfalls sollten Sie die Betriebsanleitungen für Geräte mitnehmen, mit denen Sie nicht völlig vertraut sind.

PACKEN DER AUSRÜSTUNG

Packen Sie Ihren Rucksack nicht erst in letzter Minute. Sonst entdecken Sie möglicherweise zu spät, dass z. B. Ihr Schlafsack nicht in das Schlafsackfach Ihres Rucksacks passt, weil Sie einen ultraleichten Rucksack mit geringem Volumen haben. Berücksichtigen Sie immer die Größen- und Platzverhältnisse, wenn Sie sich neue Ausrüstung zulegen.

Packen Sie alles in Ihren Rucksack, was Sie mitnehmen möchten. Gibt es genügend Platz für Ihr Zelt? Wohin mit Schlafmatte und Kochgeschirr? Wie viel Platz brauchen Sie für Proviant? Wo ist die Wasserflasche gut erreichbar? Merken Sie sich den richtigen Platz für jeden Gegenstand, und vergewissern Sie sich, dass der Rucksack sinnvoll und gleichmäßig beladen ist und dass sich keine scharfkantigen Gegenstände in Ihren Rücken bohren können.

EINLAUFEN VON WANDERSTIEFELN

Der vielleicht wichtigste Aspekt bei einer Wanderung sind perfekt sitzende Wanderschuhe bzw. -stiefel. Ein beladener Rucksack belastet die Füße zusätzlich zum Gehen. Am Ende eines Wandertages können sie um eine Schuhgröße oder mehr angeschwollen sein.

- Tragen Sie Ihre Stiefel zunächst zu Hause, um die Passform zu prüfen.
- Verhindern Sie Blasen, indem Sie Ihre Stiefel auf kurzen Strecken einlaufen.
- Trainieren Sie in unebenem Gelände die Füße.
- Dünne Funktionssocken leiten den Schweiß ab (Feuchtigkeit fördert die Blasenbildung).
- Tragen Sie darüber dicke, gepolsterte Wollsocken, um Druckstellen zu vermeiden.
- Nehmen Sie Blasenpflaster und -salbe mit, falls Ihre Stiefel scheuern.

MÖGLICHE PROBLEMZONEN

Verbesserung der Kondition

Wenn Sie bereits regelmäßig etwas für Ihre Fitness tun, fällt Ihnen die erste Wanderung leichter als Menschen mit überwiegend sitzender Lebensweise. Die Vorbereitung aufs Wandern sollte sowohl Ausdauer- als auch Krafttraining und Dehnübungen für Arm-, Bein- und Rückenmuskeln umfassen.

TRAINING IM FITNESS-STUDIO

Das Bergauf- und Bergabwandern mit einem Rucksack erfordert eine gute Kondition. Es zahlt sich also aus, im Fitnessstudio rechtzeitig Herz, Lungen und Beinmuskeln zu trainieren. Wer gut trainiert ist, bewältigt kurzzeitig erhöhte Kraftanstrengungen beim Bergsteigen besser und hat außerdem genügend Ausdauer, um einen ganzen Tag zu wandern.

CROSSTRAINER
Crosstraining ist eine gute Vorbereitung – dabei werden wirkungsvoll alle Muskelgruppen und die Ausdauer trainiert.

KRAFTTRAINING
Krafttraining mit Gewichten stärkt die Muskeln, die Sie bergauf tragen. Am wirkungsvollsten sind Geräte, die vor allem die Oberschenkelmuskulatur trainieren.

DEHNEN DER BEINMUSKELN

Die Beinmuskeln verrichten beim Wandern die Hauptarbeit – entsprechend häufig treten nach einem langen Tag Schmerzen und Krämpfe in den Beinen auf. Regelmäßiges Dehnen von Waden- und Oberschenkelmuskulatur – sowohl vor als auch während der Wanderung (*siehe* S. 145) – hilft und beugt Verletzungen bei Stürzen vor.

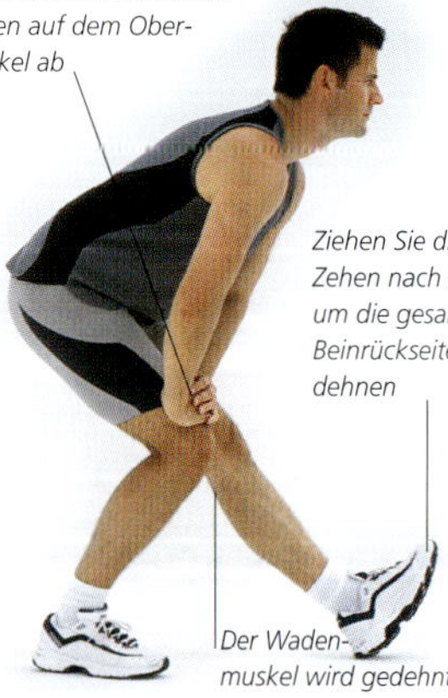

HINTERE OBERSCHENKELMUSKULATUR UND WADEN
Zur Dehnung der Muskeln der hinteren Oberschenkel und der Wadenmuskel strecken Sie ein Bein nach vorn und ziehen die Zehen nach oben. Das andere Knie ist gebeugt. Lehnen Sie sich jetzt mit geradem Rücken nach vorne, und stützen Sie sich auf dem gebeugten Bein ab. Einige Sekunden halten.

DEHNEN DES OBERKÖRPERS

Auch der Oberkörper wird beim Wandern beansprucht. Arme und Schultern sind gefragt, wenn Sie klettern oder Wanderstöcke benutzen. Die Dehnung dieser Muskeln dehnt gleichzeitig auch die Rücken- und Nackenmuskulatur und beugt hier Schmerzen vor.

SCHULTERN

Versuchen Sie, mit einer Hand hinter dem Rücken die andere zu berühren. Einige Sekunden halten.

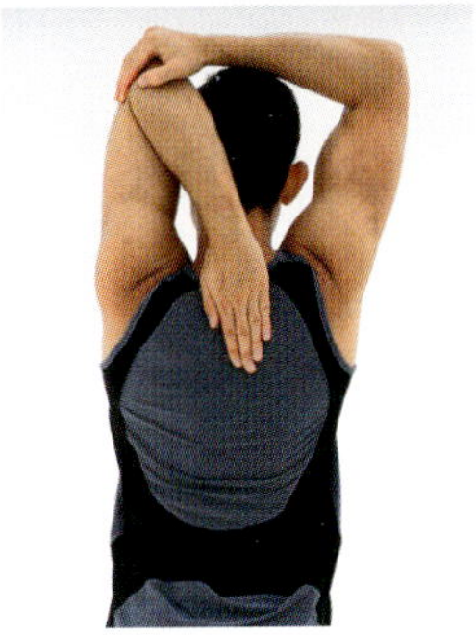

TRIZEPS

Umfassen Sie Ihren Ellbogen, und ziehen Sie ihn sanft nach hinten, bis Sie die Dehnung spüren.

DEHNEN DER RÜCKENMUSKELN

Verspannungen und Schmerzen im Rücken können die Folge von schwerem Gepäck sein. Mit Dehnübungen vor dem Wandern bereiten Sie Ihren Körper auf das Tragen des Rucksacks vor. Dehnen Sie Ihre Rückenmuskeln auch in den Wanderpausen (*siehe* S. 144) und nach jeder Tagesetappe.

RÜCKEN UND OBERSCHENKEL

Diese Übung dehnt Rücken und Beine. Dehnen Sie nie mit Gewalt, sondern ziehen Sie sich sanft in eine Position, die noch angenehm ist. Einige Sekunden halten.

Beugen Sie sich langsam nach vorne, und halten Sie die Dehnung, ohne zu federn

Knie sind gestreckt, aber nicht überstreckt

TIPPS

AKKLIMATISIEREN

Die Bedingungen bei Wanderungen können sich von denen unterscheiden, in denen Sie leben. Insbesondere an extreme Hitze oder Kälte und große Höhen muss man sich gewöhnen.

- Verbringen Sie vor Ihrer Tour so viel Zeit wie möglich im Freien, auch bei schlechtem Wetter.
- Bei Hitze sollten Sie die ersten Tage langsam angehen und öfter Pausen machen, weil Ihre Füße noch nicht abgehärtet sind. Essen und trinken Sie oft, um Ihren Elektrolythaushalt zu stabilisieren, auch wenn Sie nicht hungrig oder durstig sind.
- In großer Höhe sollten Sie zunächst kurze Wanderungen zum Eingewöhnen unternehmen. Bei Touren oberhalb von 2400 m sollten Sie täglich nicht mehr als 300 m höher steigen. Auch jeder Lagerplatz sollte maximal 300 m höher liegen als der letzte. Achten Sie auch bei geringerer Höhe auf Kopfschmerzen und andere Symptome der Höhenkrankheit (*siehe* S. 228).

GRENZEN ERKENNEN

Es braucht Zeit, sich an lange Wandertage und große Steigungen zu gewöhnen, überfordern Sie sich also nicht, bis Sie Ihr Leistungsvermögen kennen.

- Machen Sie mindestens einmal pro Stunde eine Pause. Essen, Trinken und Pausen können Wunder wirken, wenn die Stimmung oder der Energiepegel sinkt.
- Gehen Sie langsamer und ändern Sie Ihre Pläne, wenn Sie merken, dass Ihr Ziel zu ehrgeizig war.

Verpflegung

Auf kurzen Wanderungen sorgt der richtige Proviant für neue Energie und Erfrischung. Auf längeren Touren müssen Sie darauf achten, dass die mitgeführten Lebensmittel nicht verderben. Es gibt viele – frische, getrocknete, verzehr- oder kochfertige – Lebensmittel, die sich auch ohne Kühlung halten – lecker schmeckt es nach einem langen Tag an der frischen Luft allemal.

PROVIANT FÜR TAGESWANDERUNGEN

Wenn es nicht extrem heiß ist, vertragen die meisten Lebensmittel ein paar Stunden im Rucksack. Stellen Sie Nahrungsmittel zusammen, die Salz (wichtig für den Flüssigkeitshaushalt), Zucker (sorgt schnell für neue Energie), Proteine und Fette (für die langfristige Energieversorgung) enthalten. Geeignet sind z. B. frisches und getrocknetes Obst, Vollkornbrot, Käse, Nussnugatcreme, Nüsse, Trockenfleisch und Energieriegel.

Bei Hitze sollten Sie Käse und Fleisch in die Mitte Ihres Rucksacks packen, um sie kühl zu halten. Verzichten Sie auf leicht verderbliche Lebensmittel, z. B. auf mayonnaisehaltige Speisen, stark wasserhaltige Sandwich-Zutaten wie Tomaten sowie auf Aufstriche, die das Brot aufweichen. Nahrungsmittel, die leicht zerbröseln (wie Kekse oder Chips), sollten Sie in Plastikdosen verpacken.

PROVIANT FÜR ZWEITAGES-WANDERUNGEN

Außer Mittagessen und Snacks, die Sie auch für eine Tageswanderung brauchen, benötigen Sie Lebensmittel für Abendessen und Frühstück. Wählen Sie Nahrungsmittel, die sich schnell und einfach zubereiten lassen, z. B. Eintöpfe, Nudeln oder portionierte, gefriergetrocknete Mahlzeiten. Suppen gleichen den Flüssigkeitsverlust aus. Zum Frühstück eignen sich warmes oder kaltes Müsli mit oder ohne Milchpulver und Zucker, aber auch Energie- oder Müsliriegel.

PROVIANT RICHTIG VERPACKT

Um Gewicht und Volumen zu reduzieren, sollten Sie die Umverpackung möglichst entfernen (nehmen Sie aber Verpackungen mit aufgedruckter Kochanleitung mit). Füllen Sie die Lebensmittel in verschließbare Plastikbeutel, und diese in einen wasserdichten Packsack.

TROCKENFRÜCHTE

GETREIDEFLOCKEN

GESALZENE KEKSE

KÄSE

NUDELN

KARTOFFELFLOCKEN

NÜSSE

SCHOKOLADE

TEEBEUTEL

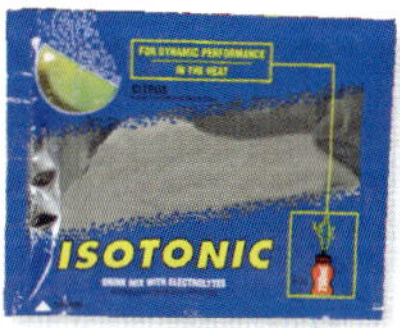

ISOTONISCHES GETRÄNKEPULVER

PROVIANTMENGE

Wie viel Proviant Sie für eine Tageswanderung benötigen, hängt von Ihrem Stoffwechsel und von der Strecke ab, die Sie zurücklegen möchten. Als Faustregel gilt: 900 g vorwiegend getrocknete Nahrungsmittel reichen gut für einen Tag (drei Mahlzeiten plus Snacks). Auf kurzen Wanderungen bei warmem Wetter kommen Sie mit weniger aus, für lange Touren bei Kälte brauchen Sie etwa 25 Prozent mehr.

NUSSRIEGEL

FRÜHSTÜCK

Ein unkompliziertes Frühstück besteht aus Trockenfrüchten und Getreideflocken oder einem Müsliriegel. Oder man bereitet sich eine warme Mahlzeit, z. B. mit Trockenei- oder Pfannkuchen-Fertigmischungen, die man in Outdoor-Geschäften bekommt. Kaffee und Tee können auf dem Campingkocher zubereitet werden. Koffeinhaltige Getränke wirken allerdings entwässernd und sind deshalb bei Hitze nicht zu empfehlen.

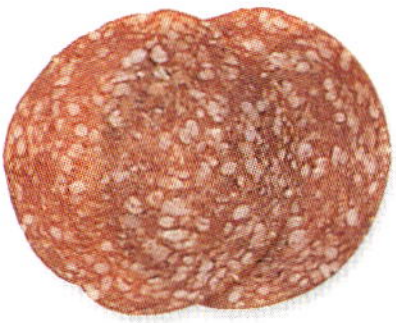

SALAMI

BRÖTCHEN

MITTAGESSEN

Das Mittagessen sollte schnell zubereitet werden und auch bei Regen bequem zu essen sein. Käse, Salami, Trockenfleisch, Kichererbsenpüree, Brote mit Nussnugatcreme oder Hefeextrakt, salzige Kekse, Brötchen und Pittabrot eignen sich gut. Eventuell sind mehrere kleine Zwischenmahlzeiten, über den Tag verteilt, noch besser.

FLEISCHKONSERVE

SOSSENGRANULAT

ABENDESSEN

Für das Abendessen eignen sich selbst gekochte Mahlzeiten aus eingeschweißten oder gefriergetrockneten Zutaten, Fertigmahlzeiten oder Schnellgerichte wie Kartoffelpüree. Beliebt sind auch frische, auf dem Kocher erwärmte Speisen wie Nudeln mit Tomatensauce, Käse-Makkaroni oder Instantreis mit Soßengranulat und Dosenfleisch.

ENERGIERIEGEL

SNACKS

Energieriegel, die speziell für Ausdauersportler entwickelt wurden, sind auch bei Wanderern sehr beliebt – ebenso wie Schokolade. Sinnvoll sind auch Nüsse, Trockenobst, Brezeln und Müsliriegel. Packen Sie kleinere Portionen ein, damit Sie in den Pausen und nach den Mahlzeiten etwas zum Naschen haben.

KAKAOPULVER

INSTANTKAFFEE

GETRÄNKE

Heiße Getränke sind ideal bei kaltem Wetter, etwa Tee, Kaffee und heiße Schokolade, koffeinfreie Getränke sind jedoch auf jeden Fall besser. Bei Hitze können isotonische Sportgetränke Mineralienverluste ausgleichen und neue Energie liefern. Nehmen Sie viel Wasser mit, und verstauen Sie es so, dass Sie unterwegs ohne anzuhalten immer wieder einen Schluck nehmen können.

Vor dem Start

Je weiter weg und je abgelegener das Reiseziel für eine Wandertour liegt, desto komplizierter ist die Logistik. Es ist kein Kinderspiel, seinen Rucksack für den sicheren Transport per Flugzeug zu packen. Und auch die Weiterreise mit öffentlichen Verkehrsmitteln kann problematisch sein.

Sicher packen und reisen

Wenn Sie Ihre gesamte Ausrüstung einschließlich Packsäcken und Zelten, Eispickel und sperriger Gegenstände wie Wanderstöcken per Flugzeug sicher ans Ziel bringen wollen, sollten Sie sehr sorgfältig packen. Nach der Landung müssen Sie vielleicht zusätzlich öffentliche Verkehrsmittel benutzen.

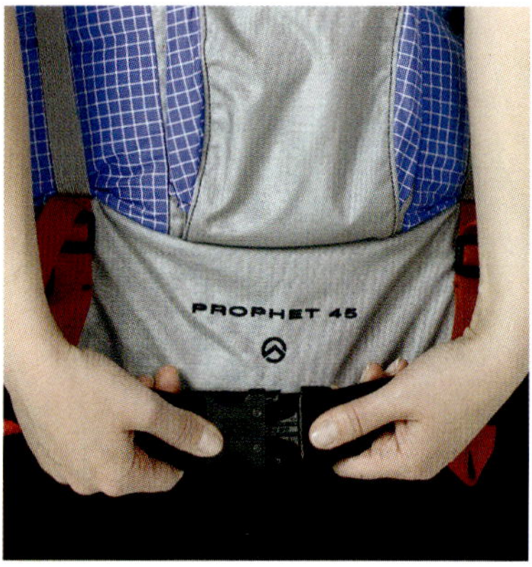

REISEFERTIGER RUCKSACK
Entfernen Sie alle abnehmbaren Gurte von Ihrem Rucksack, und ziehen Sie die verbleibenden Gurte fest, um die Gefahr der Beschädigung beim Be- und Entladen des Flugzeugs zu reduzieren.

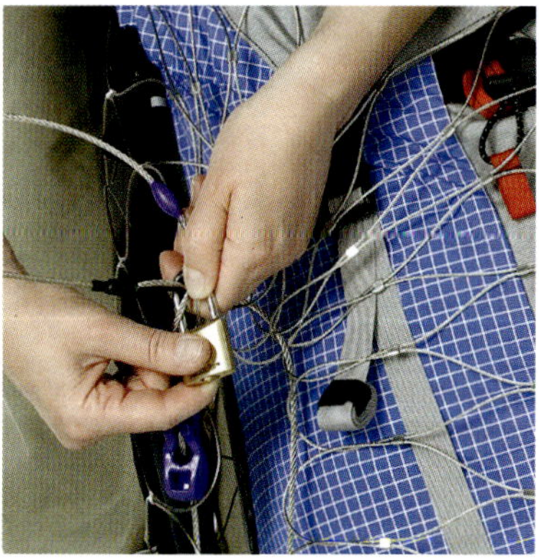

STAHLNETZ UND VORHÄNGESCHLOSS
Ziehen Sie ein Stahlnetz über den Rucksack, um Diebe vom Öffnen der Taschen abzuhalten. Ein Vorhängeschloss bietet zusätzlich Sicherheit.

PACKEN FÜR FLUGREISEN

Ausrüstung, die im Laderaum eines Flugzeugs verstaut werden muss, wird durch unsanfte Behandlung und auf Förderbändern leicht beschädigt. Am besten schützen Sie Ihren Rucksack, indem Sie ihn in einen großen Matchsack packen, den Sie nach der Ankunft allerdings verstauen müssen. Sie können Ihr Gepäck auch in einen Müllsack packen, den Sie mit starkem Gewebeband zukleben. Ihr Rucksack ist dann zwar nicht mehr sehr handlich, aber vor Beschädigung geschützt.

SICHERN DES GEPÄCKS

Vorhänge- und Kabelschlösser, Stahlnetze und andere Diebstahlsicherungen gibt es in vielen Größen. Sie schützen unbeaufsichtigt herumstehendes Gepäck vor Gelegenheitsdiebstahl. So wird ein Dieb sich kaum an einem Rucksack vergreifen, der mit einem Kabelschloss an einem Pfeiler festgebunden ist, selbst wenn das Kabel dünn ist. Es gibt außerdem Rucksäcke mit abschließbaren Fächern, wobei Zahlenschlösser vorzuziehen sind, da man dabei keine Schlüssel verlieren kann.

SICHER GELANDET – UND DANN?

In den meisten europäischen sowie in vielen nord- und südamerikanischen Ländern bringen öffentliche Verkehrsmittel Sie vom Flughafen in die nächste größere Stadt. In anderen Ländern sind Sie oft auf ein Taxi oder einen Hotel-Shuttlebus angewiesen. Angaben zur Weiterreise finden Sie in der Regel in Reiseführern, manchmal auch im Internet. Werfen Sie möglichst schon vorher einen Blick auf die Fahrpläne, denn

manche Busse und Züge fahren am Wochenende zu anderen Zeiten oder gar nicht. Planen Sie also besser eine zusätzliche Reserve für Transportkosten bei der An- und Abreise ein – und nehmen Sie ein Taxi.

DIE ANFAHRT ZUM AUSGANGSPUNKT

In Europa, Australien und Neuseeland gelangt man mit Zügen und Bussen fast überall hin, allerdings werden abgelegenere Gebiete möglicherweise seltener angefahren.

In den USA sind Sie hingegen häufig auf Taxis angewiesen, wenn Sie ins Hinterland wollen. Auskünfte über das Nahverkehrsnetz geben Wandervereine oder die zuständigen Institutionen. Manchmal steht auch ein Auto-Shuttle-Service zur Verfügung.

Manchmal bringen Sammeltaxis und Busse Sie bis in eine Stadt in der Nähe des Startpunkts Ihrer Wanderung. Handelt es sich um eine von Touristen frequentierte Route, kann man fast immer ein Fahrzeug mieten, um zum Startpunkt zu gelangen. Andernfalls kann es sein, dass Sie zum Ausgangspunkt Ihrer Tour laufen müssen.

JETLAG

Obwohl sich ein Jetlag selten gänzlich verhindern lässt, gibt es ein paar nützliche Strategien. Manche Reisende schwören auf homöopathische Mittel. Günstig ist es, wenn Sie Ihren Schlafrhythmus einige Tage vor der Reise nach und nach an die Zeitzone Ihres Zielortes anpassen können. Stellen Sie Ihre Uhr am Flugtag so früh wie möglich um. Trinken Sie während des Flugs viel Wasser, und verzichten Sie auf Alkohol und Koffein. Ein aufblasbares Kissen und eine Schlafbrille verhelfen auch auf langen Flügen zu ein paar Stunden Schlaf.

GEPÄCK UND FLUGSICHERHEIT

Verschärfte Sicherheitsbestimmungen erschweren den Transport einiger Ausrüstungsgegenstände.

KOCHER

Manche Fluglinien transportieren keine Kocher – auch ohne Brennstoff. Sprechen Sie rechtzeitig mit Ihrer Fluggesellschaft. Vielleicht müssen Sie Ihren Kocher vorausschicken oder vor Ort einen kaufen.

BRENNSTOFF FÜR KOCHER

Brennstoff darf niemals per Flugzeug transportiert werden. Kaufen Sie Brennstoff erst am Zielort.

WANDERSTÖCKE

Kaufen Sie Teleskopstöcke, die sich im Rucksack verstauen lassen.

EISPICKEL

Scharfkantige Gegenstände wie Eispickel, Steigeisen oder andere Kletterausrüstung kommen in den Laderaum.

MESSER

Taschenmesser, Scheren und andere scharfe oder spitze Gegenstände dürfen nicht ins Handgepäck.

UNTERWEGS ZUM STARTPUNKT
Um vom Flughafen zum Ausgangspunkt Ihrer Wanderung zu kommen, sind Sie eventuell auf öffentliche Busse, Taxis oder Züge angewiesen.

Vor dem Start: Eine Zehn-Punkte-Checkliste

Eine gute Planung kann Sie nicht vor allen Problemen und Gefahren, wohl aber vor vielen vorhersehbaren Ärgernissen bewahren und so die Voraussetzung dafür schaffen, dass Sie nicht mit Frust, sondern mit Freude unterwegs sind. Die folgenden Tipps sollen Ihnen dabei helfen.

ZEHN-PUNKTE-CHECKLISTE

STECKEN SIE SICH ZIELE

■ Ein Ziel kann heißen »4 Kilometer pro Stunde schaffen« oder »so lange wandern, bis man ganz entspannt ist«. Wichtig ist, dass Sie sich klar machen, worin Ihr Ziel besteht. Wollen Sie eine bestimmte Route laufen, einen Gipfel besteigen oder einfach nur an einem See sitzen und das Abendrot bewundern? Sein Ziel zu kennen, macht die Planung einfacher.

SPRECHEN SIE ÜBER IHRE ERWARTUNGEN

■ Alle Teilnehmer sollten dieselben Vorstellungen von der Wanderung haben. Wenn der eine es ruhig angehen lassen will und sich viel Zeit zur Naturbeobachtung wünscht, während die anderen körperliche Herausforderungen auf langen Etappen suchen, sind Konflikte vorprogrammiert.

INFORMIEREN SIE SICH ÜBER GELÄNDE- UND KLIMAVERHÄLTNISSE

■ Je mehr Sie über das Gebiet wissen, in dem Sie wandern wollen, desto weniger unangenehme Überraschungen wird es geben. Gut vorbereitet, können Sie möglichen Gefahren – mit der richtigen Ausrüstung und einer positiven Einstellung – ruhig begegnen.

TRAINIEREN SIE

■ Denken Sie daran, dass Wandern eine – oft überraschend – anstrengende körperliche Tätigkeit ist. Je trainierter Sie sind, desto weniger körperliche Probleme werden Sie haben.

TESTEN SIE IHRE AUSRÜSTUNG

■ Vergewissern Sie sich, dass Ihre Ausrüstung in gutem Zustand ist. Ältere Geräte sollten auf Funktionstüchtigkeit überprüft werden, neue Ausrüstung, vor allem Wanderstiefel, müssen gut sitzen und eingelaufen sein. Sie sollten außerdem die »Zehn Dinge, die man unbedingt braucht«, dabei haben (*siehe* S. 105).

SETZEN SIE SICH REALISTISCHE TAGESZIELE

■ Wie weit Sie wandern können, ist eine Frage der Fitness, der Einstellung, des Geländes und Ihrer ganz persönlichen Ziele. Beginnen Sie mit Etappen, die Sie sicher bewältigen können. Denken Sie daran, dass schwieriges Gelände und längere Anstiege deutlich mehr Zeit erfordern.

LERNEN SIE, WAS SIE KÖNNEN MÜSSEN

■ Wenn Sie voraussichtlich besondere Fähigkeiten benötigen, z. B., um Flüsse zu überqueren, unwegsames Gelände zu durchwandern oder einen Eispickel zu benutzen, sollten Sie sicher sein, dass Sie dies können. Besuchen Sie entsprechende Seminare und Vorträge.

ACHTEN SIE AUF DIE WETTERVORHERSAGE

■ Beachten Sie, dass im Gebirge andere Wetterverhältnisse herrschen als in der Stadt, auf die sich der Wetterbericht meist bezieht. Es kann dort kälter, regnerischer und stürmischer sein.

DENKEN SIE AN WICHTIGE REISEUNTERLAGEN

■ Verstauen Sie Genehmigungen, Geld, Kreditkarten, Schlüssel und Ausweis an einem sicheren, trockenen Platz in Ihrem Rucksack.

HINTERLASSEN SIE, WO SIE UNTERWEGS SIND UND WANN SIE ZURÜCK SEIN WERDEN

■ Geben Sie Verwandten oder Freunden einen Wanderplan, aus dem hervorgeht, was Sie vorhaben. Sagen Sie auch, was zu tun ist, wenn Sie nicht wie vorgesehen zurückkehren. Bleiben Sie bei Ihrer Planung, und denken Sie daran, sich am Ende der Wanderung zurückzumelden.

GENUSSVOLL WANDERN
Realistische Ziele, die richtige Ausrüstung und körperliche Fitness sind die Basis für eine gut geplante und erfolgreiche Trekkingtour.

UNTERWEGS

Richtig wandern

Mit einem Rucksack auf dem Rücken aufzusteigen, beansprucht Herz und Lungen, Muskeln beginnen zu schmerzen, und in neuen Stiefeln machen sich bald die ersten Blasen bemerkbar. Um solchen Problemen vorzubeugen, lässt man es besser langsam angehen.

Ein gutes Ausdauertraining

Steile Hänge und unwegsame Pfade, das unterscheidet eine Trekkingtour von einem Spaziergang. Holpriges Gelände beeinträchtigt Trittsicherheit und Schrittrhythmus, und das Gewicht des Rucksacks kommt erschwerend hinzu. Deshalb ist Wandern nicht nur eine Herausforderung, sondern auch Konditionstraining. Eine gute Wandertechnik ist daher das A und O.

DAS EIGENE TEMPO

Anfänger sind leicht versucht, zu schnell zu wandern, häufige Verschnaufpausen einzulegen und dann mit derselben Geschwindigkeit weiterzuwandern. Erfahrenere Wanderer kommen gleichmäßig voran, weil sie ein Tempo wählen, das sie den ganzen Tag durchhalten können. Dieses Tempo mag zunächst langsam erscheinen, aber es ermöglicht ihnen, auch mit Gepäck stetig bergauf und um Hindernisse herumzulaufen. Das Geheimnis besteht darin, nicht außer Atem zu kommen: Wenn Sie sich beim Bergaufwandern noch unterhalten können, haben Sie das richtige Tempo gefunden.

PAUSEN

Regelmäßige Pausen sorgen dafür, dass Sie langfristig genügend Energie haben. Jede Rast ist auch eine Gelegenheit, um etwas zu essen, zu trinken, nach Blasen zu suchen und die Muskeln zu dehnen (*siehe* S. 144–147). Planen Sie anfangs stündliche Pausen von etwa 10 Minuten ein. Mit mehr Erfahrung können Sie dieses Intervall leicht ausdehnen.

KONTINUIERLICHES WANDERN

Pausen sind empfehlenswert, doch nicht immer ist es möglich, eine Rast einzulegen. Bei Kälte oder Regen besteht bei häufigen Pausen die Gefahr der Unterkühlung. In diesen Fällen müssen Sie ein Tempo gehen, bei dem Sie keine Pausen brauchen. Tragen Sie eine Schicht Kleidung mehr als sonst, und gehen Sie langsamer. Die Extraschicht hält Sie warm, und das langsamere Tempo hilft Ihnen, länger durchzuhalten. Durch An- oder Ausziehen von Handschuhen und Mütze regulieren Sie Ihre Körpertemperatur, ohne anzuhalten.

GLEICHMÄSSIGES GEHEN
Ein langsames, gleichmäßiges Tempo lässt sich leichter durchhalten als kurze, schnelle Etappen mit häufigen Pausen.

SCHRITTTECHNIK AM STEILHANG

Manchmal ist ein Hang so steil, dass Sie ihn nicht ohne Pausen bewältigen können. In solchen Fällen ist eine richtige Schritttechnik wichtig und hilfreich. Was zunächst aussieht wie eine etwas ungelenke Stop-and-go-Bewegung, hilft Ihnen, korrekt ausgeführt, über lange Strecken steil bergauf zu wandern, ohne Halt zu machen.

1 Stellen Sie sich aufrecht hin. Machen Sie mit dem rechten Bein einen Schritt nach vorn. Das Gewicht liegt auf dem gestreckten linken (hinteren) Bein. Machen Sie vor dem nächsten Schritt eine kleine Pause.

2 Verlagern Sie nun das Gewicht auf das rechte Bein. Stemmen Sie sich darauf, und schwingen Sie Ihr linkes Bein nach vorne. Strecken Sie das rechte Bein, und lassen Sie Ihr ganzes Gewicht darauf ruhen. Machen Sie eine kleine Pause.

3 Jetzt verlagern Sie das Gewicht wieder auf Ihr linkes Bein. Stemmen Sie sich mit Ihrem linken Bein hoch, und schwingen Sie Ihr rechtes Bein nach vorne. Steigen Sie auf diese Weise in langsamem, gleichmäßigen Tempo weiter.

UNTERWEGS ESSEN UND TRINKEN

Sie sollten regelmäßig essen und trinken und eine Auswahl kleiner Snacks im Gepäck haben. Zuckerhaltige Riegel sorgen für einen schnellen Energieschub, Trockenfrüchte und Nüsse (*siehe* S. 134–135) setzen langsamer, aber anhaltender Energie frei. Trinken Sie genug und behalten Sie Ihre Wasservorräte im Auge.

WASSER TRINKEN
Gewöhnen Sie sich an, bei jeder Rast zu trinken, auch wenn Sie nicht durstig sind – eine ausreichende Flüssigkeitszufuhr ist immer wichtig. Mineralstoffverluste durch Schwitzen gleichen isotonische Getränke aus.

CHECKLISTE

SNACKS

Nehmen Sie ausreichend süße und salzige Snacks mit, wie
- Müsliriegel
- Nüsse
- Trockenfrüchte
- Schokolade
- Energieriegel.

GETRÄNKE

Sie sollten wenigstens eines dieser Getränke beim Wandern griffbereit haben:
- Wasser
- isotonisches Getränkepulver.

Verzichten Sie auf
- koffeinhaltige Getränke wie Tee, Kaffee und Limonaden (sie wirken harntreibend und entwässern damit stark).

Kampf dem Muskelkater

Mit einem schweren Rucksack längere Zeit über unebenes Gelände zu wandern, belastet Ihre Muskeln in ungewohnter Weise – selbst durchtrainierte Menschen klagen nach dem ersten Wandertag über Schmerzen und Verspannungen. Nutzen Sie Ihre Rast, um beweglich und schmerzfrei zu bleiben. Die folgenden Übungen dehnen die am meisten beanspruchten Muskeln.

RÜCKEN UND NACKEN

Rücken- und Nackenmuskeln neigen unter dem Gewicht des Rucksacks zu Verspannungen. Nutzen Sie Lageverstellriemen, Brust-, Hüft- und Schultergurte, um den Druck, der auf Schultern, Nacken und Hüften lastet, während des Wanderns zu verändern. Dehnübungen in den Pausen sind eine zusätzliche Hilfe.

WAS SOLLTE GEDEHNT WERDEN?

Folgende Muskulatur kann unter der ungewohnten Beanspruchung ermüden und schmerzen:

- Rücken (Gewicht des Rucksacks)
- Waden (Bergauf)
- vorderer Oberschenkel (Bergauf/ Bergab)
- hinterer Oberschenkel (Bergauf)

1 Halten Sie ein Handtuch oder T-Shirt mit gestreckten Armen an beiden Enden.

2 Führen Sie die gestreckten Arme im Bogen nach vorne oben über den Kopf.

3 Beugen Sie die Arme und führen Sie das Handtuch straff hinter dem Kopf nach unten.

OBERSCHENKEL: VORDER- UND INNENSEITE

Die Muskeln der Oberschenkel ermüden leicht bei langen Anstiegen.

1 Machen Sie einen weiten Ausfallschritt. Schieben Sie das Knie des hinteren Beines Richtung Boden.

2 Setzen Sie beide Hände neben das vordere Bein. Schieben Sie das Knie des vorderen Beins nach außen, um die Leisten und die Innenseite des Oberschenkels zu dehnen. Wiederholen Sie die Übung mit dem anderen Bein.

OBERSCHENKEL: HINTERE MUSKULATUR

Bergauf leisten die hinteren Oberschenkelmuskeln Schwerstarbeit.

1 Setzen Sie sich mit gespreizten Beinen auf den Boden. Knie nicht durchdrücken. Beugen Sie sich zu einem Bein hinunter und so weit wie möglich Richtung Fuß.

2 Drehen Sie den Oberkörper zur Mitte, und lehnen Sie sich mit gestreckten Armen nach vorne.

3 Beugen Sie sich zu Ihrem anderen Bein. Lassen Sie die Knie dabei entspannt.

Pflegeprogramm für die Füße

Ihre Füße müssen beides tragen, Ihr Körpergewicht und die Last des Rucksacks. Neue Stiefel verursachen außerdem leicht Blasen. Das Geheimnis ungetrübter Wanderfreude heißt Vorbeugen: Saubere, trockene Füße sowie gut sitzende Schuhe. Und reagieren Sie bei den ersten Anzeichen einer Blase.

VERMEIDEN VON BLASEN

Die erste Regel zur Vermeidung von Blasen lautet: Anhalten und nachsehen, sobald Sie auch nur den kleinsten Schmerz verspüren, denn eine leichte Rötung kann sich rasch in eine ausgewachsene Blase verwandeln. Je früher Sie also reagieren, desto besser. Selbst ein Sandkorn in der Socke kann eine Blase hervorrufen. Viele Wanderer halten wegen solcher »Lappalien« nicht gerne an, schon gar nicht, wenn dies Mitwanderer ebenfalls zum Pausieren zwingt – dabei ist die Vermeidung von Blasen vielleicht die wichtigste Bedingung für eine unbeschwerte Wanderung. Sollte sich bereits eine Blase bilden, behandeln Sie die Stelle am besten sofort (*siehe* S. 222).

BLASEN VORBEUGEN
Prüfen Sie während der Pausen, ob sich Blasen bilden. Achten Sie auf gerötete Stellen, besonders an Fersen und Zehen, wo Stiefel am ehesten drücken.

FÜSSE KONTROLLIEREN

Auch wenn Ihre Füße sich gut anfühlen, sollten Sie sie zumindest in den Wanderpausen immer wieder kontrollieren, bis Sie ein sicheres Gespür für die Anzeichen der Blasenbildung entwickelt haben. Indem Sie Schuhe und Socken ausziehen, geben Sie Ihren Füßen die Chance, an der frischen Luft zu trocknen – auch das beugt Blasenbildung vor.

FÜSSE WASCHEN

Ein erfrischendes Bad in kühlem Wasser entfernt Schmutzpartikel, die scheuern und für Blasen sorgen können. Auch Ihre Fußmuskeln freuen sich darüber. Trocknen Sie die Füße sorgfältig ab, bevor Sie Strümpfe und Schuhe wieder anziehen.

WILLKOMMENE PFLEGE
Eine kühle Dusche tut Ihren Füßen nicht nur gut, sie wäscht auch Schmutzpartikel, Sand und Grassamen ab.

GUT ZU FUSS: EINIGE TIPPS

Seien Sie gut zu Ihren Füßen. Ein paar einfache Tipps helfen, Blasen zu vermeiden.

■ Tragen Sie dünne, feuchtigkeitsregulierende Socken, darüber dickere, gepolsterte Socken aus Wolle oder Mischfasern. Wenn Ihre Stiefel zu eng sitzen, sollten Sie es mit dünneren Socken probieren (*siehe* S. 63).

■ Stiefel haben meist Einlegesohlen. Mit zusätzlichen oder dickeren Einlegesohlen können Sie die Passform Ihrer Stiefel weiter verbessern (*siehe* S. 62–63).

■ Experimentieren Sie mit verschiedenen Schnürmethoden, um Ihren Füßen mehr Platz zu verschaffen oder für einen besseren Sitz zu sorgen (*siehe unten*).

■ Zu lange Zehennägel können zu wunden Stellen und Blasen an den benachbarten Zehen führen.

■ Wenn Sie wissen, dass Ihre Füße an bestimmten Stellen zur Blasenbildung neigen, können Sie vorbeugen, indem Sie »Problemzonen« mit Moleskin oder Pflaster abdecken.

■ Halten Sie Füße und Socken so sauber wie möglich. Die dicken Übersocken kann man zwei (oder mehr) Tage tragen, die dünneren Innensocken sollten jedoch häufig gewaschen werden, um Blasen fördernden Schmutz zu entfernen.

SOCKEN LÜFTEN

Halten Sie Ihre Wandersocken so sauber wie möglich. Wenn Sie dieselben Socken über mehrere Tage tragen (was manchmal nötig ist), lüften Sie sie so oft wie möglich.

»SOCKENHALTER«

REGULIEREN DER STIEFELPASSFORM

Das Schnüren von Wanderstiefeln ist eine Kunst für sich. Je nach Bedarf können sie auf viele unterschiedliche Weisen gebunden werden. Wenn Ihre Füße schwitzen und anschwellen oder in den Stiefeln herumzurutschen beginnen, sollten Sie sie auf jeden Fall neu schnüren. Festere Schnürung verhindert, dass der Fuß rutscht, und gibt Gelenken und Muskeln mehr Halt. Das Lockern der Schnürung verhindert Druckstellen.

LOCKERN
Lockern Sie die Schuhbänder, um den Zehen mehr Raum zu geben, und schnüren Sie über dem Spann doppelt, damit Ihr Fuß Halt hat.

FESTER SCHNÜREN
Ziehen Sie die Bänder im vorderen Bereich fester, wenn der Schuh zu locker sitzt oder der Vorderfuß zu wenig Stabilität hat.

BÄNDER SICHERN
Damit sich die Schuhbänder im Schaftbereich nicht lockern, kann man sie von oben über die Haken binden und um diese festziehen.

Gemeinsam wandern

Sich mit Freunden oder Kindern auf den Weg zu machen, hat viele Vorteile: Man hat Zeit für lange Gespräche, kann sich gemeinsam an der Schönheit der Landschaft freuen, die Ausrüstung auf mehrere Schultern verteilen und fröhliche Abende auf dem Zeltplatz genießen.

Mit anderen wandern

Mit etwas Planung und Rücksichtnahme können auch Wanderer mit unterschiedlichem Tempo und unterschiedlichen Fähigkeiten gemeinsam wandern. Wie jede gemeinschaftliche Aktivität erfordern auch gemeinsame Wanderungen, dass man zusammen plant und dass alle Verantwortung übernehmen. Jeder sollte auch seine Erwartungen einbringen können.

MIT ANFÄNGERN WANDERN

Erfahrene Wanderer vergessen leider manchmal, wie ihre ersten Touren verliefen. Wenn Sie einen Freund oder ein Familienmitglied zum ersten Mal auf eine Wanderung mitnehmen, sollten Sie sich keine zu ehrgeizigen Ziele setzen, für genügend Pausen sorgen und bei der Auswahl der Ausrüstung behilflich sein – so können Sie sicher sein, dass Ihre Mitwanderer ihre erste Wanderung genießen.

ZU ZWEIT WANDERN

Mit einem Partner zu wandern, macht in der Regel nicht nur mehr Spaß, sondern hat noch weitere Vorteile. So können Sie viele Ausrüstungsgegenstände gemeinsam nutzen: Das Gewicht von Bodenplane, Zelt, Kocher, Geschirr, Erste-Hilfe-Set, Seil, Messer und Notfallset verteilt sich so auf zwei Schultern. Wichtig ist auch der Sicherheitsaspekt: Bei einem Unfall kann der andere Hilfe holen.

Ihr Mitwanderer macht Sie vielleicht auch auf Dinge aufmerksam, die Sie sonst nicht wahrnehmen würden, z. B. Pflanzen oder Tiere. Man erlebt seine Umgebung intensiver, wenn man sich über das, was man sieht, austauschen kann. Außerdem kann man von anderen oft einiges über wichtige Aspekte des Wanderns lernen.

GETEILTE LASTEN
Wenn man zu zweit wandert, benötigt man wichtige Ausrüstungsgegenstände, z. B. Kocher und Kochgeschirr, nur einmal – das verringert die Last, die jeder zu tragen hat.

DIE IDEALE GRUPPENGRÖSSE
Die ideale Wandergruppe umfasst zwischen zwei und sechs Personen – größere Gruppen können die Natur und die Ruhe anderer Wanderer stören. Nehmen Sie auch Rücksicht auf die unterschiedliche Kondition.

VOM WISSEN ANDERER PROFITIEREN
Die Mitglieder einer Gruppe können ihr Wissen und ihre Fähigkeiten gemeinsam einsetzen. Dies kann z. B. die Navigation mit Kompass und Karte sehr erleichtern.

IN DER GRUPPE WANDERN

Eine ideale Wandergruppe umfasst zwischen zwei und sechs Teilnehmer. In größeren Gruppen sind Entscheidungsprozesse oft zu schwerfällig, und das Zelten wird komplizierter. Schon die Wahl des Zeltplatzes kann für große Gruppen zum Problem werden. Machen Sie sich den Geräuschpegel und die optische Wirkung bewusst, die von einer großen Gruppe ausgeht, und verhalten Sie sich möglichst rücksichtsvoll.

In einer Gruppe zu wandern kann äußerst lohnend sein, da jedes Mitglied unterschiedliche Fähigkeiten und Interessen (z. B. Vogelbeobachtung oder Astronomie) mitbringt, von denen alle profitieren. Wenn Sie in einer Region unterwegs sind, wo Raubtiere leben, ist die Gefahr, von diesen angegriffen zu werden, umso geringer, je größer die Gruppe ist. Dafür bekommen Sie möglicherweise weniger Wildtiere zu Gesicht (und vor die Linse).

HÄUFIGE PROBLEME

Die häufigsten Ursachen für Konflikte sind unterschiedliche Fitness und andere Vorstellungen von Streckenlänge und Tempo.

Ist ein Wanderer stärker als der andere, wird er vermutlich eine größere Strecke in schnellerem Tempo zurücklegen wollen, als der schwächere Wanderer dies kann oder will. Der schwächere Partner fühlt sich unter Druck gesetzt und ist frustriert. Außerdem kann es für einen starken Wanderer bei Kälte schwierig oder gar gefährlich sein, häufiger anzuhalten und zu warten.

Solche Fragen müssen sich nicht zu handfesten Problemen auswachsen, wenn sie im Voraus besprochen werden:

- Der stärkere Wanderer kann mehr Gepäck übernehmen.
- Sie können sich für einen Teil des Tages oder für einen ganzen Tag trennen. Der leistungsstärkere Partner kann vorauswandern und an einem vereinbarten Treffpunkt auf den schwächeren warten.
- Der stärkere Wanderer kann vorauswandern und schon das Zelt aufbauen. Das macht das Wandern natürlich zu einer eher einsamen Angelegenheit.
- Wandern Sie ebene Strecken gemeinsam, trennen Sie sich bei Aufstiegen.
- Eine Wandergruppe kann sich in schnellere und langsame Gruppen aufteilen. Treffen Sie sich wieder an Rastplätzen (jede Gruppe muss aber alles Wichtige dabeihaben: Wasser, Snacks, Regenkleidung, Karte, Erste-Hilfe-Set).

Wandern mit Kindern

Kinder bemerken Dinge, auf die Erwachsene zu achten verlernt haben, und viele Erwachsene machen die Erfahrung, dass sie auf einer Wanderung mit Kindern ihren eigenen Sinn für die Wunder der Natur wieder entdecken. Eine rundum gelungene Familienwanderung erfordert jedoch Geduld, Planung und Rücksicht auf die besonderen Bedürfnisse von Kindern.

AUSRÜSTUNG FÜR KINDER

So klein Kinder auch sind, ihre Ausrüstung ist es nicht. Sie brauchen mehr Kleidung zum Wechseln, weil sie öfter schmutzig oder nass werden. Ein sehr kleines Kind verbringt möglicherweise viel Zeit im Tragegestell auf dem Rücken der Eltern, bewegt sich also wenig. Dadurch friert es mehr und braucht zusätzliche Kleidung. Außerdem fallen Windeln, Babynahrung, Bücher oder Spiele buchstäblich ins Gewicht.

Die Wanderausstattung Ihres Kindes sollte genauso wetterfest sein wie Ihre. Wählen Sie sie also genauso sorgfältig aus. Verzichten Sie auf Baumwollkleidung, die sich mit Feuchtigkeit vollsaugen würde. Greifen Sie stattdessen zu feuchtigkeitsregulierender Unterwäsche (*siehe* S. 52), Fleecekleidung zur Wärmeisolierung und zu wasserdichter, atmungsaktiver Regenkleidung.

Ältere Kinder können einen Teil ihrer Kleidung in einem eigenen Rucksack tragen,

BABY-TRAGEN

Rückentragen für Kleinkinder sind beliebt. Nehmen Sie beim Kauf Ihre Wanderkleidung und Ihr Kind mit, um zu testen, ob Sie mit dem Gesamtgewicht zurechtkommen.

aber vermutlich nicht alles – die Rucksäcke ihrer Eltern sollten also groß genug sein, um zusätzliches Gepäck aufzunehmen.

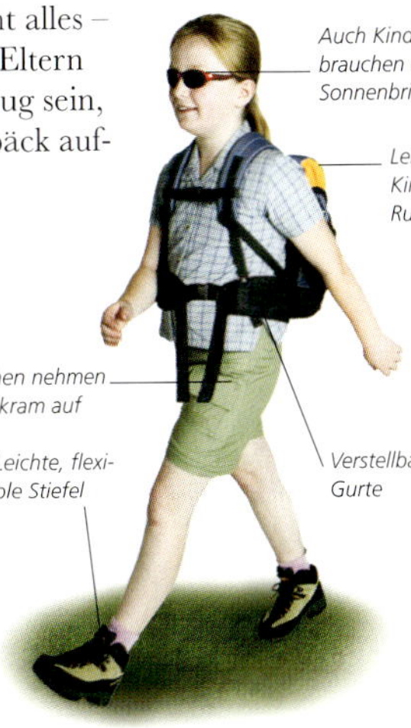

AUSRÜSTUNG FÜR KINDER
Die Wanderausrüstung für Kinder sollte genauso funktional und bequem sein wie die eines Erwachsenen.

GESUNDHEITS- UND PLANUNGSASPEKTE

SO FÜHLEN KINDER SICH WOHL

■ Bei Kälte sollten Sie auf Anzeichen von Unterkühlung achten (*siehe* S. 229). Nasse Windeln müssen sofort gewechselt werden, damit das Kind nicht friert. Bei Sonne auf Kopfbedeckung und guten Sonnenschutz achten und dem Kind häufig zu trinken geben.

■ Rasten Sie jede Stunde, um eine Kleinigkeit zu essen. Saubere Seen und Flüsse bieten sich für eine Badepause an.

■ Vergessen Sie nicht, dass steiniges Gelände für kleine Kinder-Beine ein Felsenmeer ist, passen Sie Ihr Tempo also nötigenfalls an.

WICHTIG BEI DER PLANUNG

■ Überschätzen Sie die Ausdauer Ihres Kindes nicht – ein Kind, das ans Laufen gewöhnt ist, kann durchschnittlich anderthalbmal so viele Kilometer wandern wie es Jahre alt ist. Ein Fünfjähriger kann also etwa 7,5 km weit wandern.

■ Machen Sie zunächst eine Tageswanderung, dann eine Zwei-Tages-Tour zur Probe. Üben Sie das Zelten, indem Sie ein Zelt in Ihrem Garten aufstellen und dort übernachten.

■ Suchen Sie reizvolle Ziele aus. Große Felsen zum Klettern, Wasserfälle und Flüsse motivieren Kinder, durchzuhalten.

■ Für Ihre erste Mehrtageswanderung wählen Sie am besten einen Zeltplatz als Basislager, der nicht zu weit vom Ausgangspunkt Ihrer Wanderung entfernt liegt – dann sind Sie in Notfällen schnell wieder in der »Zivilisation«.

■ Beziehen Sie Ihr Kind in die Menüplanung ein, damit es sich aufs Essen freuen kann. Packen Sie genügend Lieblingssnacks ein.

AKTIVITÄTEN FÜR KINDER

Kinder kann man mit einer Reihe interessanter Aktivitäten beschäftigen:

■ Veranstalten Sie eine Trophäenjagd, bei der die Kinder ein Stück Birkenrinde oder eine bestimmte Blume oder »etwas, was ein Vogel zum Nestbau verwendet« finden sollen.

■ Legen Sie sich gemeinsam ins Gras, schauen Sie zum Himmel, und erfinden Sie Geschichten zu den Wolkengestalten.

■ Beziehen Sie Ihre Kinder in typische Campingaktivitäten ein: z. B. Holz sammeln, Pflöcke einschlagen, Wasser holen, Geschirr spülen etc.

■ Beobachten Sie Frösche und Käfer, und gehen Sie auf die Fragen der Kinder ein. Packen Sie eventuell ein bebildertes Naturkundebuch ein.

IM NOTFALL
Wenn Sie die Ausdauer Ihres Kindes überschätzen, kann es sein, dass Sie es tragen müssen – zusätzlich zu Ihrem Rucksack.

Zur Orientierung

Eine Karte zeigt Ihnen die Landschaft von oben. Sie verrät Ihnen, wo und in welchem Terrain Sie unterwegs sind. Wer den Umgang mit Karte und Kompass beherrscht, weiß nicht nur, was ihn hinter der nächsten Ecke, sondern auch hinter dem nächsten Berg erwartet.

Karten richtig lesen

Die Auswahl an Landkarten ist riesig. Sie reicht von handgezeichneten Skizzen anderer Wanderer bis zu topografischen Karten. Je unwegsamer das Wandergebiet ist, desto besser sollte Ihre Karte sein. Wanderkarten haben einen großen Maßstab und enthalten mehr Details als Straßenkarten.

TOPOGRAFISCHE KARTEN

Die gebräuchlichsten Wanderkarten sind topografische Karten: Linien verbinden alle Punkte, die auf gleicher Höhe liegen, und zeigen Ihnen so das Höhenprofil einer Landschaft.

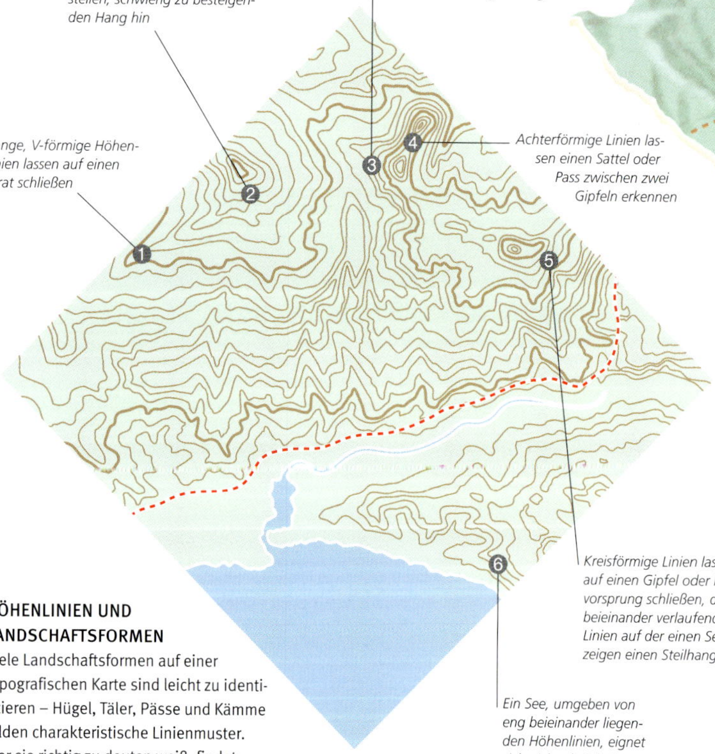

HÖHENLINIEN UND LANDSCHAFTSFORMEN

Viele Landschaftsformen auf einer topografischen Karte sind leicht zu identifizieren – Hügel, Täler, Pässe und Kämme bilden charakteristische Linienmuster. Wer sie richtig zu deuten weiß, findet sicher ans Ziel.

SO LIEST MAN TOPOGRAFISCHE KARTEN

Eine topografische Karte zeigt Landschaftsformen wie Gipfel und Täler, Flüsse, Seen, aber auch Straßen, Pfade, Gebäude und Überlandleitungen. Eine Legende erklärt, was die verwendeten Symbole zu bedeuten haben. Der einzige Unterschied zu einer Straßenkarte sind die Höhenlinien.

DER RICHTIGE MASSSTAB

Wanderkarten sollten einen Maßstab zwischen 1:25 000 (4 cm auf der Karte entsprechen 1 km in der Natur) und 1:50 000 haben. Je größer die Zahl nach dem Doppelpunkt, desto größer die Region, die auf der Karte abgebildet ist, und desto weniger Details sind auf der Karte zu sehen.

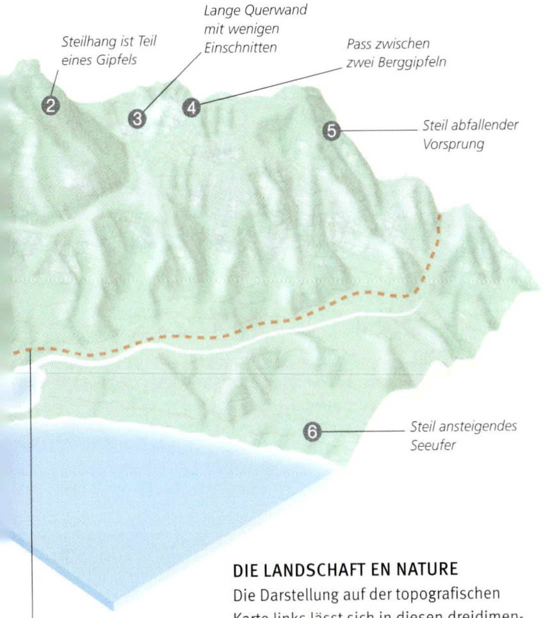

DIE LANDSCHAFT EN NATURE

Die Darstellung auf der topografischen Karte links lässt sich in diesen dreidimensionalen Landschaftsausschnitt »übersetzen«. Üben Sie, charakteristische Höhenmuster zu erkennen und sich so ein genaues Bild von der Landschaft zu machen.

KARTEN-SOFTWARE

Inzwischen gibt es auch Kartenmaterial im Internet oder auf CD-Rom. Elektronische Karten liefern oft deutlich mehr Informationen als gedruckte, vergleichen verschiedene Routen und berechnen Höhenunterschiede sowie Entfernungen zwischen Zeltplätzen. Vor allem für die Planung längerer Touren sind sie eine große Hilfe. Einzelne Ausschnitte lassen sich auch bearbeiten und ausdrucken.

DAS WICHTIGSTE

ENTFERNUNGEN MESSEN

Beim Blick auf die Karte sollte man die Entfernung zwischen zwei Punkten möglichst genau einschätzen können. Es gibt zwei Möglichkeiten:

- **Das Kartenrädchen** ist ein Stift mit einem kleinen Rädchen, das man exakt über die geplante Route führt. Das Rad zeigt auf einer Scala oder einem Display die Entfernung an.

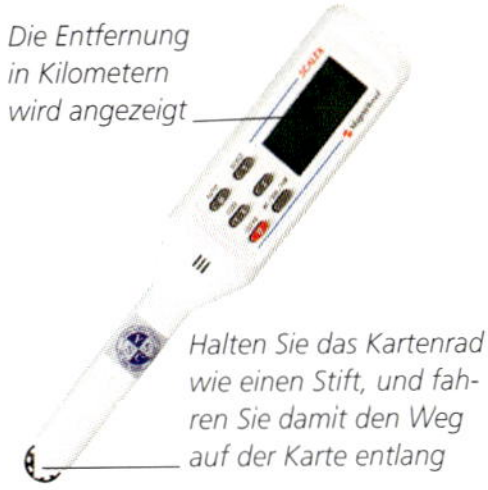

KARTENRÄDCHEN

- Um die **Entfernungen zu schätzen,** teilen Sie die Strecke in Abschnitte, indem Sie die Karte immer dort, wo der Weg eine Biegung macht, mit einem Bleistift markieren. Messen Sie jeden Abschnitt mit dem Lineal, addieren Sie die Werte, und rechnen Sie das Ergebnis in Kilometer um.
- **Die tatsächliche Entfernung** ist in der Regel größer als die berechnete, weil keine der genannten Berechnungsmethoden Steigungen und Gefälle berücksichtigt.
- **Je detaillierter die Karte, desto genauer wird Ihre Schätzung ausfallen. Serpentinen z. B. sind häufig nicht exakt wiedergegeben, kosten aber beim Wandern viel Zeit.**

Der Umgang mit Karte und Kompass

Ein Kompass ist ein einfaches Gerät mit einer Magnetnadel, die immer zum magnetischen Nordpol weist. Zusammen mit einer topografischen Karte hilft er Ihnen, sich zu orientieren. Der sichere Umgang mit Karte und Kompass erfordert etwas Übung, ist aber unerlässlich, wenn Sie in unwegsamem Gelände unterwegs sind oder die markierten Wege verlassen.

FUNKTIONSWEISE EINES KOMPASSES

Ein Kompass ist eine Nadel, die auf Öl oder Wasser schwimmt. Das Ende der Nadel ist magnetisiert und zeigt zum magnetischen Nordpol, an dem die magnetischen Feldlinien der Erde zusammenlaufen.

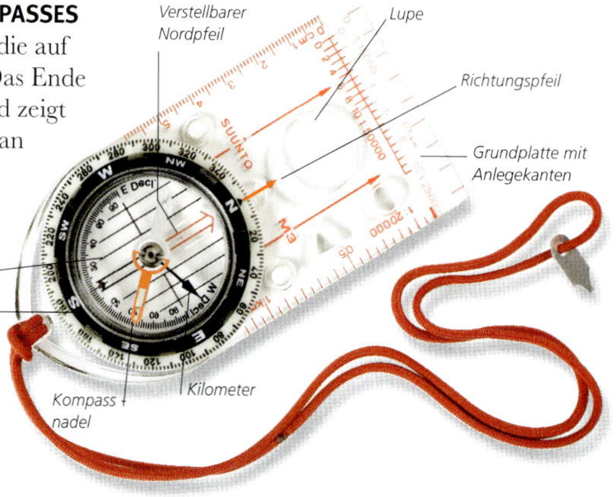

ORIENTIERUNGSHILFE
Mithilfe eines Kompasses können Sie Standort und Richtung bestimmen.

EINE KARTE EINNORDEN

Bevor Sie Ihren Kurs oder Ihren Standort bestimmen können, müssen Sie die Karte mithilfe Ihres Kompasses einnorden.

SO NORDEN SIE EINE KARTE EIN
Drehen Sie die Nord-Süd-Linien Ihres Kompasses und die Gitterlinien der Karte, bis das Nordende der Nadel mit der Nordmarke des Kompasses übereinstimmt.

NAVIGIEREN
Die Karte ist nun exakt nach dem Gelände ausgerichtet. Jetzt können Sie alle anderen Richtungen und durch Kreuzpeilung auch Ihre Position bestimmen.

MISSWEISUNG

Die Kompassnadel zeigt zum magnetischen, die Nordmarkierung der Karte zum geografischen Norden. Die Differenz zwischen beiden nennt man Deklination oder Missweisung. Die Gradzahl der östlichen (+) oder westlichen (–) Abweichung ist auf der Karte angegeben. Korrigieren Sie die Abweichung, indem Sie das Gehäuse im (für Westen) oder entgegen (für Osten) dem Uhrzeigersinn einstellen. In Europa liegen geografischer und magnetischer Norden zurzeit sehr nahe beieinander, womit sich die Korrektur erübrigt.

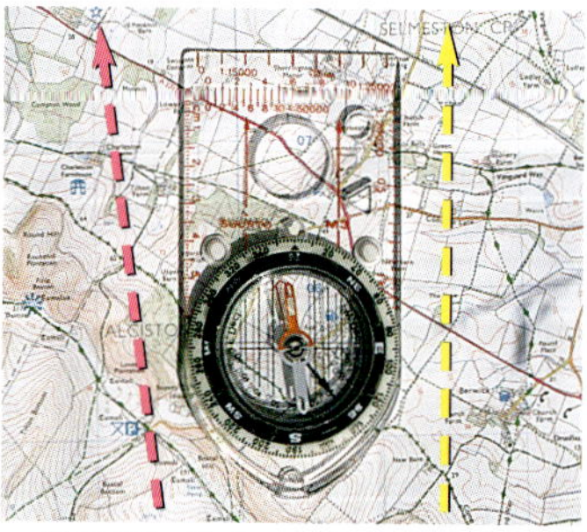

AUSGLEICH EINER WESTLICHEN MISSWEISUNG

KURSBESTIMMUNG

Kursbestimmung bedeutet, die Richtung zu finden von Ihrem Standort zu einem identifizierbaren Objekt. Für die Peilung wählen Sie ein Ziel, das auf der Karte gut erkennbar ist, z. B. einen markanten Berg. Mit zwei Peilungen können Sie so Ihren aktuellen Standort genau bestimmen.

Geländepunkt
Suchen Sie nach einem Geländepunkt, den Sie auf der Karte wiederfinden, z. B. ein Haus, eine Kirche oder einen Berg.

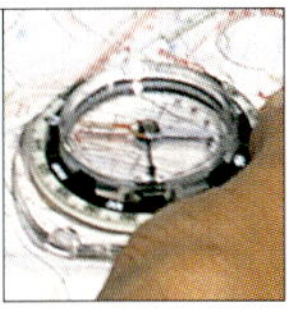

Kursbestimmung
An der Gradzahl auf dem Drehgehäuse können Sie Ihren Kurswinkel ablesen.

MIT EINEM GELÄNDEPUNKT DEN KURS BESTIMMEN
Richten Sie den Richtungspfeil auf das Objekt aus. Norden Sie die Karte ein, und gleichen Sie die Missweisung aus. Der Richtungspfeil zeigt Ihnen auf der Gradskala des Gehäuses den Kurswinkel an.

STANDORTBESTIMMUNG DURCH KREUZPEILUNG

Bei einer Kreuzpeilung werden mithilfe von zwei Orientierungspunkten im Gelände und auf der Karte zwei Peilungen vorgenommen. Die Richtungslinien werden auf die Karte übertragen. Dort, wo sie sich schneiden, befindet sich Ihr Standort. Auch bei diesem Verfahren ist ein Ausgleich der Missweisung erforderlich. Eine dritte Peilung liefert ein noch genaueres Ergebnis.

ERMITTELN DES STANDORTS
Peilen Sie den ersten Orientierungspunkt an (Missweisung ausgleichen!). Suchen Sie nun den Punkt auf der Karte. Legen Sie den Kompass, ohne das Gehäuse zu drehen, so auf die Karte, dass der Richtungspfeil auf den auf der Karte verzeichneten Orientierungspunkt weist. Norden Sie die Karte ein. Dann ziehen Sie mit einer der parallel zum Richtungspfeil verlaufenden Anlegekanten des Kompasses eine Linie vom Geländepunkt bis zu Ihnen. Ihr Standort liegt irgendwo auf dieser Linie. Wiederholen Sie den Vorgang mit einem zweiten Orientierungspunkt (beide Punkte sollten von Ihnen aus etwa im 90-Grad-Winkel liegen). Der Schnittpunkt beider Linien ist Ihr Standort.

Karte ausrichten
Legen Sie den Kompass so auf die Karte, dass eine Ecke Ihren Orientierungspunkt berührt. Drehen Sie Karte und Kompass so, dass die Nadel zum geografischen Norden weist.

Ziehen Sie nun entlang der Anlegekante ausgehend vom Orientierungspunkt eine Linie

Weitere Orientierungsmethoden

Der richtige Kurs kann nicht nur mit Karte und Kompass, sondern auch mit anderen Methoden bestimmt werden, die sich unter anderem »natürliche Wegweiser« zunutze machen. Einige dieser Orientierungshilfen sind uralt wie die Sterne, andere – z. B. Satelliten – erst wenige Jahre alt.

DIE NATUR WEIST DEN WEG

Auch in der Natur können Sie Orientierungshilfen finden. Vorkommen und Wuchsrichtung bestimmter Pflanzen z. B. sind wichtige Informationen, mit deren Hilfe Sie Ihren Kurs bestimmen können. Zwar sind diese natürlichen Wegweiser nicht unfehlbar, trotzdem liefern sie, miteinander kombiniert, sehr nützliche Anhaltspunkte.

Einige Pflanzen wachsen beispielsweise Richtung Sonne (neigen sich auf der Nordhalbkugel also in Richtung Süden, auf der Südhalbkugel in Richtung Norden). Außerdem ist die Vegetation auf der von der Sonne beschienenen Seite eines Hügels dichter (Südseite auf der Nordhalbkugel, Nordseite auf der Südhalbkugel). Die Rinde der Bäume fühlt sich auf der der Sonne zugewandten Seite des Baumes wärmer an.

BAUMKOMPASS
In trockenen Regionen der nördlichen Hemisphäre wächst Moos verstärkt an der Nordseite, in der südlichen Hemisphäre an der Südseite der Bäume.

PFLANZEN
Diese Kakteen der Gattung *Ferocactus* neigen sich in Richtung Sonne. Andere Pflanzen, z. B. Sonnenblumen, drehen ihre Blüten mit dem Stand der Sonne mit.

BLICK ZU DEN STERNEN

Wenn Sie sich auf der Nordhalbkugel befinden, können Sie mithilfe des Polarsterns die Nordrichtung ermitteln. Suchen Sie die »Hinterachse« des Großen Wagens und verlängern Sie diese etwa fünfmal. Damit finden Sie den Polarstern, der immer fast genau im Norden steht. Auf der Südhalbkugel kann das Kreuz des Südens Ihnen bei der Orientierung helfen. Verlängern Sie die Längsachse dieses Sternbilds etwa viereinhalbmal in Richtung des unteren Endes, um den südlichen Himmelspol zu ermitteln. Allerdings gibt es dort keinen signifikanten Stern.

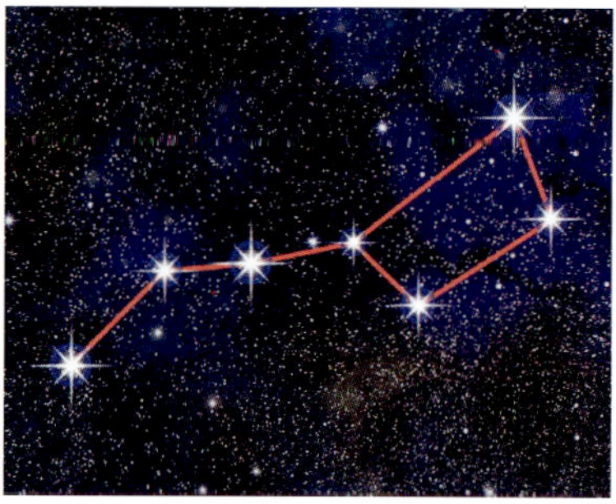

DER GROSSE WAGEN
Dieses Sternbild am nördlichen Himmel ist einfach zu finden. Vier Sterne bilden den Wagenkasten, drei die Deichsel.

DAS KREUZ DES SÜDENS
Verbindet man die vier hellen Sterne, bilden sie das Kreuz des Südens, das die Orientierung auf der Südhalbkugel erleichtert.

KURS HALTEN

Je einförmiger die Landschaft, desto aufmerksamer müssen Sie sein, um sich nicht zu verlaufen. Wenn Sie ein paar grundsätzliche Dinge beachten, können Sie sich unterwegs immer wieder vergewissern, dass Sie auf dem richtigen Kurs sind.

Zunächst sollten Sie sich die Karte genau anschauen, bevor Sie losgehen. Suchen Sie nach charakteristischen Geländepunkten, an denen Sie vorbeikommen sollten. Wenn Sie diese Punkte unterwegs passieren, stimmt Ihre Route. Stoßen Sie auf ein Merkmal, das Sie nicht erwarten, kann das bedeuten, dass Sie vom Kurs abgekommen sind. Halten Sie an, und prüfen Sie die Karte.

Überprüfen Sie Ihren Kurs unterwegs mithilfe Ihres Schattens: Gehen Sie auf der Nordhalbkugel Richtung Norden, ist Ihr Schatten nachmittags rechts von Ihnen. Achten Sie auch auf Gehzeit und Tempo. Für den Fall, dass Sie sich verlaufen, können Sie Ihren Standort leichter bestimmen, wenn Sie die Entfernung, die Sie zurückgelegt haben, möglichst genau schätzen können.

BESTIMMEN DES STANDORTS

Achten Sie beim Wandern auf Ihre Umgebung. Suchen Sie immer wieder Geländepunkte auf der Karte, um sicherzugehen, dass das, was Sie sehen, auch das ist, was Sie laut Karte sehen sollten.

DIE UHR ALS WEGWEISER

Bei Sonne kann man mit einer Uhr die Richtung bestimmen.

NORDHALBKUGEL

Die Uhr mit dem Stundenzeiger Richtung Sonne auf die Handfläche legen. Die Winkelhalbierende des kleineren Winkels zwischen dem Stundenzeiger und der Zwölf zeigt zwischen 6 und 18 Uhr nach Süden, zwischen 18 und 6 Uhr nach Norden (bei Sommerzeit die Uhr vorher 1 Stunde zurückstellen)

SÜDHALBKUGEL

Auf der Südhalbkugel steht die Sonne mittags im Norden. Entsprechend weist die Winkelhalbierende zwischen 6 und 18 Uhr nach Norden, zwischen 18 und 6 Uhr nach Süden.

GPS

Ein GPS-Empfänger errechnet mithilfe von Signalen mehrerer Satelliten mit einer Genauigkeit von einigen Metern seine momentane Position.

- Das GPS-Gerät errechnet Ihren Standort. Wenn Sie die Zielkoordinaten eingeben, zeigt es Ihnen die Richtung, in die Sie wandern müssen.
- GPS hilft besonders im Nebel oder in einem Gelände ohne markante Orientierungspunkte.
- Bevor Sie eine Stelle verlassen, an die Sie später zurückkehren möchten, sollten Sie sich die Koordinaten notieren. Wenn Sie sich verlaufen, geben Sie einfach die Koordinaten ein, und das GPS-Gerät führt Sie zurück.
- Ändert Ihre Route die Richtung, können Sie zur besseren Orientierung die Koordinaten von Zwischenstationen (Wegpunkten) eingeben. Dies ist sogar schon vor dem Start möglich.
- In Notfällen können Sie die GPS-Koordinaten verwenden, um Rettungskräften Ihren Standort zu übermitteln.

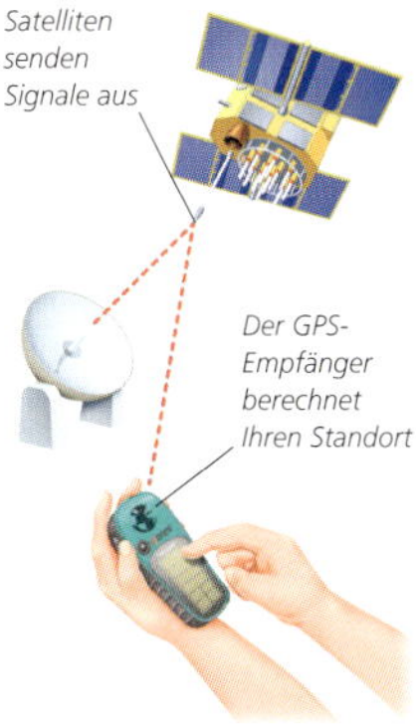

SATELLITENSIGNAL

Wegmarkierungen

Karte, Kompass und GPS-Empfänger sind Hilfsmittel zur Positionsbestimmung und Orientierung. Wer auf markierten Wanderwegen unterwegs ist, kann die zur Orientierung nötigen Informationen, z. B. zu Routenführung oder Entfernungen, farbigen Wegzeichen oder Wegweisern entnehmen.

ERKENNEN VON MARKIERUNGEN

Wanderwege können auf unterschiedliche Arten markiert sein. Manche Wegzeichen, etwa leuchtende Farbstreifen, sind sehr auffällig, während andere, z. B. in Bäume eingekerbte Zeichen, schwieriger zu entdecken sind. Außerdem bringt jede für die Unterhaltung eines Wegenetzes zuständige Organisation die Markierungen in unterschiedlichen Abständen an. Mit ein wenig Aufmerksamkeit versteht man das jeweilige System schnell.

FARBMARKIERUNGEN

Häufig werden Wege durch farbige Symbole markiert. Üblicherweise hat jede Route ihr eigenes Symbol, etwa Rechtecke, Kreise oder Dreiecke. Die Abstände zwischen den Zeichen variieren allerdings stark.

RICHTUNGSZEICHEN

Manchmal zeigen spezielle Zeichen, häufig Pfeile, einen Richtungswechsel an. Solche Zeichen sind vor allem dann nützlich, wenn der Verlauf des Weges im Gelände nicht klar erkennbar ist.

FELSEN UND STEINE

Wenn Sie keine Farbmarkierungen finden, suchen Sie am Boden. In baumlosem Gelände sind Wegmarkierungen häufig auf große Steine oder Felsblöcke gemalt.

STEINHAUFEN

Steinmarkierungen können unterschiedlich auffallend sein: von einer kleinen Pyramide aus wenigen Steinen bis zu Türmen aus gestapelten Steinen, die man selbst im dichtesten Nebel findet.

WEGWEISER

Wegweiser mit dem Symbol der Route werden vor allem auf freiem Feld oder an Stellen angebracht, wo es keine markanten Bäume oder Felsen gibt.

ORIENTIERUNG MITHILFE VON WEGMARKIERUNGEN

Auf einem gut markierten Wanderweg ist die Orientierung mithilfe von Wegzeichen einfach. Doch Markierungen können mit der Zeit verwittern, werden überwuchert, von Schnee bedeckt oder beschädigt. Oder man findet sie nur nach einigem Suchen. Dies ist besonders bei ohnehin spärlich markierten Wegen problematisch. Hier einige Tipps:

- Achten Sie darauf, in welchen Abständen ein Weg markiert ist. Wenn Sie lange auf keine Markierung mehr gestoßen sind, haben Sie sich möglicherweise verlaufen.
- Nicht alle Wege sind in beide Richtungen markiert. Drehen Sie sich um, wenn Sie keine Markierungen mehr finden: Auch eine Markierung in die Gegenrichtung zeigt Ihnen, dass Sie auf dem richtigen Weg gehen.
- Blicken Sie zu Boden: Ist da noch ein erkennbarer Weg? Markierungen können auch auf Steinen am Boden angebracht sein.
- Manche Wegzeichen sind nicht aus jedem Blickwinkel zu sehen. Dies gilt vor allem für Steinhaufen, die sich in steinigem Gelände nur schwer ausmachen lassen. Wechseln Sie also die Perspektive: Machen Sie ein paar Schritte in unterschiedliche Richtungen, oder gehen Sie in die Hocke.
- Wenn Sie unsicher sind, ob Sie auf dem richtigen Weg sind, suchen Sie hervorstechende Geländepunkte auf Ihrer Karte (Brücken, Erhebungen, Straßen, Überlandleitungen), und bestimmen Sie damit Ihren Standort.
- Schlechtestenfalls müssen Sie bis zur letzten Markierung zurückgehen und erneut suchen.

MARKIERUNGEN AN BÄUMEN

In Waldgebieten befinden sich farbige Wegzeichen häufig an Bäumen. Auch Einkerbungen, die z. B. aus einer langen und einer kurzen Kerbe bestehen, kommen vor.

Manche Markierungssysteme arbeiten mit unterschiedlichen Farben. Wenn sich mehrere Wege kreuzen, sollten Sie prüfen, ob Sie der richtigen Farbe folgen.

Wandern in schwierigem Gelände

Wandern besteht hauptsächlich darin, Hindernisse zu umgehen. Doch manchmal gibt es nur die Möglichkeit, sich einen Weg mitten durch schwieriges Gelände wie Blockfelder, Tiefschnee und Eis zu suchen. Mit etwas Erfahrung sind auch solche Herausforderungen zu schaffen.

Felsiges Gelände

Ein gutes Gleichgewichtsgefühl, Trittsicherheit, ein Blick für sichere Wegführungen und Selbstvertrauen sind wichtig, wenn man felsiges Terrain vor sich hat. Wagen Sie sich allmählich in felsiges Gelände vor: Mit etwas Erfahrung und einigen Grundtechniken lassen sich solche Schwierigkeiten gut bewältigen.

BLOCKFELDER
Beim Abstieg durch ein Blockfeld sollten Sie stets nach dem »Weg des geringsten Widerstands« suchen und Ihre Wanderstöcke einsetzen.

WANDERSTÖCKE EINSETZEN

Das Wandern auf felsigem, unebenem Gelände und auf schmalen Pfaden erfordert Übung, besonders, wenn der Hang steil ist oder wenn man über große Felsen oder loses Geröll bergab gehen muss. Wanderstöcke helfen beim Auf- wie beim Abstieg, das Gleichgewicht zu halten. Darüber hinaus machen sie das Wandern effizienter, weil Ihre Arme und Schultern mitarbeiten. Beim Abstieg federn Stöcke Erschütterungen ab und entlasten so den Rücken und die Gelenke.

ABSTIEG MIT STÖCKEN
Wanderstöcke verlagern Gewicht von den Beinen auf die Arme und entlasten so die Knie. Sie helfen Ihnen außerdem, das Gleichgewicht zu halten, wenn es auf felsigem Grund bergab geht.

KLETTERN

Auf manchen Wegabschnitten kommt man nur mit Händen und Füßen vorwärts. Hier ist Schuhwerk mit griffigen Sohlen und ein Rucksack mit Innengestell, der eng am Körper liegt, notwendig. Packen Sie Dinge, die Sie normalerweise vorn tragen, in Ihren Rucksack um. Für eine bessere Balance gehören schwerere Gegenstände in den unteren Teil des Rucksacks und in Rückennähe. Gurten Sie Ihre Wanderstöcke am Rucksack fest.

GRIFF PRÜFEN

TRITT FINDEN

FELSEN ERKLIMMEN

Ihr Körper sollte immer an drei Punkten in Kontakt zum Fels bleiben. Prüfen Sie, ob der nächste Griff oder Tritt Ihr Gewicht sicher trägt, bevor Sie ihn belasten.

SCHWIERIGKEITSGRADE BEIM FELSKLETTERN

Mit den auf dieser Seite vorgestellten Techniken bewältigen Sie die Schwierigkeitsgrade I und II der elfstufigen UIAA-Skala. Höhere Stufen erfordern Können und spezielle Kletterausrüstung.

UIAA-GRADE I-IV

I Geringe Schwierigkeiten. Stark geneigtes Gelände, Körpergewicht lastet auf den Füßen. Hände dienen zur Unterstützung des Gleichgewichts.

II Mäßige Schwierigkeiten. Hände werden fortwährend zur Stabilisierung des Gleichgewichts eingesetzt. Drei-Punkt-Körperhaltung.

III Mittlere Schwierigkeiten. Steiles Gelände. Zwischensicherungen an exponierten Stellen empfehlenswert. Kraftaufwand erforderlich. Erfahrene Kletterer können diese Passagen noch ohne Seilsicherung bewältigen.

IV Große Schwierigkeiten. Erhebliche Klettererfahrung notwendig. Klettertechnik und Seilsicherung erforderlich.

SICHERHEIT

WANDERN

■ Auch wenn der Wunsch, einen Gipfel zu erklimmen, noch so groß ist, sollten Sie einen Zeitpunkt festlegen, an dem Sie umkehren, damit Sie vor Einbruch der Dunkelheit sicher wieder zurück sind. Überlegen Sie, ob Sie noch genug Energie für den Rückweg haben, denn mit dem Gipfel ist schließlich nur die Hälfte der Tour bewältigt – die andere, gefährlichere Hälfte ist der Abstieg.

■ **Das Wetter beobachten.** Plötzliche Wetterwechsel – im Gebirge keine Seltenheit – können das Weiterwandern gefährlich oder gar unmöglich machen.

KLETTERN

■ **Nerven behalten.** Große Felsen und Vorsprünge mit wenigen und kleinen Haltepunkten für Hände und Füße nötigen auch erfahrenen Wanderern Respekt ab. Atmen Sie tief durch, und überlegen Sie in Ruhe, bevor Sie handeln.

■ **Wenn Sie in der Gruppe unterwegs sind,** drängen Sie Mitwanderer nicht zu gefährlichen Kletterpartien. Ein scharfer Grat, den Sie einfach finden, erscheint Ihren Wandergefährten vielleicht als viel zu gefährlich. Helfen Sie ihnen, indem Sie einen leichteren Weg suchen oder ihren Rucksack übernehmen. Machen Sie Ihren Mitwanderern Mut, aber respektieren Sie auch ihre Grenzen.

■ **Stellen Sie sicher,** dass Sie umkehren können. Wenn Sie sich z. B. abgeseilt haben, sollten Sie ein Seil an der Stelle lassen.

BLOCKHÜPFEN

In felsigem Gelände können Sie sich durch Blockhüpfen den Schwung zunutze machen. Das Grundprinzip dieser Technik besteht darin, schnell von Stein zu Stein zu springen und mit den Armen oder Wanderstöcken das Gleichgewicht zu halten. Das geht am besten ohne Rucksack und auf stabilen Felsblöcken. Mit Rucksack müssen Sie beachten: Je schwerer der Rucksack, desto größer ist die Belastung für die Kniegelenke.

BLOCKFELDER DURCHQUEREN
Suchen Sie sich einen Weg über Steine von ähnlicher Größe. Größere Felsbrocken liegen stabiler, sind aber schwieriger zu ersteigen.

VON STEIN ZU STEIN
Durch Blockhüpfen lässt sich felsiges Gelände schnell und sicher bewältigen.

GERÖLLFELDER

Ein Geröllfeld findet sich häufig an Berghängen oberhalb der Baumgrenze. Je steiler der Hang, desto leichter rutschen die Steine unter den Füßen weg. Das Aufsteigen auf Geröll lässt sich mit dem Versuch vergleichen, auf einer abwärtsfahrenden Rolltreppe nach oben zu steigen – einen Schritt vor, zwei zurück. Doch mit etwas Erfahrung und der richtigen Technik ist ein Geröllfeld eine reizvolle Herausforderung, die sogar Spaß machen kann.

ZICKZACK DURCHS GERÖLL
Bremsen Sie Ihren Schwung, indem Sie versuchen, auf etwa gleich großen Steinen einen Zickzackweg zu beschreiben.

SEITWÄRTS GEHEN
Gehen Sie beim Überqueren eines Geröllfeldes seitwärts. So haben Ihre Füße auf einer größeren Fläche waagerechten Kontakt zum Hang.

AUFSTIEG DURCH GERÖLLFELDER

Wenn möglich, sollten Sie am Rand des Geröllhangs aufsteigen, weil dort normalerweise größere, stabilere Steine liegen. Wenn Sie in der Mitte eines Geröllhangs gehen müssen, suchen Sie nach größeren Steinen, die fest im Hang verkeilt sind und unter Ihrem Gewicht nicht so leicht wegrutschen. Prüfen Sie aber auch deren Stabilität erst, bevor Sie sie voll belasten, insbesondere dann, wenn sie in feinerem Geröll liegen.

FÜSSE AUSWÄRTS DREHEN
Drehen Sie die Fußspitzen auswärts, und verlagern Sie das Gewicht auf die Innenkanten Ihrer Stiefel. Kleine Schritte verringern die Gefahr auszurutschen.

»STUFEN« TRETEN
Der Schwerpunkt liegt in der Körpermitte. Stoßen Sie Ihre Stiefel fest in den Geröllhang. Rechnen Sie damit, zu rutschen und sich abfangen zu müssen.

ABSTIEG DURCH GERÖLLFELDER

Das »Abfahren« – eine Technik, bei der man die Schwerkraft für sich arbeiten lässt, indem man einen Hang halb rutschend, halb in Zeitlupe joggend hinunterläuft – ist eine reizvolle Abstiegsart. Allerdings ist dazu feines, tiefes Geröll, wie es in den oberen Bereichen der meisten Berge und Vulkane vorkommt, erforderlich, damit man sich nicht den Fuß vertritt, stolpert oder an größeren, fest liegenden Steinen verletzt. Um zu verhindern, dass Ihre Schuhe hinterher voller Steinchen sind, können Sie die Hosenbeine mit starkem Klebeband an den Schuhen festkleben oder Gamaschen überziehen.

LOS GEHT'S
Starten Sie mit kurzen, leichten Sprüngen, als ob Sie in Zeitlupe joggen würden.

ABWÄRTS RUTSCHEN
Graben Sie die Absätze in den Hang, und nutzen Sie Ihren Schwung, um mit jedem Schritt kurz zu rutschen.

ABFANGEN
Benutzen Sie Ihre Hände, um sich abzufangen, falls Sie das Gleichgewicht verlieren. Nicht stehen bleiben.

Gewässer und Flüsse

Das Über- bzw. Durchqueren von Gewässern und Flüssen gehört zu den größten Herausforderungen des Wanderns, besonders im späten Frühjahr, wenn die Schneeschmelze Wasserläufe anschwellen lässt. Auch bei Küstenwanderungen (besonders während der Flut), oder beim Wandern durch Moore und Sümpfe kann Wasser zum Problem werden.

DER BESTE ZEITPUNKT

Größere Flüsse sollte man möglichst morgens überqueren. Gerade im Frühjahr sind Flüsse dann nicht so reißend, weil die Schneeschmelze sich während der kalten Nachtstunden verlangsamt.

DIE GEEIGNETE STELLE

Die beste Stelle, um einen Fluss zu überqueren, ist normalerweise dort, wo der Weg auf den Fluss stößt. Dies gilt jedoch nicht unbedingt im späten Frühjahr und im Frühsommer, wenn das Wasser seinen höchsten Stand erreicht. Eventuell müssen Sie dann eine andere Stelle suchen. Meiden Sie Strudel und Wildwasser. Am sichersten ist es dort, wo das Wasser ruhig fließt und Ihnen maximal bis zur Hüfte reicht, z. B. an Stellen, wo der Fluss sich vor einer Biegung weitet und langsamer strömt. Je dunkler (und grüner) das Wasser, desto tiefer ist es, und desto eher gibt es gefährliche Strömungen. Um sicher wieder an Land zu kommen, darf das gegenüberliegende Ufer nicht steil ansteigen oder unterhöhlt sein.

GEFÄHRLICHE SITUATIONEN

Meiden Sie beim Überqueren Wildwasser – wenn Sie stolpern oder mit dem Fuß hängen bleiben, besteht Lebensgefahr. Flüsse sollte man außerdem nie oberhalb von Stromschnellen oder Wasserfällen durchqueren – beide sind in einer guten Karte eingezeichnet.

Wenn Mitwanderer Angst vor der Überquerung haben, können Sie ihnen anbieten, ihre Rucksäcke zu übernehmen. Sie sollten aber nicht versuchen, sie zu überreden, sondern lieber umkehren und nach einer anderen Stelle suchen.

SICHER ÜBER DEN FLUSS
Bei hohem Wasserstand sollten Sie sehr vorsichtig sein. Erscheint Ihnen die Überquerung gefährlich, suchen Sie eine sicherere Möglichkeit.

WANDERSTÖCKE ALS WATHILFE
Wanderstöcke helfen Ihnen, das Gleichgewicht zu halten. Wenn Sie beim Waten stromauf blicken, können Sie die Wirkung der Strömung besser einschätzen.

DURCHWATEN VON FLÜSSEN

Blicken Sie beim Durchwaten eines Flusses stromauf, und waten Sie diagonal zur Strömung. Wenn Sie Sportsandalen tragen, behalten Sie sie zum Schutz an, wenn nicht, ziehen Sie Ihre Socken aus und schlüpfen wieder in die Stiefel. Wanderstöcke helfen das Gleichgewicht zu halten. Öffnen Sie auch den Hüftgurt und lockern Sie die Schultergurte, um notfalls das Gepäck abwerfen zu können.

In einer Wandergruppe bilden Sie eine Reihe mit den stärksten Wanderern an beiden Enden. Dann haken sich alle bei ihren Nachbarn ein und waten langsam, diagonal zur Strömung, in einer Reihe durch den Fluss.

VON STEIN ZU STEIN

Um einen Fluss trockenen Fußes zu überqueren, kann man von Stein zu Stein springen – am besten mit Wanderstöcken, um das Gleichgewicht zu halten. Suchen Sie bei jedem Schritt die stabilsten Steine und testen Sie einen Stein vorsichtig, bevor Sie ihn voll belasten. Wenn Sie auf einem wackeligen Stein gelandet sind, sollten Sie mithilfe Ihrer Wanderstöcke schnell zum nächsten springen. Für den Fall, dass Sie das Gleichgewicht verlieren, müssen Sie notfalls einen bewussten Schritt ins Wasser machen, um nicht zu fallen.

HOLZBRÜCKEN

Bei hölzernen Brücken bis hin zu einem Baumstamm über den Fluss sollten Sie prüfen, ob sie stabil und an beiden Enden fixiert sind. Dämme aus Treibholz sollten Sie nie als Brücke benutzen – die Blockierung könnte sich auf halbem Weg lösen. Über eine schmale oder wackelige Brücke können Sie notfalls kriechen oder robben.

SEILBRÜCKEN UND -GELÄNDER

Seilbrücken sollten Sie meiden – es sei denn, Sie haben eine Ausbildung in Flussrettung. Ein an beiden Ufern befestigtes Seilgeländer hilft aber beim Überqueren. Gehen Sie auf der stromabwärts gerichteten Seite, damit Sie sich nicht verheddern, wenn Sie das Gleichgewicht verlieren. Machen Sie sich nicht mit Karabinerhaken am Seil fest. Bei einem Sturz kann Sie die Strömung unter Wasser drücken.

HOLZBRÜCKEN
Prüfen Sie Brücken auf ihre Stabilität, und überqueren Sie sie vorsichtig nacheinander. Holzbrücken können bei Nässe rutschig sein.

SUMPFIGES GELÄNDE

Die meisten Wanderwege machen einen Bogen um Sümpfe, Marschland und Treibsand. Dort hat sich der Untergrund so mit Wasser vollgesogen, dass Sie mit jedem Schritt, den Sie machen, tiefer in den Schlamm oder Sand einsinken.

Wenn kein Weg um solches Gelände herumführt, müssen Sie wohl oder übel hindurch. Die Fußstapfen Ihrer Vorgänger können Anhaltspunkte dafür sein, wie tief und fest der sumpfige Boden ist. Suchen Sie nach festen Stellen im weichen Grund, z. B. nach Bäumen und Sträuchern, die auf festeren Arealen wachsen. Auch große Steine und dicke Büschel Gras bieten Halt. Wenn Wanderwege durch sumpfiges Gelände führen, gibt es häufig »Brücken« aus kurzen, senkrecht im Boden stehenden Holzpfosten oder aus Baumstämmen.

Wenn Sie in Schlamm oder Treibsand einzusinken beginnen, versuchen Sie schnell zu laufen und jeden Felsen und jedes Grasbüschel als sicheren Grund zu nutzen. Wenn man dennoch hineinfällt, kann man sich mit Schwimmbewegungen an der Oberfläche halten, bis man Halt gefunden hat, um herauszuklettern.

SICHERHEIT AUF SUMPFIGEM GRUND
Ist der Boden mit Wasser vollgesogen, zieht der Schlamm an Ihren Stiefeln. Tragen Sie knöchelhohe, fest geschnürte Stiefel.

GEZEITENFLÄCHEN ÜBERQUEREN

Wanderwege an Gezeitenküsten in Strandnähe führen manchmal auch über Schlamm- und Sandflächen, die bei Ebbe freiliegen und bei Flut bedeckt sind. Wenn Sie bei Flut dort anzukommen, müssen Sie unter Umständen Stunden warten, um weitergehen zu können. Informieren Sie sich rechtzeitig, wo Sie mit Gezeitenflächen rechnen müssen. Gezeitentabellen geben Auskunft über Ebbe und Flut. Bei Ebbe haben Sie meist mehrere Stunden Zeit, um die Gezeitenfläche in beide Richtungen zu überqueren. Gehen Sie am besten barfuß oder in Sportsandalen, denn der feuchte Sand durchnässt Ihre Stiefel auch bei Ebbe.

SICHERHEIT AUF GEZEITENFLÄCHEN
Gezeitenflächen kann man nur bei Ebbe sicher überqueren. Gehen Sie nicht los, wenn die Flut schon zu steigen beginnt.

Schnee und Eis

Wasser kann in gefrorener Form genauso trügerisch sein wie als fließendes Gewässer. Im Hochgebirge muss man den ganzen Sommer über mit Eis und Schnee rechnen. Schneefelder sind im Frühjahr und Frühsommer besonders gefährlich, da sie dann sehr glatt sein können, vor allem an Nordhängen.

WANDERWEGE UND SCHNEE

Schneefelder bleiben normalerweise jedes Jahr an denselben Stellen liegen, daher führen Wanderwege meist darum herum. In besonders schneereichen Jahren kann es jedoch vorkommen, dass Sie – vor allem an Nordhängen – auf Altschneefelder stoßen. Auf Steilhängen sind sie besonders gefährlich, weil das Sturzrisiko zu hoch ist. In solchen Fällen bleibt Ihnen nur, umzukehren oder einen Umweg in Kauf zu nehmen.

IM SCHNEE LESEN

Felsen, die unter einer Schneedecke liegen, absorbieren im Frühjahr Wärme, deshalb schmilzt der Schnee in ihrer Umgebung schneller. Dies ist gefährlich, weil weicher Schnee Sie nicht sicher trägt. Um nicht im weichen Schnee einzubrechen und sich an den darunter liegenden Felsen zu verletzen, sollten Sie offensichtlich felsige Stellen meiden und den Schnee immer wieder mit Ihren Wanderstöcken testen. Bis zu badewannengroße Senken enstehen, wenn der Schnee im Laufe des Tages ungleichmäßig schmilzt und die Schneedecke dünn und weich wird. Versuchen Sie also, große Schneefelder möglichst früh am Morgen zu überqueren. Am Spätnachmittag sinken Sie möglicherweise bei jedem Schritt bis zu den Hüften ein.

SENKEN
Nachmittags ist der Schnee von Schneefeldern meist angetaut. Versuchen Sie, besonders in Senken, am Rand zu gehen, dort sinken Sie nicht so leicht ein.

GEHEN IN TIEFSCHNEE
Eine Gruppe, die durch Tiefschnee wandert, sollte den Vordermann jeweils nach 10–15 Minuten ablösen, weil das Spuren, also einen Pfad in den Neuschnee zu treten, sehr anstrengend ist.

AUFSTIEG IM SCHNEE

Eine Gebirgsroute, die in trockenen Sommermonaten problemlos zu bewältigen ist, kann bei Schnee gefährlich werden. Passen Sie Ihre Route den Verhältnissen an, wenn Sie im Schnee wandern, etwa indem Sie Ihren eigenen Zickzackpfad anlegen, um einen Berg sicher zu besteigen, oder aber indem Sie schnurgerade bergauf gehen, wenn es das Gelände erfordert. Treten Sie eine stabile Stufe in den Schnee, und prüfen Sie, ob sie Ihr Gewicht aushält, bevor Sie sie voll belasten; dann wiederholen Sie das Ganze mit dem anderen Fuß.

STEIGEISEN

Diese zwölfzackigen Steigeisen sorgen für sicheren Halt auf vereistem Gelände und an Steilhängen.

IM TIEFSCHNEE BERGAN

Im Tiefschnee einen Berg zu besteigen ist nicht nur überaus anstrengend, Sie benötigen auch sehr viel mehr Zeit als im Sommer.

Treten Sie in die Fußstapfen Ihres Vordermanns, und lösen sie ihn nach einiger Zeit ab

Prüfen Sie jeden Tritt sorgfältig

SCHNEEWANDERTECHNIKEN

Im Schnee zu wandern ist schwierig. Um vereiste Hänge hinunterzukommen, nutzt man das »Abfahren«, bei dem man den Berg im Stehen hinunterschlittert und dabei von einem Fuß auf den anderen hüpft, um das Gleichgewicht zu halten. Beim Rutschen im Sitzen benutzt man einen Eispickel zum Bremsen. Absteigen im Tiefschnee mit Schneeschuhen oder Skiern ist nur etwas für Könner.

SCHNEESCHUHE

Schneeschuhen verteilen das Gewicht über eine größere Fläche, so dass man auf dem Schnee läuft, statt einzusinken. Die Technik ist einfach zu erlernen.

ZUGEFRORENE WASSERFLÄCHEN

Seen und Flüsse sollte man im Winter sehr vorsichtig überqueren, da sich unter einer dicken Schneedecke möglicherweise nur eine dünne Eisschicht befindet. Besonders im Frühjahr ist diese Gefahr groß. Setzen Sie einen Wanderstock oder Eispickel als »Sonde« ein.

EISFLÄCHEN SICHER ÜBERQUEREN
Verlassen Sie sich nicht auf die möglicherweise einige Tage alten Fußspuren von Vorgängern. Wenn es zwischenzeitlich wärmer wurde, ist die Route vielleicht nicht mehr sicher.

SICHERHEIT

SCHNEEBRÜCKEN

Gefrorener Schnee und Eis können über einem Bach eine einigermaßen sichere Brücke bilden. Während der Schneeschmelze im späten Frühjahr kann sie allerdings unter Ihrem Gewicht einbrechen. Prüfen Sie, ob der Schnee dunkel oder weich ist, und suchen Sie nach Rissen. Testen Sie auch, ob ein Tritt sicher ist, bevor Sie ihn belasten.

GLETSCHER

Das Überqueren eines Gletschers erfordert spezielle Bergsteigerfähigkeiten. Versteckte Gletscherspalten können zu tödlichen Stürzen führen. Überqueren Sie niemals einen Gletscher ohne die Hilfe eines erfahrenen Bergführers.

STÜRZE VERHINDERN

Der »Pickelrettungsgriff« verhindert, dass man nach einem Sturz ungebremst einen vereisten Hang hinuntersaust. Die Technik üben Sie am besten in einem Bergsteiger- oder Kletterkurs. Ein Pickel muss so getragen werden, dass die Haue rückwärts und die Schaufel in Gehrichtung zeigt.

DER PICKELRETTUNGSGRIFF
Im Falle eines Sturzes rammen Sie den Pickel auf Schulterhöhe mit der Haue möglichst tief in den Schnee. Versuchen Sie, den Pickel diagonal unter den Körper zu bringen, um Ihr Körpergewicht zur Verstärkung der Bremswirkung zu nutzen.

Klima und Wetter

Klima ist die Gesamtheit der Witterungen in einem Zeitabschnitt, Wetter dagegen der augenblickliche Zustand der Atmosphäre. Um nicht in strömendem Regen, sengender Hitze oder arktischer Kälte zu wandern, sollten Sie das Klima in Ihrer Zielregion kennen.

Planung

Wer eine Wanderung plant, sollte Klima- und Wetteraspekte gleichermaßen berücksichtigen. Das Klima sagt etwas über die allgemeine Tendenz, das Wetter über den aktuellen Zustand aus. Sie sollten außerdem einschätzen können, wie Ihr Körper mit extremen Bedingungen fertig wird.

KLIMAZONEN DER ERDE

Polare Klimate sind von ganzjähriger Kälte geprägt. Im Sommer scheint die Sonne 24 Stunden lang. Dann ist es immerhin so »warm«, dass Outdoor-Aktivitäten möglich werden.

Wüstenklimate sind trocken, die Temperaturen variieren je nach Höhe und Lage. In manchen Wüsten gibt es sogar eine kurze Regenzeit.

Das Klima in Gebirgsregionen hängt von der Umgebung und den vorherrschenden Luftströmungen ab und ist unbeständig – plötzliche Wetterwechsel, einschließlich Nebel und Schnee, treten sogar im Sommer auf. Gebirge haben oft ein eigenes Mikroklima – die Vulkane Mexikos und Ostafrikas z. B. sind Gebirgssysteme, die ein völlig anderes Klima besitzen als die sie umgebenden Regionen.

Das Klima tropischer Küstengebiete weist meist einen Zyklus von Regen- und Trockenzeiten auf. Auch in tropischen Regenwäldern gibt es Regen- und Trockenzeiten, während es in Wäldern der gemäßigten Zonen das ganze Jahr über regnen kann, auch wenn einige Monate in der Regel trockener sind als andere. Je nach Jahreszeit kann dort entweder Kälte oder Hitze herrschen. Im Hochsommer erschwert die Kombination aus hoher Luftfeuchtigkeit und hohen Temperaturen körperliche Anstrengungen. Heiße, trockene Sommer kennzeichnen Mittelmeerklimate. Wandern kann dort im Sommer zur Strapaze werden.

TROPISCHE STRÄNDE
In tropischen Regenwäldern wie diesem im nördlichen Queensland in Australien wechseln sich Sonne und heftige stundenlange Regengüsse ab.

WÜSTEN
Eine Wüstenwanderung kann vor allem in den kühleren Winter- und Frühjahrsmonaten fantastisch sein.

REGENWÄLDER
Auch in Regenwäldern gibt es trockenere Perioden, dennoch ist gute Regenkleidung ein Muss.

ARKTIS
Im kurzen arktischen Sommer scheint die Sonne fast 24 Stunden. Insekten können dann zum Problem werden.

TEMPERATURSCHWANKUNGEN

Der menschliche Körper kann sich bei langsamer Akklimatisierung auch an extreme Temperaturen anpassen. Unser Organismus bedient sich eines komplexen Regulationssystems, um eine konstante Temperatur aufrechtzuerhalten – auf abrupte und dramatische Witterungswechsel ist er aber nicht eingestellt. Schon Temperaturabweichungen von 0,5–1 °C verursachen Beschwerden, mehr als 3 °C können lebensbedrohlich sein.

GEFAHREN EXTREMER KLIMATISCHER BEDINGUNGEN

Wenn Sie unter extremen Bedingungen wandern, z. B. im Hochgebirge oder in der Wüste, wo die Temperaturen plötzlich stark steigen oder fallen, ist Ihre ganze Aufmerksamkeit gefordert, um notfalls rechtzeitig geeignete Maßnahmen ergreifen zu können.

Sonne und Schnee (Augen) Schneeblindheit ist ein schmerzhafter Sonnenbrand auf der Bindehaut. Tragen Sie über der Baumgrenze bei Schnee immer eine gute Sonnenbrille mit UV-Filter.

Kälte und Regen (Körperkern) Bei Unterkühlung (Hypothermie) sinkt die Kerntemperatur unter 37 °C. Es kommt u. a. zu unkontrolliertem Zittern und Orientierungsverlust. Unterkühlung kann schon bei Temperaturen von 10 °C auftreten und besonders bei nasser Kälte (*siehe* S. 229).

Kälte (Finger und Zehen) Die Extremitäten sind von Erfrierungen bedroht (*siehe* S. 228).

Sonne (Haut) Sonnenbrand kann auch bei bedecktem Himmel auftreten. Verwenden Sie Sonnencreme mit einem Lichtschutzfaktor von mindestens 15 (*siehe* S. 223).

Hitze (Rachen) Dehydration führt zu Durst, Kopfschmerzen, Übelkeit und Schwäche (*siehe* S. 226).

Hitze (Blutgefäße) Die Erweiterung der Blutgefäße bei Hitze kann zu Hitzekollaps oder zu einem potenziell lebensbedrohlichen Hitzschlag führen (*siehe* S. 227).

Hitze oder Feuchtigkeit (Haut) Ausschläge drohen an Stellen, an denen Schweiß nicht verdunsten kann oder die Haut sich wund reibt.

Hitze (Füße) Bei Hitze schwellen die Füße an, schwitzen und sind anfällig für Blasen (*siehe* S. 222).

Hitze oder Feuchtigkeit (Nieren) Wenn der Körper bei großer Anstrengung mehr Elektrolyte ausschwitzt, als er aufnimmt, kann es zu einem gefährlichen Absinken des Blutnatriumspiegels (Hyponaträmie) kommen. Die beste Vorbeugung ist, regelmäßig kleine Mengen zu essen und genügend zu trinken.

Wetterphänomene

In vielen Regionen gibt es wiederkehrende Wettermuster – mit einer vorherrschenden Windrichtung, regenreicheren und -ärmeren Perioden, und tageszeitlich bedingten Stürmen. Wer sich über die charakteristischen Wettermuster seiner Zielregion informiert, kann besser planen und hat die passende Kleidung und Ausrüstung im Gepäck.

WETTER UND GEOGRAFIE

Das Wetter wird durch Luftströmungen, den Feuchtigkeitsgehalt der Luft und das Aufeinandertreffen warmer und kalter Luftmassen bestimmt. Ein weiterer Einflussfaktor sind die geophysikalischen Eigenschaften der Erdoberfläche – z. B. Berge, Seen, Meere und Ozeane.

WETTERMUSTER

In den Bergen sind die Nächte häufig klar und kalt. Viele Bergwanderer brechen sehr früh am Morgen auf, um die Vorteile der nächtlichen Wetterstabilisierung zu nutzen. Vormittags können dann Winde, später auch Wolken und Stürme aufkommen.

Wenn die Luft vor einem Gebirge aufsteigt, kühlt sie ab. Der mitgeführte Wasserdampf kondensiert, und es regnet. Daher regnet es auf der Windseite eines Gebirges am meisten. Wenn Sie zu einer regenreichen Zeit wandern, sollten Sie also Wege auf der Lee-Seite bevorzugen, dort herrscht meist besseres Wetter

Regenwolken werden von Winden in Richtung des Landesinneren getragen

Auf der Windseite ist die Vegetation insgesamt üppiger, dort gedeihen auch feuchtigkeitsliebende Pflanzenarten. Auf der windabgewandten Seite ist die Flora dagegen karg und es gibt kaum Wasserquellen

DIE WÜSTE BEI NACHT

Weil die Luft keine oder kaum Feuchtigkeit enthält und der Himmel wolkenlos ist, kann es nachts in der Wüste viel kälter sein als tagsüber.

STURM IN DEN BERGEN
Stürme entstehen aus dem Zusammenspiel zwischen einem Bergmassiv und den vorherrschenden Winden. Gewitterstürme sind vor allem oberhalb der Baumgrenze gefährlich.

WETTEREXTREME

Mit 1917 m ist der Mount Washington ein relativ kleiner Berg, doch seine Lage am Schnittpunkt dreier Wetterfronten und die Tatsache, dass er in einem Umkreis von 1600 km der höchste Gipfel ist, sorgen für das »schlechteste Wetter der Welt«. Hier zeigt sich auch, welchen Effekt kollidierende Wettersysteme haben und wie sich der Faktor Höhe auf Temperatur und Niederschläge auswirkt.

Trotz seiner bescheidenen Dimensionen verzeichnet der Mount Washington mit 372 km/h die höchste Windgeschwindigkeit, die jemals an Land gemessen wurde. Im Schnitt entwickeln sich jeden dritten Tag hurrikanartige Stürme, und die durchschnittliche jährliche Niederschlagsmenge liegt bei 251 cm.

Ungeachtet des schlechten Wetters ist der Mount Washington ein beliebtes Wanderziel. Wanderer sollten sich jedoch gut darauf vorbereiten. Aktuelle Informationen finden Sie unter www.fs.fed.us/r9/white.

MOUNT WASHINGTON
Die Jahresdurchschnittstemperatur auf dem eisigen Gipfel des Mount Washington beträgt -3 °C. Im Durchschnitt fallen dort 650 cm Schnee.

Wettervorhersagen

Eine Wettervorhersage kann nie ganz exakt sein. Was für eine Stadt stimmt, kann für das benachbarte Wandergebiet schon nicht mehr gelten. Das Wetter lässt sich aber auch mithilfe natürlicher Vorzeichen – vom Geruch des Waldes bis zur Färbung des Himmels – vorhersagen. Viele solcher Zeichen basieren auf Faktoren wie Luftdruck oder Luftfeuchtigkeit.

NIEDRIGER LUFTDRUCK

Sinkender Luftdruck kündigt eine Wetterverschlechterung an. Wenn Ihr Höhenmesser auf derselben Höhe plötzlich einen anderen Wert anzeigt, ändert sich der Luftdruck.

WETTERÄNDERUNG IN SICHT

Viele Tiere reagieren auf niedrigen Luftdruck. So halten sich Fluginsekten dann in Bodennähe auf, und die Schwalben fliegen tief.

HIMMELSFÄRBUNG

Die alte Bauernregel »Abendrot – Gutwetterbot'« trifft tatsächlich sehr häufig zu, falls der vorherrschende Wind aus westlichen Richtungen kommt.

REGENANKÜNDIGUNG

Morgenrot entsteht, wenn das Licht der im Osten aufgehenden Sonne von hohen Cirrus-Wolken gestreut wird. Dies kann darauf hinweisen, dass es in den folgenden 12 Stunden regnen wird.

WINDSTILLE

Eine längere windstille Periode lässt auf gleichbleibenden Luftdruck schließen. Luftdruckveränderungen dagegen führen zu wechselhaftem Wetter.

BESTÄNDIGES WETTER

Wenn der Rauch eines Feuers senkrecht in die Luft steigt, hält das gute Wetter an – wie lange, hängt vom regionalen Wettermuster ab.

HOF (KORONA)

Ein solcher Hof um Mond oder Sonne bedeutet, dass das Wetter sich innerhalb der nächsten 12–24 Stunden verschlechtert.

SCHLECHTWETTERBOTE

Wenn das Mondlicht durch die winzigen Eispartikel hoher Cirrus-Wolken gebrochen wird, entsteht ein Hof um den Mond – ein Vorbote schlechten Wetters.

WAS WOLKEN VERRATEN

Wolken bilden sich, wenn Feuchtigkeit in die Atmosphäre aufsteigt, kondensiert und sich an winzige Staubpartikel anlagert. Am Himmel dahintreibende Wolken kündigen eine Schlechtwetterfront an. Wer die verschiedenen Wolkentypen kennt und Wechsel in ihrer Formation zu deuten weiß, kann daraus ersehen, wie das Wetter wird.

CIRRUS UND CIRROCUMULUS

Cirrus-Wolken sind dünne, fedrig-weiße Wolken, die aussehen wie Kommas, Cirrocumulus-Wolken bilden zarte Wellenmuster. Beide sind Schönwetterwolken.

DAS WETTER WIRD SCHLECHTER

Wenn Cirrus- und Cirrocumulus-Wolken dicker und dichter werden, zieht in den folgenden 24–48 Stunden schlechtes Wetter auf.

CUMULONIMBUS

Wenn weiße Cumuluswolken dunkler werden (*unten*) und sich zu einer Ambossform auftürmen, ist mit Regen, Gewitter und Sturmböen zu rechnen.

GEWITTER IM ANMARSCH

Bei starker elektrischer Aufladung einer Wolke kommt es zur Entladung: Es blitzt. Die Schockwellen werden zu Schallwellen, die wir als Donner hören.

CUMULUS

Die flachen weißen Cumulus-Wolken sehen aus wie kleine Wattebäusche mit flacher Basis. Das Wetter bleibt schön, solange sie nicht nach oben aufquellen.

SCHÖNES WETTER

Cumulus-Wolken, die ihre Form nicht verändern, kündigen meist eine Gutwetterperiode an. Diese Wolken treiben meist in tiefblauem Himmel dahin.

STRATUS

Sie bringen anhaltend schlechtes Wetter mit Nieselregen. Die in tiefen Schichten entstehenden flachen grauen Stratus-Wolken liegen wie eine Decke vor der Sonne.

GRAUES WETTER MIT NIESELREGEN

Die dunklen, tief hängenden Stratus-Wolken verkünden häufig das Wetter, das Wanderer am wenigsten mögen: Dauerregen.

Grundregeln für die Sicherheit

Mit guter Planung, sorgfältig ausgewählter Ausrüstung, soliden Fähigkeiten und gesundem Menschenverstand kann ein Wanderer fast jedes Terrain meistern. Trotzdem muss man immer mit unvorhergesehenen Problemen rechnen und aufmerksam sein.

Instinkt und Urteilsvermögen

Das wichtigste Hilfsmittel beim Wandern ist das eigene Urteilsvermögen. Hören Sie auf Ihre innere Stimme, wenn es um die Entscheidung geht, ob Sie weitermarschieren oder umkehren sollen. Ausschlaggebend darf dabei nicht die Frage sein, wie Sie später von Ihrem Missgeschick berichten oder wie Sie die Entscheidung, die Sie jetzt treffen, später rechtfertigen sollen.

WANN SIE UMKEHREN SOLLTEN

Auch der ausgeklügeltste Plan vermag nichts gegen die Natur. Wetter, Probleme und ein Gelände, das schwieriger ist als erwartet, können sich so gegen Sie verschwören, dass Sie viel Zeit verlieren oder nicht mehr sicher weiterkommen.

Den Zeitpunkt der Umkehr legen Sie schon bei der Planung fest. Entscheiden Sie, an welcher Stelle Sie umkehren müssen, um sicher vor Einbruch der Dunkelheit wieder zurück zu sein, egal ob Sie Ihr Ziel erreicht haben oder nicht.

Sie sollten immer umkehren, wenn ein Gewitter aufzieht, insbesondere dann, wenn Sie oberhalb der Baumgrenze wandern, wo die karge Landschaft keinerlei Zuflucht bietet. Kehren Sie auch dann

EXTREME BEDINGUNGEN
Schnee und Eis erschweren das Vorwärtskommen und können Wege ohne Steigeisen und Eispickel unpassierbar machen.

FLÜSSE DURCHWATEN
Felsbrocken in flachem Wasser können als Tritte dienen. Prüfen Sie erst ihre Stabilität, ehe Sie sie belasten.

um, wenn Sie die Orientierung verlieren,vor allem, wenn Sie querfeldein oder im Nebel wandern. Ebenso angeraten ist die Umkehr, wenn Sie erschöpft sind, frösteln oder andere Anzeichen einer Unterkühlung zeigen.

In schwierigem Gelände sollten Sie immer umkehren, wenn das Weitergehen gefährlich wird, etwa an einem vereisten Steilhang oder einem reißenden Fluss. Beherzigen Sie das Bergsteigermotto: »Besser hundertmal zu früh umkehren als einmal zu spät.«

DIE EIGENEN GRENZEN KENNEN
Bei schwierigen Wetter- oder Geländebedingungen gilt es zu entscheiden, ob Fähigkeiten, Kondition und Ausrüstung den Anforderungen gewachsen sind.

ZUR SICHERHEIT

Alle Wanderer, aber insbesondere Frauen, sollten folgende Punkte beachten:

- **Benutzen Sie** möglichst einen gut frequentierten Parkplatz. Erkundigen Sie sich bei Wandervereinen oder der örtlichen Polizei nach sicheren Parkmöglichkeiten oder fragen Sie in Geschäften, ob Sie einige Zeit auf dem Parkplatz stehen dürfen.
- **Begegnen Sie anderen Wanderern** freundlich, aber zurückhaltend. Erzählen Sie nicht jedem, wie Ihre Pläne aussehen oder wo Sie campen werden.
- **Wenn Sie allein wandern** und sich von jemandem belästigt oder bedroht fühlen, zögern Sie nicht, andere Wanderer um Hilfe zu bitten. Halten Sie Ausschau nach einer größeren Gruppe, sagen Sie Ihrem Verfolger, Sie hätten Ihre Wandergruppe gefunden und verabschieden Sie sich.
- **Wenn Sie in einer Mehrbett-Unterkunft** übernachten, packen Sie Ihre Ausrüstung nicht aus, bevor mehrere (vertrauenswürdige) Wanderer da sind.
- **Teure Ausrüstung** sollten Sie niemals unbeaufsichtigt oder in Sichtweite einer öffentlichen Straße lassen. Wenn Sie auf einem stark frequentierten Zeltplatz campen, bitten Sie jemanden, ein Auge auf Ihr Zelt zu haben, oder zelten Sie an einer Stelle, die man vom Weg aus nicht sehen kann.
- **Nehmen Sie Geld** und kleine, teure Ausrüstungsgegenstände wie Kameras mit. Ein kleines Schloss am Zelt schreckt Gelegenheitsdiebe ab.

Die richtige Planung

Wer unbeschwert wandern möchte, sollte rechtzeitig und sorgfältig planen, um Problemen vorzubeugen. Informieren Sie sich über Ihr Wandergebiet, und vertrauen Sie auf den gesunden Menschenverstand – unternehmen Sie keine schlecht vorbereitete oder gewagte Wanderung.

WAS SIE VOR DEM AUFBRUCH BEDENKEN SOLLTEN

MACHEN SIE EINEN PLAN

■ Zumindest sollten Sie wissen, auf welcher Route Sie wandern wollen, wann Sie aufbrechen und wann Sie wieder zurück sein werden. Außerdem sollten Sie entscheiden, welche Zeltplätze Sie nutzen.

INFORMIEREN SIE EINE KONTAKTPERSON

■ Sagen Sie jemandem, wo Sie hingehen und wann Sie voraussichtlich zurück sein werden. Am besten hinterlassen Sie eine Kopie Ihres Wanderplans, aus dem Ihre Route ersichtlich ist.

HINTERLASSEN SIE GENAUE ANWEISUNGEN

■ Geben Sie Ihrer Kontaktperson Anweisungen, was zu tun ist, wenn Sie sich nicht zur vereinbarten Zeit melden. Legen Sie die Telefonnummer der für Ihre Route zuständigen Organisation, Parkaufsicht oder Behörde bei.

HOLEN SIE AKTUELLE INFORMATIONEN EIN

■ Bevor Sie losgehen, sollten Sie sich über die aktuelle Wegbeschaffenheit informieren (Schneehöhen, Sturmschäden, Waldbrände, unterspülte Brücken), den Wasserstand von Flüssen erfragen, die Sie überqueren müssen, und die Verfügbarkeit von Wasser klären.

SORGEN SIE FÜR GUTE AUSRÜSTUNG

■ Packen Sie alles ein, was Sie benötigen (*siehe* S. 104–105), einschließlich Proviant und Kleidung. Überlegen Sie, ob Sie den Weg- und Wetterbedingungen entsprechend ausgerüstet sind und entsprechende Kleidung dabeihaben.

PLANEN SIE EINE ALTERNATIVE

■ Suchen Sie auf Ihrer Karte Wege und Straßen, die Sie in die Zivilisation zurückführen, falls eine Notlage Sie dazu zwingen sollte, Ihre Tour abzukürzen. Teilen Sie diesen Alternativplan ebenfalls Ihrer Kontaktperson zu Hause mit.

VORSICHT ALS ALLEINWANDERER

■ Es ist immer etwas riskant, allein zu wandern, wenn Sie aber solo unterwegs sind, sollten Sie Ihre Kontaktperson unbedingt über alles informieren. Wandern Sie in einem Naturpark, melden Sie sich bei der Parkaufsicht, tragen Sie sich, wo immer möglich, in Wanderbücher ein. Gehen Sie in schwierigem Gelände keinerlei Risiko ein.

MITNAHME EINES MOBILTELEFONS

■ Packen Sie ein Handy mit den eingespeicherten Nummern Ihrer Kontaktpersonen ein. Fragen Sie den Netzbetreiber, ob Sie in dem Gebiet, in dem Sie wandern, Empfang haben und nicht in ein Funkloch geraten. Schützen Sie das Handy vor Nässe und die Akkus vor Kälte.

ENTWICKELN SIE KEINEN FALSCHEN EHRGEIZ

■ Verzichten Sie auf allzu ehrgeizige Vorhaben, wenn Ihnen die nötige Erfahrung fehlt. Sind die Bedingungen kritisch, sollten Sie eine andere Route wählen oder die Wanderung vertagen.

EINHALTEN DES WANDERPLANS

■ Wenn Sie von dem Plan, den Sie bei der Parkaufsicht oder zu Hause hinterlegt haben, deutlich abweichen, werden Such- und Rettungsdienste es im Notfall schwer haben, Sie zu finden.

GUT GEPLANT

Machen Sie sich mithilfe von Karten mit der Route vertraut, bevor Sie losgehen. Achten Sie besonders auf Hauptverkehrsstraßen, Wirtschaftswege, Bäche, Quellen und andere Geländemerkmale, und planen Sie eine Alternativroute für Notfälle.

ZELTEN

Übernachten im Freien

In der freien Natur zu übernachten ist ein ganz besonderes Erlebnis. Oberstes Gebot dabei ist: Belasten Sie die Natur nicht unnötig, und hinterlassen Sie einen sauberen Rastplatz – ganz gleich, ob Sie im Zelt, in der Hängematte oder auf der Erde unterm Sternenhimmel nächtigen.

Die Wahl des Zeltplatzes

Beim Zelten in der Wildnis dürfen Sie keinen großen Komfort erwarten, doch einen gewissen Schutz vor Wind und Wetter sollte jeder Schlafplatz bieten. Am besten beenden Sie Ihre Tagesetappe zwei Stunden vor Sonnenuntergang. So haben Sie genügend Zeit, einen sicheren und bequemen Platz zu suchen, das Zelt aufzuschlagen und zu kochen, bevor es dunkel wird.

DER RICHTIGE ZELTPLATZ

Der ideale Zeltplatz bietet Schutz vor Wind und Regen – wie z. B. Felsen oder ein kleines Wäldchen. Schlagen Sie Ihr Zelt auf der Leeseite solcher Windbrecher auf, das Fußende in Windrichtung.

Ein möglichst ebener Platz bietet den höchsten Schlafkomfort. Man sollte aber nicht in einer Mulde mit steinharter Erde zelten, da sich bei Regen Wasser darin sammelt. Wenn Sie am Hang liegen müssen, platzieren Sie das Kopfende des Zeltes am höheren Ende. Können Sie nicht genau erkennen, wie die Neigung verläuft, legen Sie sich auf den Boden, um das Gefälle zu spüren.

Bequem zeltet es sich in der Nähe von Wasser. Es kann jedoch gefährlich sein, sein Zelt direkt neben einem

NATUR ERLEBEN
Eine spektakuläre Kulisse macht das Übernachten in der freien Natur zu einem unvergesslichen Erlebnis.

Fluss aufzuschlagen, wenn er jahreszeitlich bedingt Hochwasser führt. Ein Mindestabstand von 30 m ist daher unbedingt zu empfehlen. Aber auch dann sollte der Schlafplatz höher liegen. Zelten Sie nie in einem ausgetrockneten Flussbett – heftiger Regen könnte daraus über Nacht einen reißenden Bach machen.

Auch mit Wildwechsel muss man in der Nähe von Wasser rechnen, insbesondere in Trockengebieten. Die Tiere müssen eventuell direkt über Ihren Zeltplatz, um eine Wasserstelle zu erreichen.

Die Kochstelle sollte mindestens 30 m vom Zelt entfernt sein, um Essensgeruch darin zu vermeiden, außerdem kann Funkenflug das Zelt beschädigen.

ZELTEN IN WASSERNÄHE
Wenn Sie Ihr Zelt in Wassernähe aufschlagen, halten Sie etwas Sicherheitsabstand und achten Sie darauf, keine Trinkwasserquellen zu verschmutzen.

LAGERFEUER
Suchen Sie sich nach Möglichkeit einen Zeltplatz, an dem es bereits eine Feuerstelle gibt. Neue Feuerstellen schaden der Natur. Schlagen Sie Ihr Zelt zum Schutz vor Funken etwas entfernt von der Feuerstelle gegen den Wind auf.

SCHLECHTE PLÄTZE

Offene, feuchte oder windige Plätze sind ebenso wie Mulden und Talsohlen zum Zelten ungeeignet.

BÄUME

Bäume bieten einerseits Schutz, können andererseits aber auch eine Gefahr darstellen: z. B., wenn totes Holz herabfällt. Einzeln stehende Bäume auf windgepeitschten Ebenen sollte man besser meiden, vor allem, wenn sie sich bereits gefährlich neigen.

STEINSCHLAG

Achten Sie im Hochgebirge auf Stellen, die mit Gesteinsbrocken übersät sind. Sie weisen meist auf Steinschlaggefahr hin.

WIESEN

Wiesen sind empfindliche Ökosysteme und daher zum Zelten nicht geeignet. In der Nähe eines Wasserlaufs sind sie oft auch zu feucht.

TROCKENE FLUSSBETTEN

In einem ausgetrockneten Flussbett kann sich durch ein viele Kilometer entferntes Unwetter plötzlich ein reißender Strom bilden.

TALSOHLEN

Da kalte Luft schwerer ist als warme, sinkt sie nach unten und sammelt sich im Tal.

GEBIRGSKÄMME

An solch exponierten Stellen ist man Wind und Wetter schutzlos ausgeliefert.

GEBIRGSPÄSSE

Pässe sind regelrechte Windkanäle und eignen sich daher nicht zum Zelten.

Zelten

Es ist nicht schwierig, ein Zelt aufzubauen, doch jedes Modell funktioniert etwas anders. Vor der Wanderung sollen Sie Ihr Zelt übungshalber zunächst im Garten (oder im Wohnzimmer) aufschlagen – auch um zu überprüfen, ob alle Einzelteile vorhanden sind. Bewahren Sie die Aufbauanleitung auf.

AUFSCHLAGEN EINES GEODÄTISCHEN KUPPELZELTS

Wählen Sie eine möglichst ebene Stelle, und breiten Sie – sofern vorhanden –, zunächst die Bodenplane aus, um den Zeltboden vor scharfkantigen Steinen zu schützen. Viele Zelte werden mit passender Bodenplane geliefert und sind trotzdem sehr leicht. Eine zusätzliche Plane bietet noch mehr Schutz vor Feuchtigkeit.

1 Säubern Sie den Platz von Steinen oder Stöckchen, die den Zeltboden beschädigen könnten. Breiten Sie die Bodenplane aus, und stecken Sie vorsichtig das Gestänge zusammen (*kleines Bild*). Drücken oder ziehen Sie nicht mit Gewalt.

2 Schütteln Sie das Zelt aus, und breiten Sie es flach auf der Bodenplane aus. Schieben Sie das Gestänge nacheinander behutsam, ohne zu viel Druck auszuüben, durch die Kanäle, um den Stoff nicht zu beschädigen.

3 Wenn das Gestänge richtig sitzt, drücken Sie die Stangenenden nacheinander vorsichtig in die Befestigungsschlaufen – aber erst, wenn alle Stangen eingefädelt sind. Bei einem halb aufgerichteten Zelt kann sich die Stange sonst durch den Stoff bohren.

4 Fixieren Sie das Zelt mit Heringen. Auch ein freitragendes Zelt sollte sicher verankert werden, damit es stehen bleibt, während Sie das Außenzelt aufschlagen. Ist der Boden zu hart oder zu felsig für Heringe, knoten Sie die Abspannleinen an Felsbrocken oder umgestürzte Bäume.

ABSCHLAGEN EINES ZELTES

Vorsichtig vorgehen, damit der Stoff nicht reißt und das Gestänge nicht beschädigt wird.

- Säubern Sie zunächst Innen- und Außenseite des Zeltes gründlich.
- Ziehen Sie die Heringe des Außenzelts aus dem Boden, schlagen Sie es ab, und räumen Sie es weg. Wenn es feucht ist, schütteln Sie es kräftig aus.
- Ziehen Sie die Heringe des Innenzeltes aus dem Boden und die Stangen aus den Ösen.
- Schieben Sie die Gestängebogen vorsichtig als Ganzes aus den Kanälen (einzelne Segmente lassen sich nur schwer aus den Kanälen entfernen).
- Nehmen Sie die Gestängebogen vorsichtig auseinander, und klappen Sie sie zusammen.
- Überprüfen Sie, ob Gestänge und Heringe vollständig sind. Legen Sie das Zelt mit dem Außenzelt nach oben flach auf den Boden. Falten Sie es zweimal längs, legen Sie Gestänge und Heringe ans Ende, und rollen Sie das Zelt zusammen.

5 Bauen Sie das Außenzelt auf. Wenn es sich in der korrekten Position befindet, sichern Sie es entweder mit Ösen oder Schnallen (je nach Modell). Das Außenzelt darf das Innenzelt nicht berühren, sonst dringt Feuchtigkeit ein.

6 Fixieren Sie das Außenzelt mit Heringen. Es steht umso sicherer, je mehr Heringe Sie einschlagen. Eine stabile Verankerung ist gerade bei Sturm sehr wichtig. Öffnen Sie die Lüftungsöffnungen – sofern vorhanden – zur besseren Belüftung.

7 Schlagen Sie die Ränder der Bodenplane unter, damit sich bei Regen darauf kein Wasser sammelt, das ins Zelt eindringen und Ihre Sachen durchnässen kann.

AUFGESTELLTES ZELT

Die Form dieses Zeltes verdankt sich gekreuzten Gestängebogen, die den tragenden Rahmen bilden und es stabilisieren. Selbst ein Sturm kann es nicht umwerfen.

Campen ohne Zelt

Bei gutem Wetter ist es verlockend, ohne Zelt unter freiem Sternenhimmel zu übernachten. Wer viel frische Luft braucht, aber dennoch nicht auf etwas Privatsphäre und Geborgenheit verzichten möchte, kann entweder eine Schutzhütte suchen oder einfach improvisieren.

IN DER SCHUTZHÜTTE

Schutzhütten wie diese halb offene Hütte findet man an vielen Wanderwegen. Die meisten besitzen Haken zum Aufhängen der Ausrüstung zum Schutz vor Tieren. Da es sich um Gemeinschaftsunterkünfte handelt, muss man beim Eintreffen anderer Wanderer zusammenrücken.

GEMEINSCHAFTSUNTERKUNFT
Wer zuerst kommt, mahlt zuerst. In der Hauptsaison kann es hier eng werden. Nehmen Sie besser immer ein Tarp mit, um notfalls draußen zu übernachten.

AUFSCHLAGEN EINES TARPS

In relativ trockenen Gebieten mit wenig Regen und Insekten sind Tarps eine hervorragende Alternative zum Zelt. Fertige Tarps gibt es aus Rip-Stop-Nylon oder einem anderen wasserdichten, leichten Material. Eine Plane von 6 qm reicht für zwei Personen; bei 7 qm bringt man außerdem noch die Ausrüstung unter.

Wählen Sie einen großen, ebenen Platz mit festem Untergrund, um das Tarp aufzuschlagen. Mit Teleskop-Trekkingstöcken als Zeltstangen können Sie Kopf- und Fußhöhe variieren. Befestigen Sie an jedem Ende ein Seil, um das improvisierte Zelt zu stabilisieren.

Bei Sturm stellen Sie ein Ende des Tarps senkrecht in den Wind, und ziehen den Stoff bis zum Boden. Die windabgewandte Seite kann unten offen sein: Dies fördert die Luftzirkulation und man gewinnt außerdem an Nutzhöhe.

EIN TARP ALS ZELT
Dieser geräumige Unterstand bietet Schutz vor Wind und Regen, lässt aber viel frische Luft durch.

UNTERM STERNENHIMMEL

Suchen Sie sich einen bequemen, flachen, trockenen Schlafplatz. Eine Wiese oder ein anderer Untergrund, der nachts feucht wird, ist nicht geeignet.

Kleiden Sie sich so, dass Sie nachts im Schlafsack weder frieren noch schwitzen. Wenn man sämtliche Schlafsack-Reißverschlüsse zuzieht oder sich komplett bekleidet hineinlegt, haben zwar Insekten kaum eine Chance, doch man schmort unter Umständen im eigenen Saft und kann deshalb nicht schlafen. Stellen Sie besser ein paar Moskitospiralen in der Nähe auf, um Insekten fern zu halten.

Alles, was Tiere anlocken könnte – z.B. Lebensmittel – sollte weit entfernt vom Schlafplatz aufgehängt werden (*siehe* S. 99 und 219). Außerdem sollte man nicht in unmittelbarer Nähe kochen oder essen, da Essensgeruch Tiere anlockt.

UNTER FREIEM HIMMEL
In der freien Natur muss man auch nachts mit Insekten rechnen. Ein Schlafplatz auf einer leichten Anhöhe hat den Vorteil, dass der Wind lästige Mücken vertreibt.

Stellen Sie sich darauf ein, dass das Wetter in der Nacht plötzlich umschlagen kann. Taschenlampe und Regenschutz sollten für solche Fälle griffbereit sein.

SCHLAFEN IN DER HÄNGEMATTE

Eine Hängematte lässt sich überall aufhängen, wo es Bäume gibt – selbst wenn der Boden schlammig, schmutzig oder voller Geröll ist. Gut befestigt, verursacht sie fast keine Schäden, denn der Boden wird kaum in Mitleidenschaft gezogen. Am schonendsten für die Bäume sind Hängematten mit breiten Schlaufen, die nicht in die Rinde einschneiden (*siehe* S. 85).

Die Halteseile sollten vorne und hinten gleich lang sein und auf einer Höhe befestigt werden. Als Regenschutz kann ein Tarp über der Matte aufgehängt werden.

Zum Schlafen legt man eine Isoliermatte unter den Schlafsack, um Kälte von unten abzuhalten, sonst besteht die Gefahr, dass man sich selbst in einer lauen Nacht erkältet. Eine Unterlage mit Alu-Beschichtung reflektiert die Wärme. Man kann sie aus einer Schaumstoffmatte und Alufolie selbst herstellen. Eine Sonnenschutzfolie für die Windschutzscheibe erfüllt denselben Zweck.

IN DER HÄNGEMATTE
So genannte Traveller-Hängematten sind leicht und bequem. Manche besitzen einen Regenschutz.

Nahrung und Wasser

Wandern macht hungrig. Deshalb sollte man immer ausreichend Proviant dabei haben und seine Lebensmittel- und Wasservorräte unterwegs stets rechtzeitig auffüllen. Wenn Sie unterwegs kochen möchten, müssen Sie wissen, wie man Feuer macht oder mit einem Kocher umgeht.

Trinken ist wichtig

Beim Wandern ausreichend zu trinken verhindert Dehydrierung, hält den Elektrolythaushalt im Gleichgewicht und mindert das Risiko, höhenkrank zu werden. Bei längeren Wanderungen ist man oft darauf angewiesen, seinen Vorrat aufzufüllen und Wasser aus natürlichen Quellen zu entkeimen.

WASSERSTELLEN

Wanderführer und Karten enthalten normalerweise nur allgemeine Hinweise, wo Wasserstellen zu finden sind. Da diese oft von Niederschlägen abhängig sind, sollten Sie sich vor Ihrer Wanderung immer vor Ort informieren, ob die verzeichneten Reservoire ausreichend Wasser führen.

Grundsätzlich unterscheidet man Oberflächengewässer und Quellen. Quellwasser ist in der Regel am wenigsten mit Schadstoffen belastet. Fließende oder stehende Gewässer sind nicht ganz so unproblematisch. Ein Gebirgsbach, der sich aus einer nahen Quelle speist, ist dabei auf jeden Fall einem Teich im Tal vorzuziehen.

Quellen und Bäche, die während des ganzen Jahres Wasser führen, sind in den meisten Wanderführern erwähnt. Sie können sich also darauf einstellen, dass Sie Ihre Trinkflaschen dort problemlos auffüllen können. Träge oder spärlich sprudelnde Quellen deuten auf relative Trockenheit hin. Sie sollten daher jede Gelegenheit zum Trinken wahrnehmen und immer ein wenig mehr Wasser mitnehmen, als Sie bis zur nächsten verlässlichen Quelle wahrscheinlich brauchen werden. Seien Sie aber auch darauf vorbereitet, auf eine ausgetrocknete Quelle zu stoßen oder sich zu verirren (*siehe dazu* S. 204–205: *Trinkwasser finden und Wasser destillieren*).

WÜSTENLANDSCHAFT
Der Anblick täuscht: Die Seen im Death Valley (Kalifornien) sind fast alle Salzseen.

OBERFLÄCHENWASSER
Nehmen Sie sich immer Zeit, um Wasser zu entkeimen. Selbst schnell fließende, sauber wirkende Bäche oder eiskaltes Wasser können verschmutzt sein – mit bloßem Auge erkennt man das nicht unbedingt.

WASSERENTKEIMUNG

Wasser lässt sich auf zweierlei Art desinfizieren. Man kann es filtern, um Mikroorganismen und andere Verunreinigungen zu entfernen, und man kann es abkochen oder mit chemischen Mitteln entkeimen. Beim Filtern wird das Wasser durch winzige Poren gepresst. Schadstoffe und Verschmutzung bleiben an der Filteroberfläche hängen. Viren allerdings sind so klein, dass sie selbst die Poren eines Filters passieren können. Während in Industrieländern Viren im Wasser normalerweise kein Problem sind, sollte man in weniger entwickelten Gebieten der Erde die Gefahr für die Gesundheit nicht unterschätzen.

Chemische Präparate zur Wasserentkeimung bestehen meist aus Chlor und Silber. Jod als Entkeimungsmittel ist in Deutschland nicht erlaubt. Die Einwirkzeit liegt zwischen 30 Minuten und 4 Stunden. Durch diese Art der Desinfektion lassen sich auch Parasiten wie *Giardia lamblia* abtöten, ein Einzeller, der die Durchfallerkrankung Giardiasis auslöst und hauptsächlich in südlichen Ländern vorkommt. Meist wird er durch mit Fäkalien verunreinigtes Wasser übertragen.

WASSERVERBRAUCH

Wie viel Wasser Sie brauchen, hängt davon ab, wie groß bzw. wie schwer Sie sind, wie warm es draußen ist, auf welcher Höhe Sie sich befinden und wie stark Sie sich anstrengen. Nehmen Sie bei kühlem Wetter für eine Stunde Gehzeit mindestens einen Liter Wasser mit. Bei Hitze oder nur spärlich vorhandenen Wasserquellen richten Sie sich nach folgender Tabelle.

JAHRESZEIT	VERBRAUCH PRO TAG (MAX.)	VERBRAUCH PRO STUNDE
SOMMER	7 LITER	1 LITER
WINTER	4–5 LITER	1/2–1 LITER

SCHNEE SCHMELZEN

Im Winter oder in Hochlagen gibt es Wasser in Hülle und Fülle – in gefrorener Form.

- **Essen Sie keinen Schnee,** um Ihren Durst zu stillen – er senkt lediglich die Körpertemperatur, löscht aber nur unzureichend den Durst. Nutzen Sie Schnee nur in geschmolzener Form.
- **Schmelzen Sie nur Schnee** aus weitläufigen, sauberen Schneefeldern. Verwenden Sie keinen Schnee, in dem Tierspuren zu erkennen sind.
- **Füllen Sie Schnee** in saubere schwarze Mülltüten (die Wärme absorbieren), und lassen Sie ihn in der Sonne schmelzen.
- **Schneller geht es** mit dem Kocher. Entzünden Sie den Kocher, und erhitzen Sie mindestens einen Becher Wasser im Topf (gibt man Schnee direkt in den heißen Topf, geht er kaputt).
- **Fügen Sie** einen Becher Schnee nach dem anderen zu. Warten Sie jedes Mal, bis der Schnee geschmolzen ist.
- **Gießen Sie das Wasser** aus dem Topf in einen dunklen Wasserbeutel.
- **Legen Sie** diesen Beutel in die Sonne, die das Wasser auf eine angenehme Trinktemperatur erwärmt.

SCHNEE SCHMELZEN

Ergänzen der Nahrungsmittelvorräte

Als Proviant beim Wandern eignen sich vor allem haltbare Lebensmittel, die einfach einzupacken sind und wenig wiegen. Meist muss man die Vorräte unterwegs noch ergänzen, wobei die Auswahl oft begrenzt ist. Flexibilität ist sowohl beim Einkaufen als auch beim Kochen gefragt.

GRUNDNAHRUNGSMITTEL

Reis, Nudeln und verschiedene Getreidesorten bilden die Grundlage für die Outdoor-Küche und sind fast überall erhältlich. Da sie wenig Wasser enthalten, sind sie leicht und lange haltbar. Püreepulver ist z. B. sehr populär und kann mit vielen Lebensmitteln kombiniert werden. Ideal sind Mahlzeiten, die sich ohne viel Aufwand zubereiten lassen.

UNTERWEGS EINKAUFEN

Im Ausland kann es schwierig sein, Lebensmittel anhand der Verpackung zu identifizieren, vor allem, wenn Sie die Landessprache nicht beherrschen. Informieren Sie sich vor dem Beginn Ihrer Wanderung über die Grundnahrungsmittel in Ihrem Zielland. Reis und Nudeln sind überall erhältlich. Lassen Sie sich bei Ihnen unbekannten Lebensmitteln gege-

NAHRUNGSMITTEL FÜR WANDERER

GRUNDNAHRUNGSMITTEL

Haltbare Lebensmittel kann man für eine Wanderung in fest verschlossenen, trockenen Behältern mitnehmen. Nehmen Sie solche mit kurzen Garzeiten, um Brennstoff zu sparen. In kühleren Regionen lassen sich manche verderblichen Lebensmittel ein paar Tage lang in Beuteln mit Zipp-Verschluss lagern. Verstauen Sie sie in der Mitte des Rucksacks.

Haltbar		Verderblich	
	**Reis** Geschälter Instant-Reis ist weniger nahrhaft als Naturreis, dafür aber schnell gar		**Salami** Hartsalami ist aber selbst bei heißem Wetter relativ haltbar
	**Getreideflocken** Getreideflocken mit Milchpulver bestreuen und mit heißem Wasser übergießen		**Würstchen** Dauerwurst hält länger als Frischware
	**Sardinen** Büchsensardinen halten sehr lange. Wählen Sie Büchsen mit Dosenöffner.		**Käse** Hartkäse ist haltbarer als Weichkäse

ZELTEN OHNE KOCHER

Manche Wanderer nehmen bei heißem Wetter keinen Kocher mit und essen abends kalt. Doch die Gewichtsersparnis ist oft gar nicht so groß, denn frische Lebensmittel, die kalt verzehrt werden können, sind normalerweise schwerer als getrocknete Produkte zum Kochen. Auf einen Kocher zu verzichten ist daher nur bei kurzen Wanderungen empfehlenswert.

- Trockenobst
- Trockenfleisch
- Nüsse
- Erdnuss- oder Nussnugatcreme
- Trockenhefe
- Dosenfleisch und -fisch
- getrocknete Bohnen
- Käse
- Aufguss-Menüs für kaltes Wasser
- Frisches Obst
- Vollkornbrot
- Salzgebäck
- Müsliriegel
- Rohkost (Karotten, Blumenkohl, Brokkoli, Sellerie)

IM AUSLAND EINKAUFEN
Obst ist zwar meist sperrig und schwer, aber überall erhältlich und es muss nicht gekocht werden. Orangen und Bananen beispielsweise muss man auch nicht waschen – was Wasser spart.

benenfalls die auf der Verpackung aufgedruckte Kochanweisung erklären oder übersetzen. In Bioläden oder Reformhäusern finden Sie gesunde Instant-Mahlzeiten und -Suppen.

EINKAUFEN IN ENTWICKLUNGSLÄNDERN

In Entwicklungsländern sind fertig verpackte Lebensmittel oft kaum oder gar nicht zu bekommen. Was an Nahrungsmitteln angeboten wird, ist Westeuropäern unter Umständen gänzlich unbekannt.

Frisches Obst und Gemüse gibt es in tropischen Ländern meist in Hülle und Fülle, doch man sollte es unbedingt waschen und schälen. Kaufen Sie Getränke nur in Flaschen oder Dosen mit intaktem Verschluss. Öffnen Sie die Behälter immer selbst, und kühlen Sie die Getränke niemals mit Eis.

RESTAURANTBESUCHE IN EXOTISCHEN LÄNDERN

Einheimische sind gegen Krankheitserreger oft immun, die für Touristen gefährlich werden können. Außerdem lassen die Hygienestandards manchmal sehr zu wünschen übrig. Wählen Sie im Restaurant immer frisch zubereitete Mahlzeiten. Wenn Sie dem Koch über die Schulter schauen können, umso besser! Benutzen Sie möglichst Ihr eigenes Besteck und Ihren eigenen Becher, die Sie in entkeimtem Wasser spülen.

WICHTIGE TIPPS

NICHT RATSAM

Meiden Sie sehr fetthaltige Lebensmittel, insbesondere Milchprodukte und Fleisch, die bei heißem Wetter schnell verderben und womöglich mit ranzigem Fett zubereitet wurden. Von zu viel Obst bekommt man leicht Durchfall. Verzichten Sie auf Salat, er könnte schadstoffbelastet oder mit verunreinigtem Wasser gewaschen worden sein.

SICHERHEIT

HAUSHALTEN

Untersuchungen zeigten, dass Wanderer eher durch unhygienische Koch- und Essgewohnheiten als durch verunreinigtes Wasser erkranken. Halten Sie deshalb Ihre Kochutensilien und Ihr Geschirr sauber:

- Waschen Sie sich die Hände, bevor Sie Lebensmittel anfassen, zubereiten und essen.
- Teilen Sie weder Besteck noch Geschirr.
- Kochen Sie Wasser, das Sie zum Garen verwenden, ab. Wenn Sie eine Suppe mit kaltem Wasser anrühren, sollte das Gericht vor dem Essen mindestens noch eine Minute kochen.
- Benutzen Sie zum Spülen immer abgekochtes oder auf andere Art entkeimtes Wasser.
- Verwenden Sie eine biologisch abbaubare Seife zum Spülen. Scheuern Sie Töpfe mit einem kleinen Schwamm, Sand oder Kies.
- Spülen Sie Ihre Wasserflaschen regelmäßig mit desinfiziertem Wasser aus, und reinigen Sie die Flaschenhälse gründlich.

Kochen auf dem Campingkocher

Ein Kocher ist innerhalb weniger Minuten einsatzbereit – viel schneller als ein Lagerfeuer. Doch Kocher erfüllen ihren Zweck nur bei sachgemäßem Umgang. Einen neu erworbenen Kocher sollten Sie zu Hause ausprobieren, ehe Sie ihn auf eine Wanderung mitnehmen, damit Sie wissen, wie er funktioniert. So verlieren Sie unterwegs keine Zeit, wenn Ihnen schon der Magen knurrt.

EINEN KOCHER OPTIMIEREN

Mit ein paar simplen Tricks lässt sich die Garzeit von Gerichten verringern und Brennstoff sparen. Garen Sie das Kochgut immer mit Deckel, damit die Hitze im Topf bleibt. Bei manchen Geschirr-Sets lassen sich die Topfdeckel auch als Bratpfannen verwenden. Deckel können auch zum Warmhalten von Soßen dienen, während im Topf Nudeln garen. Auch Hitzereflektor, Windschutz oder Wärmetauscher sparen Energie.

WINDSCHUTZ
Bei Sturm muss die Flamme vor Wind geschützt werden. Manche Kocher-Sets werden mit Windschutz geliefert, er ist aber auch einzeln erhältlich.

HITZEREFLEKTOR
Eine Aluminiumfolie reflektiert die nach unten abgestrahlte Wärme und trägt so zur Erhitzung des Topfs bei. Hitzereflektoren sind leicht und einfach zu verstauen.

WIE MAN EINEN GASKOCHER BENUTZT

Achten Sie darauf, die richtige Kartusche zu kaufen. Fixieren Sie die Kartusche am Kocher, und entzünden Sie ihn. Manche Kocher sind selbstentzündend, die Zündung kann sich aber abnutzen.

1 Stellen Sie den Kocher auf eine stabile Unterlage mit guter Luftzufuhr. Drehen Sie das Ventil auf, damit Gas zum Brenner strömen kann.

2 Halten Sie den Kocher mit einer Hand fest, und drücken Sie den Zündknopf. Der Brennstoff sollte sich entzünden. Regulieren Sie die Flamme.

WIE MAN EINEN VIELSTOFFKOCHER BENUTZT

Die verschiedenen Kochermodelle weisen zwar leichte Unterschiede auf, doch die Grundfunktionen sind fast immer gleich. Der Brennstoff strömt von der Flasche zum Brenner und wird dort entzündet.

1 Setzen Sie die Brennstoffflasche mit Hilfe der Pumpe unter Druck. Nach 20-maligem Pumpen (bei halbleeren Flaschen dauert es länger) sollten Sie Widerstand spüren – die Flasche steht unter Druck.

2 Öffnen Sie das Kontrollventil, damit Flüssigbrennstoff in die Vorheizschale fließt. Wenn sie halb voll ist, drehen Sie das Ventil wieder zu. Der Brennstoff muss sich in der Vorheizschale sammeln, sonst hat der Schlauch ein Leck.

3 Entzünden Sie den Brennstoff mit einem Streichholz oder Feuerzeug. Es kann sein, dass eine Stichflamme entsteht. Warten Sie, bis die Flamme kleiner wird und sich blau verfärbt. Man hört ein charakteristisches Surren.

4 Öffnen Sie das Ventil, um die Brennstoffzufuhr zu erhöhen. Die Flamme sollte gleichmäßig und leise vor sich hinbrennen. Flackert sie, erhöhen Sie den Druck in der Flasche, indem Sie noch ein paar Mal pumpen (*siehe* Schritt 1).

WICHTIGE TIPPS

Um den Kocher anzuzünden, müssen Streichhölzer oder Feuerzeuge auch bei feuchtem Wetter zuverlässig funktionieren.

- Nehmen Sie wasserfeste Sturmstreichhölzer mit.
- Wenn Sie normale Streichhölzer mitnehmen, imprägnieren Sie die Köpfe mit Paraffin oder Wachs. Vor dem Anzünden schaben Sie das Wachs ab.
- Wenn die Streichhölzer nass sind, können Sie im Notfall mit Hilfe einer Lupe, z.B. am Kompass, ein Feuer entzünden.

ZUR SICHERHEIT

Bei sachgemäßem Betrieb sind Kocher eine sichere Angelegenheit. Beachten Sie folgende Hinweise:

- **Inspizieren Sie** Ihren Kocher vor einer Wanderung, und halten Sie sich bei Gebrauch, Wartung und Reinigung immer an die Anweisungen des Herstellers.
- **Kochen Sie niemals** im Zelt. Die Flamme kann außer Kontrolle geraten und den Stoff entzünden. Außerdem besteht die Gefahr einer Kohlenmonoxidvergiftung.
- **Bevor Sie den Topf** aufsetzen, vergewissern Sie sich, dass der Kocher sicher und stabil steht. Verwenden Sie keinen zu großen Topf – ein 2-Liter-Behälter ist das Maximum für die meisten kleinen Campingkocher.
- **Benutzen Sie nur** den vom Hersteller empfohlenen Brennstoff.
- **Markieren Sie** Ihre Brennstoffflasche, damit sie nicht mit der Wasserflasche verwechselt werden kann.
- **Die Brennstoffflasche** muss dicht sein.
- **Füllen Sie die Flasche** nicht bis zum Rand, damit Sie besser pumpen und mehr Druck erzeugen können.
- **Stichflammen** und gelbe Flammen weisen darauf hin, dass der Kocher nicht richtig funktioniert.
- **Lassen Sie** den Kocher ganz abkühlen, bevor Sie ihn das nächste Mal entzünden.
- **Lassen Sie** den Kocher abkühlen, bevor Sie ihn reinigen.

Feuer machen

Immer weniger Wanderer kochen über einem offenen Feuer, seit es Kocher gibt. In ökologisch sensiblen Gebieten ist das Anzünden eines Lagerfeuers oft verboten. Doch ein Feuer spendet Wärme und kann bei einem Unfall als Notsignal dienen. Deshalb sollte man wissen, wie man Feuer macht.

BRENNMATERIAL AUFSCHICHTEN

Um ein Feuer in Gang zu bringen, braucht man trockenes Brennmaterial: Zunder, kleine Zweige und dickere Äste. Vor dem Anzünden sollten Sie genug Material sammeln und der Größe nach sortieren. »Füttern« Sie das Feuer nicht zu schnell, sondern nur nach und nach.

1 Wenn bereits eine Feuerstelle existiert, legen Sie keine neue an. Andernfalls säubern Sie zunächst den Boden von brennbarem Material. Besteht der Untergrund aus Gras, stechen Sie mit einem Messer oder Klappspaten ein Stück der Narbe aus, um sie später wieder einzusetzen. Umgeben Sie die Feuerstelle mit einem Steinwall, und schichten Sie Zunder zu einem kleinen Häufchen auf.

2 Über dem Zunder errichten Sie einen kleinen Kegel aus etwa stiftlangen Stöckchen. Beginnen Sie mit zwei gegabelten Zweigen, die einander gut ausbalancieren und einen stabilen Rahmen bilden. Dieser Aufbau hat den Vorteil, dass selbst feuchte Stöckchen problemlos Feuer fangen: Die vom brennenden Zunder aufsteigende Hitze trocknet sie, ehe sie sich entzünden.

3 Legen Sie drei mittelgroße Steine (von der Größe einer Grapefruit) um den Stapel. Sie dienen als Untersatz für den Topf. Nehmen Sie dazu niemals Steine aus einem Flussbett; sie könnten nass sein und bersten, wenn sie heiß werden. Sofern Sie noch Zunder, z. B. Rinde oder Kiefernnadeln, übrig haben, verteilen Sie ein wenig davon um den Holzstapel.

ZUNDER

Zunder ist die Basis eines Lagerfeuers. Er besteht aus schnell entflammbarem Kleinmaterial – Rinde, Kiefernnadeln, trockenen Spänen, kleinen Zweigen, Moos, Gras oder Papier. Diese Materialien brennen lange genug, um Reisig und größere Zweige zu entzünden. Den ersten Holzkegel sollten Sie mit maximal bleistiftdicken Stöckchen errichten. Dickere Holzscheite und Äste erzeugen beim Verbrennen kräftige, anhaltende Hitze.

ZUNDER

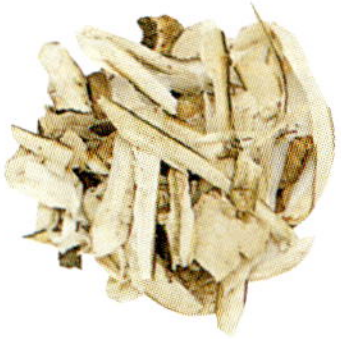

SPÄNE

ZWEIGE

ÄSTE

ANZÜNDER

Außer Sturmstreichhölzern und einem Feuerzeug sollten Sie eine kleine Menge schnell brennbares Material dabei haben, um ein Feuer in Gang zu bringen.

- Zerknülltes Papier
- Gewachste, zerkleinerte Milchkartons
- Geburtstagskerzen
- Paraffingetränkte Feueranzünder
- Selbst gemachte Kugeln aus Sägemehl und Wachs
- Flusen aus den Taschen Ihrer Kleidung
- Mit Vaseline bestrichene Baumwolle

4 Schichten Sie weitere Zweige auf. Der kräftigste Stock sollte nicht dicker sein als Ihr Daumen und nicht länger als 30 cm. Der Stapel sollte an einer Seite offen sein, damit Sie ihn mit Streichholz oder Feuerzeug anzünden und Zunder nachlegen können.

5 Entflammen Sie den Zunder unter den Zweigen. Sobald er Feuer gefangen hat, legen Sie Reisig und Zweige nach. Erst wenn der Holzstapel eingestürzt ist, setzen Sie den Topf auf die Steine. Über der brennenden Glut können Sie jetzt kochen.

ANGELEGTE FEUERSTELLE

Nutzen Sie vorhandene Feuerstellen! viele Feuerstellen auf engem Raum sind nicht gerade ein schöner Anblick. Die Steine halten das Feuer in Schach.

Ein Steinwall schützt das Umfeld der Feuerstelle

TIPPS

Bei Sturm oder nach Dauerregen ist es schwierig, ein Feuer anzuzünden.

- Suchen Sie eine möglichst windgeschützte Feuerstelle.
- Trockenes Holz findet man am ehesten in Stammnähe.
- Entrinden Sie nasse Äste, und hobeln Sie vom trockenen Holz Späne ab.
- Sammeln Sie etwas mehr Zunder, als Sie brauchen.

SICHERHEIT

Viele Waldbrände entstehen durch außer Kontrolle geratene Lagerfeuer.

- Trockenes, windiges Wetter ist extrem gefährlich. Ein Feuer darf nur im Notfall entzündet werden. Legen Sie die Feuerstelle auf der Leeseite eines Felsens an, und halten Sie das Feuer so klein wie möglich.
- Legen Sie die Feuerstelle auf einem sandigen oder steinigen Untergrund an, und entfernen Sie zuvor großräumig jegliches brennbare Material wie Kiefernnadeln und Zweige.
- Achtung: Überhängende Zweige fangen leicht Feuer.
- Halten Sie das Feuer klein – die aufgelegten Äste sollten nicht länger als Ihr Unterarm sein.
- Manche Hölzer sprühen heftig Funken. Legen Sie die Feuerstelle in ausreichender Entfernung vom Zelt an, und bringen Sie den Schlafsack in Sicherheit.
- Stellen Sie immer einen Topf Wasser neben das Feuer. Lassen Sie ein Feuer nie unbeaufsichtigt.
- Um das Feuer zu löschen, ersticken Sie es mit Sand, Erde und Wasser.

Nahrung aus der Natur

Die meisten Wanderer kennen zwar Wildpflanzen, allerdings kaum als zuverlässige Nahrungsquelle. Um essbare Pflanzen und Früchte überhaupt zu finden, muss man ihren Lebensraum kennen. Es ist lebenswichtig, dass man sie eindeutig identifizieren kann. Niemals großflächig abernten!

ESSBARE PFLANZEN

Viele Pflanzen sind ganz oder teilweise essbar. Wilden Schnittlauch (ein Zwiebelgewächs) kann man zum Würzen von Soßen verwenden. Zarte junge Pflanzen wie Löwenzahn, Sauerampfer oder Huflattich eignen sich für Suppe oder Gemüse. Im Sommer ist Beerenzeit. Zum Müsli sind sie eine köstliche Ergänzung.

Speisepilze sind eine schmackhafte Zutat für selbst zubereitete Soßen – aber nur, wenn Sie die Pilze zuverlässig bestimmen können. Morcheln, Wiesenchampignons und Schopftintlinge sind weit verbreitet und leicht zu erkennen, doch schon beim geringsten Zweifel sollten Sie die Finger davon lassen. Generell sollten Sie nichts essen, was Sie nicht eindeutig als essbar identifizieren können.

JUNGE PFLANZEN

Junge Triebe und Blätter sind nährstoffreicher und nicht so faserig und hart wie alte.

HEIDELBEEREN

KULTURHEIDELBEEREN

WILDER SCHNITTLAUCH

BAMBUSWURZEL

WILDE MÖHRE, WURZEL UND BLÜTENSTAND

LÖWENZAHNBLATT

SPEISEMORCHEL

ESSBAR ODER NICHT?

Der ultimative Bekömmlichkeitstest sollte nur im äußersten Notfall durchgeführt werden. Er dauert mindestens 24 Stunden, denn Sie müssen alle Pflanzenteile testen. **1** Riecht die Pflanze streng oder scharf? **2** Legen Sie sie auf die Haut. Bildet sich nach etwa 15 Minuten ein Ausschlag? **3** Fasten Sie 8 Stunden lang. **4** Legen Sie die Pflanze an die Lippen (3 Minuten) und auf die Zunge (15 Minuten). Brennt es? **5** Kauen Sie eine winzige Menge, und behalten Sie sie 15 Minuten lang im Mund. **6** Wenn keine Reizung auftritt, schlucken Sie den Bissen. Warten Sie 8 Stunden. **7** Falls Beschwerden ausbleiben, essen Sie erneut davon. **8** Falls nach 8 Stunden keine Beschwerden auftreten, ist die Pflanze wahrscheinlich verträglich.

Schneiden Sie die Pflanze auf, und riechen Sie daran

ESSBAR ODER NICHT?

UNGENIESSBARE PFLANZEN

Verzehren Sie niemals eine Pflanze, die Sie nicht eindeutig als essbar identifizieren können, und beachten Sie, dass manche Pflanzen nur in bestimmten Stadien ihrer Entwicklung genießbar sind. Essen Sie niemals weiße Beeren – fast alle sind giftig.

Wenn Sie Wildpflanzen essen wollen, prägen Sie sich ihr Aussehen ein und merken Sie sich, was sie von giftigen Exemplaren unterscheiden. Manche Speisepilze sehen Giftpilzen zum Verwechseln ähnlich. Das kann tödliche Folgen haben. Verzehren Sie auf keinen Fall Pilze, die wie Wiesenchampignons aussehen, aber im Wald wachsen. Es handelt sich meist um hochgiftige Knollenblätterpilze.

Manche Farne sind giftig

WURMFARN

Tödlich giftig. Fassen Sie diesen Pilz niemals an

KNOLLENBLÄTTERPILZ

Die meisten weißen Beeren sind giftig

WEISSE BEEREN

GIFTIGE PFLANZEN

Vorsicht: In den gemäßigten Breiten sehen zahlreiche giftige Pflanzen essbaren Wildpflanzen zum Verwechseln ähnlich.

ANGELN

Seen, Flüsse und das Meer sind gute Nahrungsquellen. Wenn Sie gerne frischen Fisch essen, planen Sie Ihre Etappe so, dass Sie angeln können. An manchen Küsten lassen sich körbeweise Miesmuscheln oder andere Schalentiere ernten. Bevor Sie damit beginnen, sollten Sie sich erkundigen, ob man eine Genehmigung braucht. Informieren Sie sich, ob Fische und Schalentiere aus einem Gewässer bedenkenlos gegessen werden können. In manchen Regionen ist das Wasser stark schadstoffbelastet.

MIESMUSCHELN

JAGEN

Für Wanderer ist Jagen und Fallen stellen kaum machbar. Sie können ihre Beute nicht mit geschultertem Rucksack verfolgen und wenn sie rechtzeitig den nächsten Campingplatz erreichen wollen, haben sie keine Zeit zu warten, bis ein Tier in die Falle gegangen ist. Jagen darf man in vielen Ländern ohnehin nur zu bestimmten Jahreszeiten und mit Genehmigung. Nach einem anstrengenden Wandertag haben die meisten Menschen ohnehin keine Energie mehr, auf die Pirsch zu gehen – vorausgesetzt, es ist überhaupt erlaubt.

Umweltbewusst zelten

Wandern ist heute weltweit beliebt. Beeinträchtigungen der Umwelt können da nicht ausbleiben. In manchen Regionen haben Besuchermassen Spuren der Verwüstung hinterlassen und sogar Wasserquellen verunreinigt. Dabei erfordert umweltbewusstes Verhalten nur etwas Disziplin.

Grundregeln

Die erste Grundregel des Wanderns lautet: Verlassen Sie einen Ort so, wie Sie ihn vorgefunden haben oder, besser noch, in saubererem Zustand.

Besondere Sorgfalt ist im Hinblick auf die Hygiene und den Zeltplatz angebracht. Lagerfeuer schaden der Natur, vor allem in waldarmen Regionen.

VERHALTEN SIE SICH UMWELTBEWUSST!
Informieren Sie sich gründlich über Ihr Zielgebiet, ehe Sie zu einer Wanderung aufbrechen. Ohnehin ist es ratsam, in der Hochsaison ausgetretene Touristenpfade zu meiden und auf Nebenstrecken auszuweichen, die ein ähnlich schönes Naturerlebnis bieten können – allerdings ohne Menschenmassen. Wandern Sie dort nur in kleinen Gruppen, um die Umwelt zu schonen.

Weichen Sie nicht vom Weg ab – z. B., um Serpentinen abzukürzen – das schädigt die Natur und kann zu Erosion führen. Auf schlammigem Untergrund sollten Sie sich in der Mitte des Pfades halten, statt zur Seite auszuweichen und so den matschigen Pfad zu verbreitern. Schlagen Sie Ihr Zelt immer auf einem robusten, stabilen Untergrund auf.

Vor der Wanderung sollten Sie sich nach Vorschriften bzw. Genehmigungen erkundigen, und ob Feuer erlaubt ist.

UMWELTSCHONEND ZELTEN
Harter, kahler Boden wird durch ein Zelt nicht beschädigt.

AUF MARKIERTEN WEGEN BLEIBEN
Die Natur beliebter Wanderregionen ist großen Belastungen ausgesetzt. Bleiben Sie auf den Wegen, und nehmen Sie keine Abkürzungen.

Benutzen Sie besser einen Kocher, und verzichten Sie insbesondere in sensiblen Gebieten, z. B. Wüsten und Hochgebirgstundra, gänzlich auf Feuer. Auch bei Sturm sollten Sie in trockenen Regionen kein Feuer anzünden. Hinterlassen Sie keinerlei Müll. Selbst wenn Sie ihn vergraben, wird er von Tieren oft aufgestöbert und überall verteilt.

Nehmen Sie nichts mit, auch nicht, wenn es sich als Souvenir eignen würde, etwa alte Versteinerungen oder Zeugnisse früher Kulturen. Sich daran zu erfreuen sollte auch anderen Wanderern möglich sein. Zelten Sie nicht auf Wildwechseln oder in der Nähe von Wasserstellen, die regelmäßig von Tieren aufgesucht werden (insbesondere in trockenen Gebieten). Wilde Tiere darf man niemals füttern. Zum einen sind unsere Lebensmittel, besonders in gekochter Form, für Wildtiere unverträglich oder sogar tödlich. Zum anderen gewöhnen sie sich schnell daran, gefüttert zu werden und können sich nicht mehr selbst versorgen, wenn das Futter ausbleibt.

SITTEN UND GEBRÄUCHE

Wenn Sie ins Ausland reisen, achten Sie darauf, nicht unabsichtlich ins Fettnäpfchen zu treten. An Stätten von religiöser Bedeutung sollte man besonders achtsam sein. Beim Wandern über Privatgelände ist es wichtig, auf dem Weg zu bleiben und Gatter zu hinterlassen, wie man sie vorgefunden hat. Verhalten Sie sich rücksichtsvoll und handeln Sie nach dem Motto: Eindrücke sammeln und nichts als Fußabdrücke hinterlassen.

SO BLEIBT DER ZELTPLATZ SAUBER

Hinterlassen Sie Ihre Zeltplätze, wenn möglich, sauberer, als Sie sie vorgefunden haben, und nehmen Sie Ihren gesamten Abfall mit. Wenn Sie eine Feuerstelle anlegen, setzen Sie hinterher ausgestochene Grassoden wieder ein. Eine bereits vorhandene Feuerstelle sollten Sie anschließend gründlich und großflächig säubern. Lassen Sie auch keine Lebensmittelreste zurück.

EINIGE GRUNDREGELN

SAUBERES WASSER

Durch die eigene Körperhygiene die Natur nicht zu beeinträchtigen, erfordert unterwegs etwas Umsicht:

- Benutzen Sie biologisch abbaubare Seife.
- Baden Sie in Bächen und Seen, aber nicht in Quellen, aus denen andere Wasser entnehmen. Schlucken Sie dabei möglichst kein Wasser, es könnte verunreinigt sein.
- Wenn Sie Seife zum Waschen benutzen, entnehmen Sie mit einem Behälter Wasser aus der Wasserstelle und waschen Sie sich in einiger Entfernung. Verteilen Sie das Waschwasser später über eine möglichst große Fläche.

HYGIENE

Umweltschonende Körperhygiene ist nicht schwierig.

- Wenn Sie in einer kleinen Gruppe unterwegs sind und auf die Toilette müssen, graben Sie mit einem kleinen Spaten ein etwa 15 cm tiefes Loch in den Boden, in das Sie defäkieren können. Danach bedecken Sie es mit Erde. Es sollte mindestens 90 m von der nächsten Wasserquelle entfernt sein.
- Größere Gruppen können sich ein großes Loch teilen. Es sollte außer Sichtweite vom Camp und mindestens 90 m von der nächsten Wasserstelle entfernt sein und im Windschatten der Zelte liegen. Man kann es auch mit Ästen abschirmen. Nach jedem Gebrauch werden die Fäkalien mit Erde bedeckt, um Geruch zu vermeiden.
- Benutzte Hygieneartikel sollten Sie in fest verschließbare Beutel stecken und mitnehmen oder an Ort und Stelle verbrennen.

TIPPS FÜR DEN NOTFALL

Gekonnt improvisieren

Um mit unvorhergesehenen Situationen fertig zu werden, braucht man Flexibilität und Erfahrung – die Fähigkeit, sich mental und praktisch auf Unerwartetes einzustellen. Zunehmendes Know-how stärkt das Selbstvertrauen, sodass Sie sich schon bald in fast jeder Lage zurechtfinden werden.

Im Freien übernachten

Ein plötzlicher Sturm, eine Verletzung oder die Tatsache, dass man sich vollkommen verirrt hat – es gibt viele Gründe, die einen zu einer ungeplanten Übernachtung im Freien zwingen können. Wer weiß, wie man einen Unterstand findet oder errichtet, kann sich bis zum Eintreffen von Rettungskräften oder bis zum Tagesanbruch relativ gut schützen. Wenn Sie verletzt und allein sind, müssen Sie die wichtigsten Notsignale kennen.

NATÜRLICHE ZUFLUCHT

Im Notfall sollte man einen geschützten Ort suchen, an dem man mit Isoliermatte und Schlafsack übernachten kann. Wenn Sie sich an einem baumlosen Hang befinden, steigen Sie möglichst ab. Bäume, Felsbrocken oder Steinhaufen sind natürliche Windbarrieren.

SCHÜTZENDES BLÄTTERDACH
Immergrüne Bäume bieten einen guten Regenschutz. Achten Sie darauf, dass keine Bodenfeuchtigkeit in den Schlafsack eindringen kann.

EIN LEAN-TO ERRICHTEN

Als »Notunterkunft« können Sie ein Lean-to, eine Art Unterschlupf aus Materialien der Umgebung, z. B. aus Ästen konstruieren, die an einen kräftigen gefällten oder umgestürzten Baum gelehnt werden. Belaubte Zweige werden mit diesen Ästen verflochten oder mit einem Seil bzw. einer Schnur fixiert. Unter dem Blätterdach sind Sie zumindest einige Zeit vor Nässe einigermaßen geschützt. Je dicker die Blätterschicht, desto besser hält sie Regen ab. Ein Lean-to ist allerdings nicht windstabil, eignet sich also nur für windgeschützte Stellen.

Mit Müllbeuteln oder Rettungsdecken lässt sich das Lean-to zusätzlich abschirmen. Auch herumliegende Pappe, Plastikplanen oder Wellblechreste lassen sich einbauen. Wenn Sie unter das Blätterdach kriechen, sollten Sie Ihre Regenkleidung überziehen, um Ihre wärmende Kleidung vor Nässe zu schützen und so Unterkühlung vorzubeugen.

EIN LEAN-TO ERRICHTEN
Ein Lean-to ist sicher keine Luxusunterkunft, bietet aber effektiven Schutz im Notfall.

SCHUTZ GEGEN SCHNEE

Schnee und Kälte zehren an den Kräften. Gerät man dann noch in eine Notlage, bleibt nur wenig Zeit, um sich in Sicherheit zu bringen. Man sollte sich daher auf möglichst einfache Art zu schützen versuchen. Der Wind lässt sich beispielsweise mit einer Mauer aus Schneeblöcken abhalten, hinter der Sie Ihr Zelt aufschlagen oder mithilfe eines Tarps oder einer Rettungsdecke eine Notunterkunft errichten. Dazu befestigen Sie diese mit Schnee auf der windabgewandten Seite der Mauer.

Direkten Bodenkontakt sollten Sie unbedingt vermeiden, versuchen Sie Ihren Körper so gut es geht zu isolieren (mit Kleidung, Isomatte, Packsäcken, einem Müllbeutel, einem Rucksack, belaubten Zweigen o. Ä.). Einen Unterschlupf im Schnee bieten auch folgende Schutzvorrichtungen:

ÜBERDACHTER SCHNEEGRABEN

Heben Sie im Schnee eine Grube aus, und decken Sie diese mit einer Decke oder einem Müllsack ab (ein Luftloch freilassen!). Die Grube schützt in einer klaren, kalten Nacht vor Wind. Bei Schneefall kann das Dach aber einbrechen.

SCHNEEFREIE STELLEN

Oft ist der Boden unter Bäumen fast schneefrei, insbesondere am Fuß großer Nadelbäume. Die unteren Äste bilden eine Art natürliches Dach, das Wind und Schnee abhält.

SCHNEEHÖHLE

In größere Schneeverwehungen kann man eine Höhle graben. Arbeiten Sie sich von unten nach oben durch den Schnee, und weiten Sie den entstehenden Raum zu einer Höhle. Der Schlafplatz sollte möglichst weit oben liegen. Bohren Sie Löcher in die Decke für die Sauerstoffzufuhr und verschließen Sie das Eingangsloch hinter sich mit Schnee.

NOTSIGNALE

Notsignale können nur bei freier Sicht empfangen werden. Idealerweise markiert man den Weg zu seinem Unterstand mit hellen Ausrüstungsgegenständen.

SIGNALFEUER

Ein rauchendes Feuer ist meilenweit sichtbar. Um die Rauchbildung zu verstärken, legen Sie feuchtes Holz oder Gras auf.

SIGNALSPIEGEL

Halten Sie den Spiegel gegen die Sonne, und kippen Sie ihn vor und zurück, sodass die Reflexionen von unterschiedlichen Punkten, eventuell auch von einem Flugzeug aus sichtbar sind.

SIGNALFARBE ORANGE

Die Farbe orange und die Zahl drei gelten als Notsignale. Stapeln Sie orangefarbene Ausrüstungsgegenstände an einem gut einsehbaren Platz auf, oder errichten Sie drei Haufen.

BODEN-LUFT-SIGNALE

Legen Sie mit hellen Gegenständen, Zweigen oder Steinen große Symbole auf den Boden. Internationale Boden-Luft-Signale sind u. a. »I« für »ernste Verletzung« und »F« für »Brauche Nahrung und Wasser«.

SIGNALPFEIFE

Melden Sie SOS, indem Sie dreimal kurz, dreimal lang und wieder dreimal kurz pfeifen. Öfter wiederholen.

Trinkwasser finden

Frisches Trinkwasser ist lebensnotwendig. Vor einer Wanderung in einer unbekannten Gegend sollte man daher immer überprüfen, ob es dort Wasser gibt und ob es trinkbar ist. Unterwegs ist es ratsam, bei jeder sich bietenden Gelegenheit ausgiebig zu trinken, selbst wenn man nicht durstig ist. Nehmen Sie immer mehr Wasser mit, als Sie wahrscheinlich brauchen werden.

NEHMEN SIE GENUG WASSER MIT

Ein Liter Wasser wiegt 1 kg. Wie viel Wasser Sie brauchen, hängt vom Wetter und vom Terrain ab, doch ein Liter reicht höchstens für eine ein- oder zweistündige Wanderung. Wer genügend Wasser für eine längere Tour mitschleppen möchte, hat also schwer zu tragen. Deshalb müssen Sie Ihre Vorräte unterwegs an Wasserstellen auffüllen. Denken Sie daran, Wasser aus natürlichen Reservoiren vor dem Trinken zu entkeimen.

NATÜRLICHE WASSERRESERVOIRE

Quellen und Flüsse sind in guten Karten normalerweise eingezeichnet. Auch wenn Bach- oder Flussläufe nicht das ganze Jahr über Wasser führen, sind sie in der Regel von saftiggrüner Ufervegetation gesäumt. Je üppiger diese ist, desto größer ist die Chance, in der Nähe tatsächlich Wasser zu finden. In einem Trockengebiet signalisiert ein Grünstreifen am Rand einer Senke ein fließendes Gewässer. Weiden und Pappeln brauchen viel Wasser und gelten daher als sichere Zeigerpflanzen. Oft wird man schon beim Graben unter einer Weide fündig. Wenn Sie auf ein ausgetrocknetes Bachbett stoßen, heißt das nicht, dass das Wasser überall versiegt ist. Gehen Sie ein wenig flussabwärts, um herauszufinden, ob die Vegetation möglicherweise üppiger wird. Halten Sie nach Pfützen, insbesondere unter großen, Schatten spendenden Felsbrocken Ausschau. Graben Sie an feuchten Stellen, vielleicht stoßen Sie unter der Oberfläche auf Wasser.

Auch in schattigen Felsspalten, vor allem auf der Schattenseite von Bergen, findet sich oft Wasser. Da auch Tiere Wasser brauchen, kann ein Wildwechsel zu einem Wasserloch führen.

BRUNNEN UND MÜHLEN

Sie können auch Ausschau halten nach Brunnen oder Mühlen. Ohne einen Zugang zum Wasser können Menschen nicht überleben; es ist also möglich, dass auf der Karte eingezeichnete Gebäude, selbst wenn sie nicht mehr bewohnt sind, einen Brunnen haben. Allerdings sind Brunnen in verlassenen Siedlungen oft abgedeckt oder verunreinigt.

EINE QUELLE FINDEN
In Trockengebieten weist üppige Vegetation auf Wasser hin. Pappeln, Weiden und Erlen sind ausgesprochen durstig und gedeihen nur bei ausreichender Wasserversorgung.

WASSER DESTILLIEREN

Wasser lässt sich auch mit Hilfe eines Destillators gewinnen. Dabei werden zwei Naturgesetze ausgenutzt: 1. Jede Pflanze verdampft Wasser durch ihre Blätter. 2. Durch den Temperaturunterschied zwischen zwei Oberflächen kondensiert entstehender Dampf.

1 Graben Sie in möglichst weichem, sandigem Boden ein etwa 60 cm tiefes Loch. Eine kleine Schaufel ist hier hilfreich, besonders bei verhärtetem Boden.

2 Stellen Sie einen passenden Behälter, der etwas kleiner ist als das Loch, hinein, z. B. eine Schüssel, eine Plastikdose oder einen Topf.

3 Legen Sie Pflanzen rund um den Behälter in das Loch. Je dichter Sie das Pflanzenmaterial schichten und je größer das Loch, desto mehr Wasser wird sich ansammeln.

4 Bedecken Sie das Loch mit einem Stück Plastikplane, und fixieren Sie diese an den Ecken mit Steinen. Formen Sie die Plane mit einem kleinen Stein in der Mitte zu einem Trichter.

SO FUNKTIONIERT EIN DESTILLATOR

Ein einfacher Destillator fängt das von Pflanzen abgegebene Wasser auf.

Der kondensierte Wasserdampf rinnt an der Unterseite der Plastikplane in die Mitte und tropft in das Gefäß

Der von den Pflanzen abgegebene Wasserdampf kondensiert auf der Unterseite der Plane

TIPPS

FLASCHE MIT WEITEM HALS

Mit einer solchen Flasche kann man Wasser selbst aus seichten Pfützen und Bächen schöpfen.

NATÜRLICHE GEFÄSSE

Mit großen Blättern oder Bambusrohr lässt sich Wasser aus spärlich sprudelnden Quellen auffangen. Man braucht dazu allerdings etwas Geduld.

TASCHENTUCH

Um Wasser aus sehr seichten Wasservorkommen zu gewinnen, breitet man ein sauberes Taschentuch auf der Oberfläche aus (möglichst ohne mit der Erde in Berührung zu kommen) und wringt es über dem Becher aus, wenn es sich völlig vollgesogen hat.

REGENWASSER

Breiten Sie ein wasserdichtes Tarp, einen Müllsack oder eine Bodenplane an einem Hang aus, und fixieren Sie das Ganze mit Heringen. Legen Sie einen Stein in die Mitte, um das hügelabwärts fließende Wasser in einem weiter unten platzierten Behälter zu sammeln.

PFLANZEN

Manche Kakteen sind gute Flüssigkeitslieferanten. Die Glieder des Feigenkaktus lassen sich auskauen (zunächst müssen die Stacheln entfernt werden), den Ferokaktus kann man auspressen (nur ratsam, wenn Sie diese sicher von anderen, giftigen Kakteen unterscheiden können).

Unwetter

Unwettern sollte man am besten aus dem Weg gehen. Dies ist natürlich nicht immer möglich – insbesondere wenn man einen lange geplanten Urlaub antritt oder eine mehrtägige Wanderung in den Bergen oder in einer anderen Region mit wechselhaftem Wetter unternimmt.

Bei Sturm und Hitze wandern

Obwohl längere Schlechtwetterperioden einem den Spaß an einer Wanderung verderben können, muss sie keine komplette Katastrophe werden. Tatsache ist: Sintflutartige Regenfälle können einen bis auf die Haut durchnässen, Blitz und Donner sind nicht ungefährlich und schwüle Hitze zehrt an den Kräften. Man sollte wissen, wie man sich notfalls davor schützen kann.

SINTFLUTARTIGER REGEN

Wenn es zwischen starken Regengüssen immer wieder Regenpausen gibt, nutzen Sie diese so oft wie möglich zum Trocknen Ihrer Ausrüstung. In manchen Regionen sind allerdings lange Regenperioden normal. Informieren Sie sich mit Hilfe Ihres Wanderführers, ob Sie mit häufigen Unwettern oder Dauerregen rechnen müssen, oder fragen Sie die regionalen Verwaltungsbehörden. Bedenken Sie, dass es im Gebirge oft eine regenreichere und eine trockenere Seite gibt. Gegebenenfalls sollten Sie in der Lage sein, Ihre Route entsprechend zu ändern.

Für Regentage benötigt man mehr warme Kleidung als üblich (sicher verpackt in einem wasserdichten Beutel), einen Regenhut, eine Kartentasche und ein wasserdichtes, doppelwandiges Zelt. Damit Ihr Schlafsack tagsüber nicht nass wird, verstauen Sie ihn in einem wasserdichten Packsack. Als Verpflegung empfehlen sich Fertigmahlzeiten, die sich schnell und einfach zubereiten lassen.

SCHUTZ VOR UNWETTERN
Ein dichtes, niedriges Blätterdach bietet einen natürlichen Schutz vor Regen und Blitzen. Kauern Sie sich nicht direkt auf den nassen Untergrund, und versuchen Sie Ihre Ausrüstung so trocken wie möglich zu halten.

GEWITTER

Oberhalb der Baumgrenze in ein Gewitter zu geraten ist gefährlich, denn man ist den Elementen schutzlos ausgeliefert. Zieht ein Gewitter auf, sollten Sie so schnell wie möglich absteigen und nach Deckung suchen. Ein geschlossener Wald ist der beste natürliche Schutz – je größer er ist, desto besser. Stellen Sie sich auf keinen Fall unter einen einzeln stehenden Baum oder eine kleine Baumgruppe (diese ziehen Blitze förmlich an), in eine flache Höhle oder auf einen Felsvorsprung, da sie Schrittströme anziehen. Um sich vor Schrittströmen zu schützen, kann man sich auf den Rucksack, die Isomatte oder trockene Kleidung setzen.

Ist weit und breit kein sicherer Unterschlupf in Sicht und das Gewitter gefährlich nahe, kauert man mit geschlossenen Beinen am Boden, am besten in einer Mulde, ohne mit den Händen die Erde oder Felswände zu berühren.

HITZEWELLEN

Glühende Hitze kann zu Erschöpfung, Dehydrierung und Hitzschlag führen (*siehe* S. 226–227), insbesondere in Trockengebieten und auf anstrengenden Pfaden mit steilen Anstiegen. Drosseln Sie das Tempo, und machen Sie immer wieder Pausen, vor allem um die Mittagszeit. Um den Kopf vor Hitze und Insekten zu schützen, setzen Sie einen hellen Hut auf, der die Sonnenstrahlen reflektiert. Locker sitzende, luftdurchlässige Kleidung, die die Arme und Beine bedeckt, und Sonnencreme mit hohem Lichtschutzfaktor schützen vor Sonnenbrand.

Bei Hitze braucht man pro Tag mehr als drei Liter Wasser. Nehmen Sie häufig kleine Schlucke, und gehen Sie an keiner Quelle und keinem Bach vorbei, ohne zu trinken und Ihre Flasche zu füllen.

Wenn Sie auf einen Bach oder See stoßen, nutzen Sie die Gelegenheit, ein erfrischendes Bad zu nehmen. Es kühlt den Körper, wäscht den Schweißfilm von der Haut und senkt dadurch die Gefahr eines Hautausschlags. Auch Ihren Füßen, die bei Hitze anschwellen und schwitzen, tut ein kühles Bad gut.

FEUCHTIGKEIT

Feuchtwarmes Klima herrscht nicht nur in tropischen Klimazonen, sondern im Sommer oft auch in den gemäßigten Breiten. Bei schwülem Wetter wandert man besser im spärlich bewaldeten Hochland, wo die Luft trockener und kühler ist als in tiefer gelegenen Wäldern. Suchen Sie sich einen Weg aus, der Sie in die Nähe von Wasserfällen, Seen oder Bächen führt. Wer luftdurchlässige Funktions-Kleidung trägt, bekommt nicht so schnell Hitzepickel (Miliaria). Körper und Kleider sollte man häufig waschen, damit sich kein Schweißfilm auf der Haut bildet, der Ausschläge begünstigt. Um den durch Schwitzen verursachten Salzverlust auszugleichen und neue Energie zu tanken, sollten Sie regelmäßig trinken und leicht verdauliche Snacks zu sich nehmen.

WILLKOMMENE ABKÜHLUNG
Wenn die Sonne vom Himmel brennt, sollten Sie jede Gelegenheit nutzen, um sich abzukühlen. Ein Bad in einem kalten Bach erfrischt Körper und Seele.

EXPONIERTE LAGEN MEIDEN
Blitz und Donner können Wanderer zu jeder Jahreszeit überraschen. Sie sollten sich dann keinesfalls in exponiertem und ungeschütztem Flachland befinden.

Wandern bei Nebel, Schnee und extremer Kälte

Nebel, Schnee und Kälte gibt es nicht nur im Winter. Im Hochgebirge beispielsweise kann das Wetter innerhalb eines einzigen Tages zwischen hochsommerlichen und winterlichen Verhältnissen wechseln. Man sollte immer mit Regen und Kälte rechnen und sich vor Unterkühlung schützen können.

NEBEL

Nebel ist eine häufige Begleiterscheinung von wechselhaftem Wetter und vor allem im Hochgebirge, im Moorland und an der Küste problematisch. Nebel kann sehr schnell aufziehen – sogar in Minutenschnelle – und insbesondere beim Querfeldeingehen gefährlich werden. Markante Landschaftsmerkmale verschwinden im Grau, die Karte lässt sich nur unter Schwierigkeiten lesen, und der Kompass ist unbrauchbar. Ein GPS-Empfänger, der die genaue Position angibt, ist in diesem Fall sehr hilfreich.

In einer Nebelbank ist es kalt, nass und windig. Wenn Nebelschwaden auf Sie zutreiben, ziehen Sie sofort warme und Regenkleidung an. Mitglieder einer Gruppe sollten in Rufdistanz zueinander bleiben. Mit einer Pfeife überbrückt man größere Distanzen.

UNERWARTETER SCHNEEFALL

Das Wetter im Gebirge ist launisch, und in den meisten Hochgebirgsregionen der Erde kann es das ganze Jahr über zu Schneestürmen kommen, sogar mitten im Hochsommer. Solche Schneeschauer sind wie ein kurzer Spuk, können aber auch über längere Zeit niedergehen.

Bei der Planung von Sommerwanderungen werden Schneeeinbrüche normalerweise nicht mit einkalkuliert. Doch schon eine dünne Schneeschicht kann das Überqueren von felsigem, unebenem Terrain zu einer gefährlichen Rutschpartie machen. Trekking-Stöcke sind dann eine große Hilfe. Auf verschneiten Wegen kommt man außerdem langsamer voran, doch da der Schnee im Sommer ziemlich schnell schmilzt, kommt es meist nicht zu großen Verzögerungen. Unter einer Schneedecke ist ein Weg oft schwer auszumachen. In diesem Fall orientiert man sich besser am nächsten sichtbaren Zielpunkt, anstatt zu versuchen, dem verschneiten Pfad zu folgen.

SCHLECHTE SICHT
Wenn plötzlich aufziehender Nebel den Weg »verschluckt«, kann die Orientierung schwierig werden. Bei dichtem Nebel sollte man nicht weitergehen.

UNTERKÜHLUNG VERMEIDEN

Bei einem Kälteeinbruch ist es lebenswichtig, dass der Körper warm und trocken bleibt. Ziehen Sie mehrere Schichten trockene, Schweiß ableitende Kleidung übereinander, und schützen Sie Hände und Füße.

BITTERE KÄLTE

Im Gebirge sind extreme Temperaturstürze nichts Ungewöhnliches. Im Sommer gehen Kälteeinbrüche meistens mit Regen einher. Diese Kombination ist gefährlich, denn sie kann zu Unterkühlung führen (*siehe* S. 229). Das Wichtigste ist daher, trocken und warm zu bleiben.

ACHTUNG: LAWINENGEFAHR!

Lawinen gehen meist im Winter oder im späten Frühjahr nieder. Vor allem sonnenbeschienene Steilhänge und die windabgewandte Seite von Kämmen sind lawinengefährdet. Lawinen gehen oft immer wieder an derselben Stelle ab; achten Sie auf Schneisen mit abgeknickten Bäumen oder Gleitflächen unter überhängenden Schneemassen. Meist lösen sich Lawinen an Hängen mit einer Neigung von 30 bis 45 Grad, und zwar häufig innerhalb von 24 Stunden nach heftigem Schneefall.

- **Bei Lawinengefahr** sollten Sie Leuchtraketen, einen Klappspaten und Lawinensonden (oder Wanderstöcke) mitnehmen.
- **Überqueren Sie lawinengefährdete Hänge** frühmorgens. Die Gefahr, dass sich eine Lawine löst, steigt, wenn es wärmer wird.
- **Treten Sie vorsichtig auf,** und prüfen Sie, ob der Schnee sie trägt. Lawinen können durch Lärm ausgelöst oder losgetreten werden. Wandert man in der Gruppe, wird der Hang einzeln nacheinander überquert.
- **Lösen Sie vor dem Überqueren des Hangs den Hüftgurt** Ihres Rucksacks, damit Sie ihn im Notfall sofort abwerfen können. Nehmen Sie die Hände aus den Schlaufen der Wanderstöcke, und schließen Sie alle Reißverschlüsse. Wenn Sie einen GPS-Empfänger dabei haben, stellen Sie ihn auf »senden«.
- **Wenn sich über Ihnen eine Lawine gelöst hat,** laufen Sie bergab aus der »Schusslinie«.
- **Wenn Sie verschüttet werden,** versuchen Sie mit den Händen vor dem Gesicht einen Luftraum zum Atmen zu schaffen.

AN DIE OBERFLÄCHE KRABBELN

Wenn Sie in eine Lawine geraten, versuchen Sie sich mit Schwimmbewegungen an der Oberfläche zu halten.

Naturkatastrophen

In vielen Regionen der Erde treten jahreszeitlich bedingt verheerende Wirbelstürme und Überschwemmungen auf. Die gefährdeten Gebiete sollte man zu diesen Zeiten nicht für Wandertouren auswählen. Doch die meisten Naturkatastrophen sind normalerweise nicht vorhersagbar, es ist daher lebenswichtig zu wissen, wie man sich im Notfall am besten verhält.

WALDBRÄNDE

Waldbrände können zufällig (durch Blitzschlag oder ein offenes Feuer) oder absichtlich (als Form der Brandrodung oder durch Brandstiftung) entstehen.

Aufgrund ihrer leichten Entflammbarkeit sind Nadelwälder besonders gefährdet, auch wenn es bei anhaltend heißem, trockenem Wetter in allen Wäldern zu Bränden kommen kann, vor allem, wenn viel totes Holz vorhanden ist. In gefährdeten Gebieten informieren die zuständigen Behörden regelmäßig über die aktuelle Waldbrandgefahr. In Dürreperioden ist das Anzünden von Lagerfeuern im Wald grundsätzlich verboten.

Wer Rauch riecht oder sieht, aufgeregte Stimmen hört oder einem Ranger auf Streife begegnet, sollte seine Umgebung besonders aufmerksam beobachten. An Wegkreuzungen in gefährdeten Gebieten sind häufig Informationen über kontrollierte Brände oder Flächenbrände angebracht. Es ist lebenswichtig, sie zu lesen und die entsprechenden Verhaltensmaßregeln zu befolgen.

WAS TUN BEI EINEM WALDBRAND?

Verlassen Sie das gefährdete Gebiet, so schnell es geht. Notfalls suchen Sie nach einem möglichst sicheren Unterschlupf.

- Suchen Sie natürliche Barrieren wie Straßen oder Flüsse.
- Falls vorhanden, suchen Sie eine vegetationsfreie Zone auf, z. B. ein Geröllfeld, oder springen Sie in einen See. Je größer die brandgeschützte Fläche ist, desto weniger Rauch atmen Sie ein.
- Steigen Sie niemals in ein Tal ab, in dem es brennt.
- Ist das Feuer erloschen, achten Sie auf Schwelbrände in den Bäumen und am Boden, die schnell wieder aufflammen können.
- Wenn Sie vom Feuer eingeschlossen sind, legen Sie sich auf den Boden, und bedecken Sie sich mit Erde.

Atmen Sie mit dem Gesicht nach unten durch die Erde

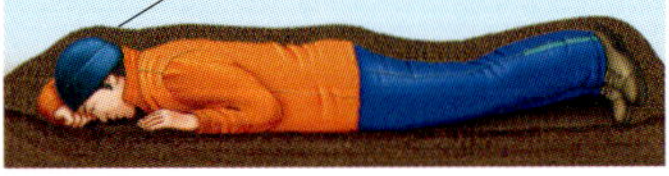

NOTMASSNAHME BEI WALDBRAND

MONSUN UND ÜBERSCHWEMMUNGEN

Feuchtwarme Monsunwinde sind jahreszeitenabhängig; sie sind also leicht vorherzusagen. Doch auch wenn man nicht direkt vom Monsun betroffen ist, können noch in großer Entfernung sintflutartige Regenfälle und Überschwemmungen auftreten. Die Wassermassen können aus trockenen Flussbetten und Bächen schnell reißende Ströme machen.

Auch Trockengebiete in der Nähe von Hochgebirgen sind überschwemmungsgefährdet, da der felsige Boden kaum Wasser aufnimmt. Nach einem Wolkenbruch donnern dann nicht selten gewaltige Fluten zu Tal. Aus diesem Grund sollte man in semiariden und ariden Klimazonen nur in erhöhter Lage, niemals in einem ausgetrockneten Fluss- oder Bachbett zelten, selbst wenn kein Wölkchen am Himmel und kein Regen vorhergesagt ist.

FEUERALARM

In Trockengebieten besteht oft Waldbrandgefahr. Planen Sie eine Alternativroute ein, auf die Sie im Notfall ausweichen können.

ERHÖHTER ZELTPLATZ
In überschwemmungsgefährdeten Gebieten sollte man nicht in der Nähe von Kanälen oder in Tälern zelten. Studieren Sie Ihre Karte, und suchen Sie sich einen Zeltplatz in erhöhter Lage.

WIRBELSTÜRME

Wirbelstürme wie Tornados und Hurrikans haben eine ungeheuere Gewalt und sind extrem gefährlich. Zum Glück für Wanderer sind sie relativ gut vorhersagbar. Nehmen Sie ein kleines Radio (oder ein spezielles Wetterradio) mit, um die aktuellen Wettervorhersagen zu hören.

Tornados sind kleinräumig und relativ kurzlebig, können aber sehr schnell entstehen. Oft gehen Sie mit heftigen Unwettern einher. In den USA warnen die Wetterstationen frühzeitig vor Tornados. Wenn Sie eine Tornadowarnung hören, sollten Sie das gefährdete Gebiet sofort verlassen. Wer das Pech hat, in einen Tornado hineinzugeraten, sollte Schutz in einer Höhle oder Schlucht oder – als letzte Rettung – in einem Graben suchen.

Hurrikans können einen Durchmesser von mehreren hundert Kilometern erreichen. Sie entstehen über dem Meer und legen dort große Strecken zurück, ehe sie das Festland erreichen. Warnungen werden daher meist schon mehrere Tage im Voraus durchgegeben. Es bleibt also genug Zeit, um sich in Sicherheit zu bringen. Hat ein Hurrikan das Land erreicht, richtet er, mit Wolkenbrüchen und Sturmfluten einhergehend, oft verheerende Schäden an. Halten Sie sich bei einer Hurrikanwarnung unbedingt von überschwemmungsgefährdeten Gebieten fern.

VULKANE

Gebiete mit aktiven Vulkanen sind gefährlich. Treffen Sie entsprechende Vorsichtsmaßnahmen:

- **Wenn Sie in einem Gebiet wandern,** in dem es aktive Vulkane gibt, informieren Sie sich, welche Routen sicher sind und wie Sie den gefährdeten Bezirk im Notfall schnellstmöglich verlassen können.
- **In einem Gebiet** mit einem aktiven Vulkan vertrauen Sie sich am besten einem einheimischen Führer an, der Ihnen die sichersten Aussichtspunkte zeigen kann. Nähern Sie sich niemals dem Krater eines aktiven Vulkans – in dieser so genannten Todeszone ist das Risiko extrem hoch. Aufsteigende Gase und Dämpfe in Kraternähe sollten nicht eingeatmet werden, da sie sehr gefährlich sein können.
- **Sicherheitszonen** in der Nähe eines fließenden Lavastroms können sich täglich oder stündlich ändern. Flüssige Lava ist sowohl auf als auch unter der Oberfläche in Bewegung und wechselt häufig die Fließrichtung. Der Boden in der Nähe eines erkalteten Lavastroms kann aufgrund unterirdischer Lavaröhren instabil sein und zur tödlichen Falle werden. Halten Sie sich an offizielle Anweisungen und Verbotsschilder.
- **In Vulkangebieten gibt es oft heiße Quellen,** Geysire oder brodelnde Schlammlöcher, die den Boden rundum instabil und unsicher machen. Bleiben Sie deshalb auf markierten Wegen.

Auf dem richtigen Weg

Fast jeder Wanderer verirrt sich irgendwann, sei es, weil Wege gar nicht oder schlecht markiert sind, sei es, weil sie die falsche Richtung einschlagen. Bei Nebel oder Schneefall kann man sich selbst auf markierten Wegen verlaufen. Dann gilt es herauszufinden, wo man sich befindet.

Orientierung mit der Karte

Es dauert meist eine Zeit, bis man merkt, dass man sich verirrt hat, doch dann trifft einen diese Erkenntnis wie ein Schlag. Um sich neu zu orientieren, muss man herausfinden, wo und wann man vom Weg abgekommen ist und wie man am schnellsten auf ihn zurückkommt.

BESTIMMEN SIE IHRE POSITION

Wer nicht weiß, wo er sich befindet, kann auch nicht wissen, in welche Richtung er gehen muss. Trösten Sie sich mit dem Gedanken, dass Sie wahrscheinlich gar nicht so weit vom Weg abgekommen sind, wie Sie befürchten, denn mehr als drei bis fünf Kilometer pro Stunde legt man selten zurück. Versuchen Sie aber nicht, einfach weiterzugehen, zufällig findet man den Weg kaum wieder.

LANDMARKEN

Halten Sie an, und gehen Sie in Gedanken den Weg, den Sie inzwischen gegangen sind, noch einmal zurück. Suchen Sie auf der Karte den letzten Punkt, den Sie mit Sicherheit wiedererkennen. Versuchen Sie sich zu erinnern, welche markanten Stellen Sie seit Ihrer letzten bekannten Position passiert haben. Steigen Sie notfalls etwas auf, ein Stück weiter oben ist die Sicht manchmal schon erheblich besser.

WIEDER AUF KURS
Wer sich verirrt hat, kann anhand von Landmarken versuchen, die eigene Position zu bestimmen. Bei Nebel sollte man besonders gut auf den Weg achten.

POSITIONSBESTIMMUNG MIT KARTE

Wenn Sie das Gelände geprüft und Ihren Weg im Geist zurückverfolgt haben, ziehen Sie Ihre Karte zu Rate. Machen Sie eine kurze Pause und versuchen Sie nachzuvollziehen, wie Sie gelaufen sind. Wenn das nicht gelingt, sollte man nach folgender Methode vorgehen:

❶ Markieren Sie Ihre letzte bekannte Position auf der Karte mit einem Kreis.
❷ Schätzen Sie, wie lange Sie von dort aus gegangen sind. Multiplizieren Sie diese Zeit mit Ihrer Durchschnittsgeschwindigkeit, um die maximale Distanz zu ermitteln, die Sie seither zurückgelegt haben. Kreisen Sie das Gebiet ein. Irgendwo hier befinden Sie sich.
❸ Überlegen Sie, in welche Richtung sie hauptsächlich gegangen sind, und grenzen Sie das Gebiet mit Hilfe eines Dreiecks ein.
❹ Suchen Sie innerhalb des markierten Gebietes auf der Karte nach charakteristischen Merkmalen (z.B. einem See oder einer Wiese), die mit denen übereinstimmen, die Sie unterwegs passiert haben.
❺ Identifizieren Sie Ihre aktuelle Position, indem Sie auf der Karte nach Merkmalen suchen, die das Terrain beschreiben, auf dem Sie sich gerade befinden. Wenn Sie auf der Karte fündig werden, können Sie Ihre Position bestimmen (*siehe* S. 155).
❻ Auch die Höhe ist eine Orientierungshilfe. Wenn Sie einen Höhenmesser dabei haben, suchen Sie auf der Karte nach der entsprechenden Höhenlinie.
❼ Suchen Sie auf der Karte nach einer markanten Stelle, die Sie von Ihrer wahrscheinlichen Position aus leicht erreichen können – z.B. eine Straße. Dann markieren Sie einen besonderen Punkt auf der Straße (etwa eine Kreuzung), anhand dessen Sie Ihre Position exakt bestimmen können.
❽ Wenn Sie die klar erkennbare Stelle erreicht haben, kehren Sie unter Zuhilfenahme der Karte auf Ihren ursprünglichen Weg zurück und setzen Ihre Wanderung wie geplant fort.

POSITIONSBESTIMMUNG

Bestimmen Sie Ihre Position, indem Sie abschätzen, welche Strecke Sie in welcher Richtung zurückgelegt haben. Dann versuchen Sie einen markanten Punkt zu erreichen, der auf der Karte eingezeichnet ist.

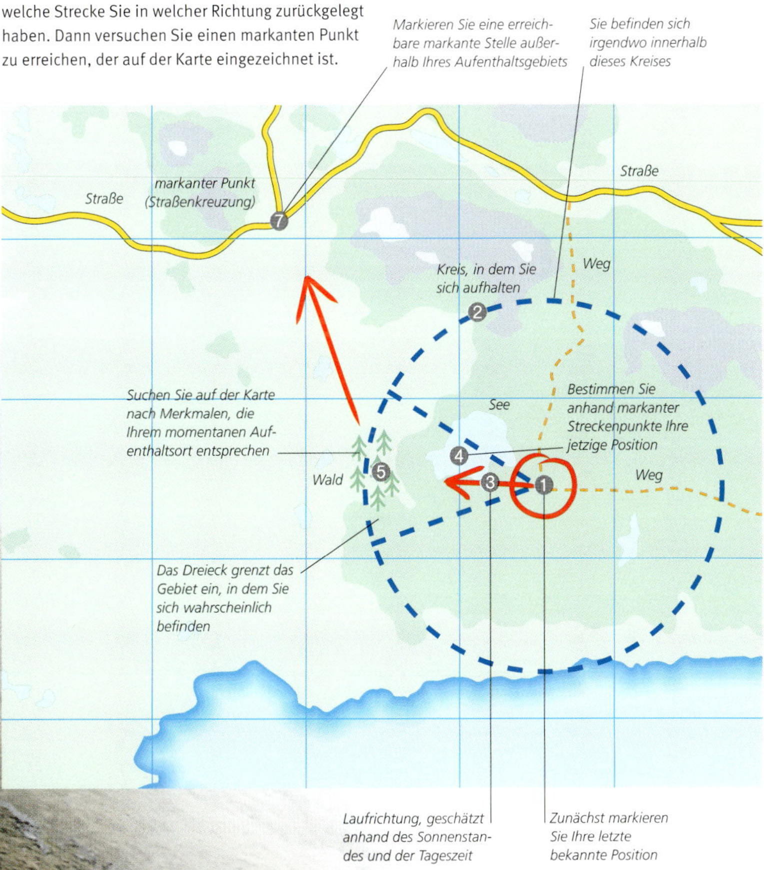

Orientierung mithilfe der Landschaft

Es ist viel einfacher, sich an einem warmen, sonnigen Tag in einer markanten Hochgebirgslandschaft zu orientieren, als an einem regnerischen Tag inmitten dichten Nebels im Moorland. Wenn es Ihnen nicht gelingt, Ihre Position anhand der Karte zu bestimmen, müssen Sie so lange weitergehen, bis Sie einen Anhaltspunkt dafür finden. Als Hilfe dient dann das Terrain.

EIN BLICK AUF DIE KARTE

Wenn Sie nicht wissen, wo Sie sich befinden, halten Sie an, und konsultieren Sie Ihre Karte. Suchen Sie nach einer markanten Linie, z.B. nach einem Bach oder einer Straße, an der Sie sich orientieren können. Sobald Sie auf diese stoßen, halten Sie nach einem Kreuzungspunkt Ausschau (z.B. einer Straßenkreuzung), der es Ihnen ermöglicht, Ihren exakten Standort zu bestimmen.

AUF KURS BLEIBEN

Manche Landschaften, etwa baumlose Grasfluren, kann man einfach querfeldein durchwandern. Dazu braucht man die Fähigkeit, Orientierungspunkte anzupeilen (*siehe* S. 155) und den Kurs zu halten.

In vielen Fällen muss man jedoch Hindernisse umgehen. So kann es sich beispielsweise als schwierig erweisen, sich im Regenwald durchs Unterholz zu schlagen.

AN DER STRASSE ENTLANG

Selbst markierte Wanderwege führen immer wieder einmal an eine Straße. Straßen führen normalerweise zu Siedlungen, und mit etwas Glück kann man einen Autofahrer um Hilfe bitten. Eine Straße stellt aber unter Umständen einen beträchtlichen Umweg dar oder endet im Nichts. Im Gebirge ist es meist ratsam, einer Straße bergab zu folgen.

AM WASSER ENTLANG

Ein Wandertipp besagt, man soll flussabwärts einem Bach oder Fluss folgen, wenn man sich verirrt hat, da dieser irgendwann zu einer Ansiedlung führt. Tatsächlich ist diese Theorie mit Vorsicht zu genießen. Bäche können über Wasserfälle führen, und das Ufer kann von Pflanzen oder Felsbrocken blockiert sein. Wasserwege führen außerdem nicht unbedingt auf dem schnellsten Weg ins Tal. Sie sollten daher einen Blick auf Ihre Karte werfen, ehe Sie sich entschließen, einem Bach zu folgen, um herauszufinden, wohin dieser letztlich fließt. In Trockengebieten kann auch ein ausgetrocknetes Bachbett hilfreich sein.

VERSCHAFFEN SIE SICH ÜBERBLICK

Erklimmen Sie eine Anhöhe mit gutem Rundblick auf das umliegende Gelände, und machen Sie markante Geländepunkte aus, um Ihre Position einzugrenzen. Für eine exakte Standortbestimmung mit Karte und Kompass genügen zwei dieser Punkte (*siehe S. 155*).

ORIENTIEREN SIE SICH AN DER LANDSCHAFT
Diese Wanderer haben keine Probleme, ihre Position auf der Karte zu finden: See, Felsen, Hügel und Wald genügen als Anhaltspunkte.

DIE STRASSE ENTLANG
Straßen, die ins Tal führen, führen irgendwann zu Menschen. Selbst in abgelegenen Regionen kommt man hin und wieder an Bauernhöfen vorbei.

AUF DEM RICHTIGEN WEG

Wenn Sie in dicht bewachsenem Terrain vom Weg abkommen, gehen Sie zurück, bis Sie eine vertraute Stelle erreichen, etwa eine Abzweigung oder den Pfad, auf dem Sie sich eigentlich befinden müssten. Lassen Sie sich nicht dazu verleiten, schnurstracks auf Ihr Ziel zuzusteuern, selbst wenn Sie es sehen können und das Gelände flach ist. In der freien Natur führt die Luftlinie selten am bequemsten und schnellsten zum Ziel, denn Berge, Schluchten oder Flüsse können den Weg kreuzen. Gleichen Sie die Route, für die Sie sich schließlich entscheiden, sorgfältig mit der Karte ab, ehe Sie losgehen.

HINDERNISSE UMGEHEN

Einen Berg kann man überqueren oder umgehen. Dabei sollte man sich an Leitlinien wie z. B. Waldsäumen orientieren. Auch um Hindernisse wie Sümpfe oder dichte Vegetation macht man am besten einen Bogen. Überprüfen Sie mit dem Kompass, wie weit Sie vom Kurs abkommen werden, damit Sie die Abweichung anschließend wieder ausgleichen können.

REICHT IHR WASSERVORRAT?

In Trockengebieten ist man darauf angewiesen, Wasser zu finden. Folgt man einem ausgetrockneten Bachbett bergab, gelangt man möglicherweise zu einer Siedlung und somit zu einer Wasserquelle. Halten Sie Ausschau nach Wasserspeichern oder Hochspannungsleitungen – meist stehen sie nahe einer Straße.

HILFSZIELE ANPEILEN

Die Peilung mit dem Kompass ist niemals hundertprozentig genau, besonders, wenn man querfeldein oder durch dichte Vegetation wandert. So kann es geschehen, dass man beispielsweise statt an der anvisierten Kreuzung irgendwo an der Straße landet, ohne zu wissen, in welcher Richtung es weitergeht. Daher sollte man lieber auf einen markanten, auf der Karte eingezeichneten Orientierungspunkt zusteuern, auch wenn der sich etwas abseits des Ziels befindet.

1 Peilen Sie mit dem Kompass Ihr Ziel an, hier eine Quelle. Suchen Sie auf der Karte einen Orientierungspunkt in der Nähe – beispielsweise ein Wäldchen.

2 Peilen Sie nun nicht die schwer zu erkennende Quelle, sondern das Wäldchen ein paar Grad weiter rechts daneben an.

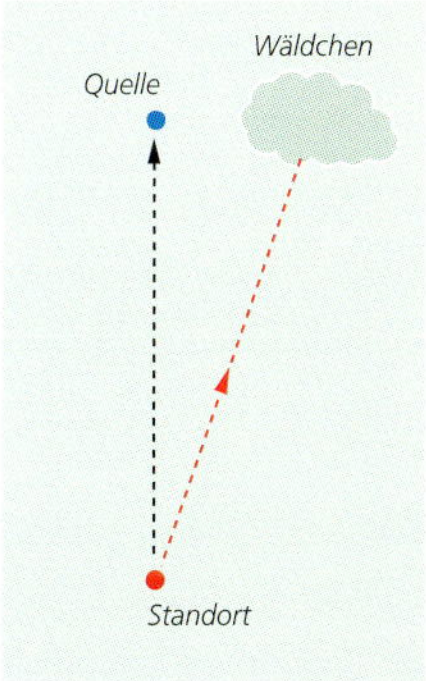

3 Sie wissen jetzt, dass Sie sich nach links wenden müssen, wenn Sie das Wäldchen erreicht haben, um zur Quelle zu gelangen.

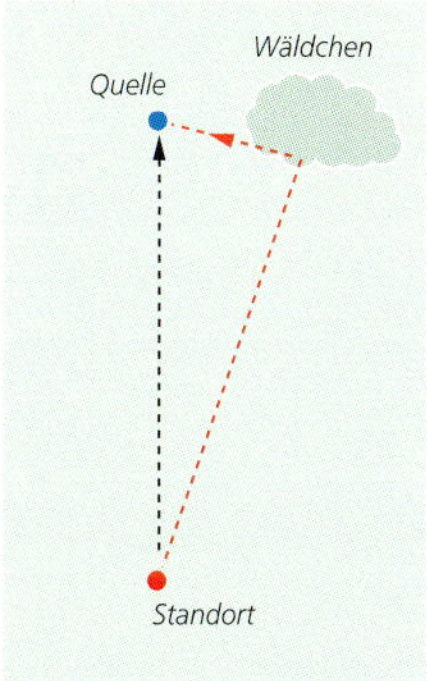

»Tierische« Begegnungen

Löwen und Bären, aber auch Hirsche und Elche können dem Menschen gefährlich werden, insbesondere in Naturparks. Die meisten Begegnungen mit Tieren verlaufen jedoch friedlich, und wahrscheinlich werden Sie, wenn überhaupt, nur Tiere sehen, die ängstlich die Flucht ergreifen.

Vorsichtsmaßnahmen

Glanzvoller Höhepunkt einer Tour kann es sein, unterwegs Tiere und seltene Pflanzen zu entdecken. Doch so schön solche Begegnungen auch sein mögen – selbst Mäuse und Murmeltiere können an der Ausrüstung ziemlichen Schaden anrichten und Lebensmittelvorräte fressen. Wanderer, die in einer wildreichen Gegend unterwegs sind, sollten entsprechende Vorsorge treffen.

EUROPA

Im dicht besiedelten Europa trifft man weit seltener auf wilde Tiere als z. B. in Nordamerika. Elche sind in Nordeuropa zwar ziemlich häufig, stellen aber keine große Gefahr dar. In Wäldern stößt man häufig auf Wildschweinspuren, doch die Tiere sind scheu und fliehen normalerweise vor Menschen. In den Pyrenäen gibt es noch einige wenige Braunbären.

NORDAMERIKA

In Nordamerika sind Säugetiere wie Bären, Pumas, Wölfe, Kojoten, Bisons, Wapitis und Hirsche zu Hause.

Auch wenn Wölfe – deren Bestand bedroht ist – recht gefürchtet sind, stellen sie für Wanderer keine Gefahr dar. Pumas hingegen nähern sich inzwischen häufiger bewohnten Gebieten. Es kommt auch vor, dass sie Menschen angreifen, allerdings sehr selten, denn Pumas sind eigentlich ausgesprochen scheu. Wenn Sie einem Puma begegnen, lassen Sie ihm genügend Zeit und Platz, damit er fliehen kann. Normalerweise nimmt er Reißaus. Wenn nicht, formieren Sie sich mit Ihren Begleitern zu einer möglichst imposant wirkenden Gruppe, und machen Sie Lärm. Sind Sie allein unterwegs, sollten Sie dafür sorgen, dass der Puma Sie zusammen mit Ihrem Rucksack für größer hält, als Sie sind. Nähert sich das Tier dennoch, schwenken Sie laut schreiend Ihre Wanderstöcke. Auf keinen Fall sollten Sie weglaufen oder sich auf den Boden kauern. Kinder rufen Sie zu sich heran, aber beugen Sie sich nicht zu ihnen hinunter.

Hirsche, Bisons und Wapitis können Wanderern aufgrund ihrer Größe gefährlich werden. Wenn Sie sich in die Enge getrieben fühlen oder Junge vertei-

BISONS
Bisons bekommt man heutzutage nur noch in einigen Nationalparks zu Gesicht. Sie sind zwar Vegetarier, können aber sehr gefährlich werden, wenn man sie reizt. Halten Sie immer genügend Abstand.

digen, können ihre Hufe, das Geweih bzw. die Hörner zu tödlichen Waffen werden. Ziehen Sie sich zurück, wenn ein Tier aggressiv wird, und geben Sie ihm Raum, um zu fliehen.

AFRIKA UND ASIEN

Die Großkatzen Afrikas und Asiens – Löwen, Leoparden und Tiger – sind scheu und gefährlich, man begegnet ihnen jedoch nur selten zufällig. Die meisten leben in Nationalparks und Schutzgebieten, in denen man sich zu Fuß gar nicht oder nur eingeschränkt fortbewegen darf. Trotzdem ist es empfehlenswert, sich einer Reisegruppe anzuschließen. Normalerweise werden Reisegruppen von einheimischen Führern und bewaffneten Rangern begleitet, die das Verhalten der Tiere zu deuten wissen.

Viel gefährlicher als Großkatzen sind für Wanderer massige Vegetarier wie Flusspferde und Büffel. Zelten oder wandern Sie niemals zwischen einer Herde Flusspferde und der Wasserstelle. Aufgescheuchte Flusspferde suchen instinktiv im Wasser Schutz und trampeln auf dem Weg dorthin alles nieder.

Einzelne männliche Büffel sind äußerst gefährlich. Sie sind notorisch schlecht gelaunt; halten Sie also Abstand oder machen Sie einen Umweg.

GRUPPENSAFARI
Im Rahmen einer organisierten Safari mit Jeeps lassen sich die Großkatzen Afrikas gefahrlos beobachten. In manchen Parks sind Wanderungen in Begleitung von bewaffneten Rangern möglich.

IM FOCUS: WILDE TIERE

- Nehmen Sie an einer Safari oder speziellen Fotosafari teil.
- Wer ohne Auto unterwegs ist oder aus dem Auto aussteigt, sollte in sicherer Entfernung von den Tieren bleiben und sie mit Tele- oder Zoomobjektiv ablichten.
- Begeben Sie sich niemals in die Reichweite großer Tiere, um sie nicht zu reizen oder zu ängstigen. Tiermütter mit Nachwuchs sind absolut tabu – die Mutter könnte Sie angreifen oder ihr Junges schutzlos zurücklassen.
- Fotografieren Sie in der Morgen- oder Abenddämmerung; dann sind die meisten Tiere aktiv.

UNGEBETENER BESUCH

Tiere merken schnell, ob Wanderer Lebensmittel dabei haben oder Reste an ihren Kochstellen zurücklassen.

- **Zelten Sie abseits** von deutlich sichtbaren Wildwechseln, Wasserquellen und Stellen, die die Anwesenheit von Tieren verraten (Mist oder Kratzspuren an Bäumen usw.).
- **Meiden Sie** beliebte Zeltplätze, an denen Tiere gewöhnlich Nahrung finden.
- **Kochen Sie** soweit wie möglich von Ihrem Schlafplatz entfernt, denn Essensgeruch hält sich lange.
- **Schlafen Sie niemals** mit Lebensmitteln im Zelt. Verstauen Sie das Essen in einem wasserdichten bzw. bärensicheren Behälter oder Beutel, und hängen Sie ihn an einen Ast (*siehe* S. 99 und S. 219).
- **Lassen Sie sich** nicht dazu verleiten, bettelnde Tiere zu füttern. Sie verlernen allmählich, für sich selbst zu sorgen, oder verlieren ihren Wandertrieb. Sobald die Menschen am Ende der Saison abreisen, laufen die Tiere Gefahr zu verhungern.
- **Bettelnde Tiere** beginnen oft zu stehlen. Manche Tiere werden bei der Nahrungsbeschaffung ziemlich aggressiv, beschädigen die Ausrüstung und können Menschen verletzen. Dies gilt selbst für so scheue Tiere wie Hirsche. Mäuse und Murmeltiere nagen die Ausrüstung und Nahrungsvorräte an.
- **Melden Sie** unangenehme Begegnungen mit Tieren den örtlichen Behörden. Besonders aggressive Tiere, die Menschen angreifen, um sich Nahrung zu beschaffen, müssen unter Umständen getötet werden.

Bären

Mag der Gedanke, einen »Teddy« aus der Nähe zu sehen, auch einen gewissen Charme haben – man darf nie vergessen, dass Bären Raubtiere sind und entsprechend reagieren, wenn sie sich bedroht fühlen, verängstigt oder hungrig sind. Besonders in Nordamerika muss man mit Bären rechnen.

BEGEGNUNG MIT BÄREN

Bären sind ausgesprochen anpassungsfähig und waren einst weit verbreitet. Die meisten Arten leben auf der Nordhalbkugel in Amerika, Asien und Europa. Am häufigsten machen Wanderer in Nordamerika mit Bären Bekanntschaft – entweder mit den weit verbreiteten Schwarzbären, oder mit dem seltenen Grislibär. Eisbären kommen nur in der Arktis vor – außer Extremwanderern wird kaum ein Tourist sie je in freier Wildbahn zu Gesicht bekommen.

Die meisten Bären nehmen vor Menschen Reißaus, doch wenn Sie eine Bärin mit Jungen überraschen, klettern diese wahrscheinlich auf einen Baum, während die Mutter Sie aus sicherer Entfernung misstrauisch beäugt. Schneiden Sie der Bärin nie den Weg zu ihren Jungen ab, und nähern Sie sich nicht. Nehmen Sie lieber einen großen Umweg in Kauf, als einen Angriff zu provozieren.

Schwarzbären gehen in der Regel nicht auf Menschen los, können aber gefährlich werden, wenn sie erschrecken, sich bedroht fühlen oder ihren Nachwuchs schützen wollen. Fängt ein Schwarzbär an zu drohen, ist aggressives Verhalten die beste Verteidigung. Stellen Sie sich neben Ihren Partner (um möglichst groß zu erscheinen), beginnen Sie zu schreien, und wedeln Sie mit Ihren Trekkingstöcken. Wenn gar nichts hilft, bewerfen Sie den Bär mit Steinen.

Grislibären gehören zu den Braunbären, sind aber größer und aggressiver als ihre europäischen Verwandten. In Westeuropa sind Braunbären extrem selten und

NORDAMERIKANISCHER SCHWARZBÄR
Schwarzbären sind anpassungsfähig, intelligent – und immer hungrig! Wenn Sie in einer Gegend zelten, in der Bären leben, sollten Sie Ihre Lebensmittel sicher verstauen.

1 Schützen Sie Lebensmittel vor hungrigen Bären, indem Sie sie an einen Ast hängen. Binden Sie an das Ende eines etwa 12 m langen Seiles einen großen Stein, und werfen Sie den Stein über einen etwa 3–4 m hohen Ast.

2 Hängen Sie den Lebensmittelbeutel daran und ziehen Sie ihn hoch. Bringen Sie am anderen Ende des Seils ein Gegengewicht (z. B. einen Felsen) an. Gegengewicht und Beutel sollten anschließend auf gleicher Höhe hängen.

scheu und nur noch in entlegenen Gebieten der Pyrenäen anzutreffen. Der nordamerikanische Grislibär ist in den Rocky Mountains, in Kanada und Alaska verbreitet. Grislibären greifen Menschen zwar nicht oft an, aber es kommt vor. Bevor Sie zu einer Wanderung in ein entsprechendes Gebiet aufbrechen, sollten Sie sich bei der Forstverwaltung erkundigen, welche Vorsichtsmaßnahmen zu treffen sind.

DER SCHUTZ VON NAHRUNGSMITTELN

In manchen amerikanischen Nationalparks sind Bären sehr zutraulich – vor allem, wenn sie merken, dass Sie Lebensmittel dabei haben. Um Vorräte zu schützen, hängen Sie sie am besten außerhalb der Reichweite von Tieren an einen Baum (siehe oben). Er sollte mindestens 30 m von Ihrem Schlafplatz entfernt sein. Manche Bären sind allerdings inzwischen so geschickt, dass sie Lebensmittel sogar aus Bäumen fischen. In diesem Fall müssen Sie Ihre Vorräte in einer Bärenbox aus Metall verstauen (auf manchen Zeltplätzen vorhanden), in bärensichere Container packen (erhältlich auf manchen Zeltplätzen und in Outdoor-Läden, *siehe auch* S. 99) oder in bärensicheren Beuteln unterbringen (die Bären normalerweise nicht durchbeißen können). In manchen Parks gibt es Stangen zum Aufhängen der Lebensmittel. Es empfiehlt sich daher, einen Karabiner mitzunehmen.

Wenn Sie wild zelten, sollten Sie ein Stück entfernt von Ihrem Zeltplatz kochen und essen, damit der Essensgeruch nicht die Bären anlockt.

VORSICHT BEI GRISLIBÄREN!

Grislibären sind für Wanderer wesentlich gefährlicher als andere Bären.

AUSWEICHEN

- Eine Wandergruppe sollte zusammenbleiben – Gruppen von mehr als fünf Personen greifen Bären praktisch nie an.
- Halten Sie sich von Gebieten fern, in denen es nach Aas riecht oder Bären sichtbare Spuren hinterlassen haben – frische Kratzer an Baumstämmen, niedergetrampelte Vegetation, Losung und aufgewühlte Erde.
- Seien Sie besonders vorsichtig an Wasserstellen, wo Töne und Gerüche gedämpft sind. Sie könnten einen Grisli überraschen, der Sie weder gesehen oder gehört noch gewittert hat.
- Machen Sie Lärm, sodass der Grisli Sie hören und Ihnen ausweichen kann.
- Notfalls hilft Pfefferspray.

REAGIEREN

- Flüchten Sie auf einen Baum (ausgewachsene Grislibären klettern normalerweise nicht auf Bäume).
- Reden Sie ruhig auf den Bären ein, ohne ihm direkt in die Augen zu schauen, und lassen Sie ihm Zeit, sich zu entfernen.
- Wenn der Bär bis auf 5 m herangekommen ist, entsichern Sie Ihr Pfefferspray.
- Rennen Sie nicht weg, wenn der Bär angreift, sondern stellen Sie sich tot. Legen Sie sich mit angezogenen Beinen und eingezogenem Kopf auf den Boden, und schützen Sie Nacken und Hinterkopf mit den Händen.

ERSTE HILFE

Häufige Beschwerden

Viel wahrscheinlicher als ein schwerer Unfall, Begegnungen mit gefährlichen Tieren oder dramatische Stürme sind beim Wandern kleinere Beschwerden und Erkrankungen. Wenn diese nicht richtig behandelt werden, können sie sich allerdings zu größeren Problemen auswachsen.

Leichtere Beschwerden

Leichtere Beschwerden können auftreten, wenn ein Wanderer sich überanstrengt (z. B. Muskelkrämpfe) oder zu lange in der Sonne geht (z. B. Sonnenbrand). Blasen, Schnitt- und Schürfwunden kommen ebenfalls häufiger vor. Für diese Fälle sollten Sie immer ein Erste-Hilfe-Set dabeihaben.

KURZTIPPS

WAS TUN?

- Schmerzen durch eine Wundauflage lindern
- Infektion verhindern

VORBEUGUNG

- Schützen Sie die gereizte oder gerötete Stelle mit Pflaster oder Mull
- Tragen Sie weiche Funktionssocken
- Tragen Sie gut eingelaufene Schuhe oder Stiefel
- Gönnen Sie Ihren Füßen Luft, wenn Sie Rast machen

BLASEN

Blasen können die Freude am Wandern ernstlich trüben. Sie entstehen durch ständige Reibung, beginnen als kleine, kaum wahrnehmbare Reizung. Bald darauf wird eine Rötung sichtbar.

1 Säubern Sie die Stelle mit sterilem Wasser, trocknen Sie sie gut.
2 Stechen Sie die Blase mit einer sterilen Nadel auf. Dies wird zwar normalerweise nicht empfohlen, ist aber für Wanderer ratsam, weil die ständige Reibung beim Gehen die Blase früher oder später ohnehin zum Platzen bringt.
3 Nach dem Aufstechen muss die Stelle gesäubert, getrocknet und abgedeckt werden, damit es nicht zu einer Infektion kommt.

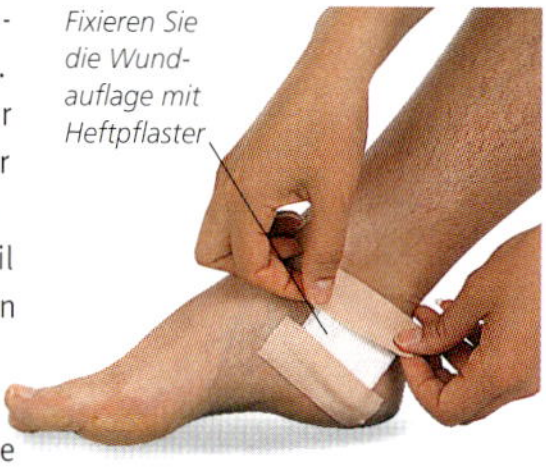

Fixieren Sie die Wundauflage mit Heftpflaster

4 Verwenden Sie eine schützende Wundauflage, z. B. gelhaltige Blasenpflaster.

KURZTIPPS

SYMPTOME

- Druckempfindlichkeit, Schwellung, Schmerzen
- Blaue Flecken

WARNHINWEIS

Großflächigere Blutergüsse können auf einen Bruch (*siehe* S. 231) oder innere Verletzungen hinweisen und müssen ärztlich behandelt werden.

PRELLUNGEN UND BLUTERGÜSSE

Zu einem Bluterguss kommt es, wenn die Blutgefäße unter der Haut verletzt werden, z. B., wenn man sich an einem Stein oder einem anderen Hindernis stößt.

Kalte Kompressen lindern Schwellungen und Schmerzen

1 Kalte Umschläge, für die Sie ein Tuch, fließendes kaltes Wasser oder Eis bzw. Schnee benötigen, lindern Schwellungen. Für mindestens fünf Minuten auf die betroffene Stelle legen und häufig erneuern.
2 Betroffene Gliedmaßen, falls möglich, hoch lagern, um den Blutzufluss zu verringern.

SCHNITT- UND SCHÜRFWUNDEN

Zu Schnitt- und Schürfwunden kommt es, wenn man stürzt, sich einen Weg durch Gestrüpp bahnt oder an Felsen vorbeischrammt. Hautverletzungen sollten grundsätzlich gesäubert und abgedeckt werden, damit keine Keime in die Wunde eindringen und sie infizieren.

Reinigen Sie die Wunde gründlich

1 Säubern Sie die Wunde unter fließendem kaltem Wasser, falls vorhanden, und trocknen Sie sie sorgfältig.
2 Tragen Sie Desinfektionslösung auf, und verbinden Sie die Wunde. Bei kleineren Verletzungen reichen Pflaster, größere Schrammen bedecken Sie am besten mit Verbandsmull, den Sie mit Heftpflaster befestigen.

KURZTIPPS

WAS TUN?

- Blutung durch Anwendung von Druck stoppen
- Wunde durch Auswaschen und Verbinden sauber halten

WICHTIG

Schürfwunden nach Stürzen auf felsigem Grund müssen von Steinchen, Sand und Schmutz gesäubert werden.

MUSKELKRÄMPFE

Muskelkrämpfe treten vor allem zu Beginn einer Wanderung häufiger und dann meist sehr plötzlich auf. Ein Muskel krampft, wenn er wiederholt stark beansprucht wird und nicht ausreichend mit Sauerstoff versorgt ist.

Ziehen Sie den Fuß Richtung Schienbein

Legen Sie eine Pause ein, und dehnen und massieren Sie die verkrampften Muskeln. Wenn Sie stark geschwitzt haben, können auch Elektrolytgetränke helfen.

KURZTIPPS

SYMPTOME

- Muskelschmerzen
- Gefühl unkontrollierter Muskelkontraktionen

VORBEUGUNG

- Fitnesstraining und Dehnübungen als Vorbereitung aufs Wandern machen die Muskeln geschmeidig
- Überanstrengung vermeiden, regelmäßig rasten
- Auf reichliche Flüssigkeitszufuhr achten
- Bei Muskelkrämpfen oder Seitenstichen Tempo verringern und langsam und tief durch die Nase atmen

---

SONNENBRAND

Sonnenbrand begünstigt Dehydratation, Hitzschlag und die Entstehung von Hautkrebs. Er kann selbst bei bedecktem Himmel auftreten, besonders in großen Höhen, wo die dünnere Luft mehr UV-Strahlung durchlässt. Schnee reflektiert die Strahlung zusätzlich.

1 Gehen Sie aus der Sonne zu einem kühlen Schattenplatz.
2 Trinken Sie Wasser in kleinen Schlucken. Da Sonnenbrand den Körper dehydriert, ist häufiges Trinken sehr wichtig.
3 Behandeln Sie kleinere Sonnenbrände mit einer kühlenden Lotion. Kaltes Wasser, vorsichtig auf die Haut getupft, wirkt ebenfalls schmerzlindernd.

WICHTIG

Setzen Sie sich nicht über längere Zeit der Sonne aus. Tragen Sie Sonnenschutz auf. Bei den ersten Anzeichen von Sonnenbrand die betroffenen Stellen mit Kleidung bedecken.

KURZTIPPS

SYMPTOME

- Die Haut ist gerötet und fühlt sich heiß an
- Blasenbildung deutet auf eine Verbrennung zweiten Grades, die ärztlicher Behandlung bedarf

WAS TUN?

- Betroffene Person aus der Sonne bringen
- Bei leichteren Sonnenbränden Schmerzen lindern
- Für reichliche Flüssigkeitszufuhr sorgen

Insektenstiche, Bisse und Pflanzengifte

Die Natur birgt für den Menschen einige Gefahren. Manche Pflanzen und Tiere besitzen Giftstoffe, die vor allem bei Allergikern zu bedrohlichen körperlichen Reaktionen führen können. Stechmücken, giftigen Schlangen und Giftpflanzen kann man meist, aber leider nicht immer aus dem Weg gehen. Insbesondere Schlangenbisse erfordern sofortige Maßnahmen.

KURZTIPPS

SYMPTOME

- Stechender Schmerz
- Geschwollene, gerötete Haut
- Schmerzen an der Einstichstelle
- Juckender, roter Ausschlag

WAS TUN?

- Stachel entfernen
- Kalte Umschläge machen
- Anzeichen für eine allergische Reaktion oder einen anaphylaktischen Schock beachten

INSEKTENSTICHE

In der Regel verursachen Insektenstiche keine größeren Beschwerden. Allergiker sollten ein Notfallmedikament zur Vorbeugung eines anaphylaktischen Schocks dabei haben und Mitwanderer darüber informieren.

1 Ein in der Haut verbliebener Stachel kann mit dem Fingernagel oder der Ecke einer Kreditkarte vorsichtig weggekratzt werden.
2 Tauchen Sie ein Tuch in kaltes Wasser, und kühlen Sie die Einstichstelle.
3 Betroffene Gliedmaßen sollten hoch gelagert werden, bis die Schwellung zurückgeht.
4 Bei schweren allergischen Reaktionen sofort einen Arzt aufsuchen

Ist der Stachel sichtbar, können Sie ihn vorsichtig herauskratzen

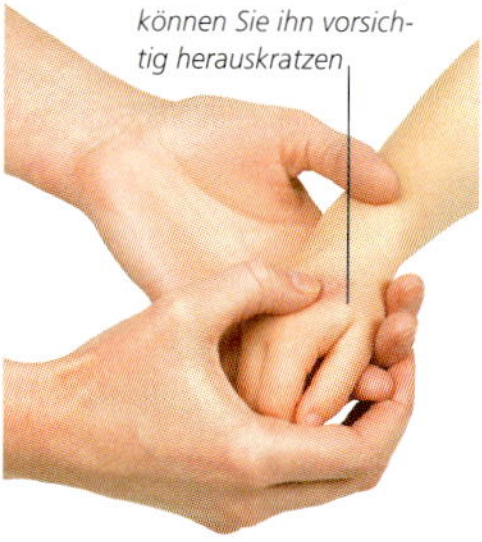

WICHTIG

Nach einem Stich in Mund oder Rachen können Schwellungen die Atemwege blockieren. Behandeln Sie sie mit kaltem Wasser, Eis oder Schnee, und suchen Sie einen Arzt auf. Heftige Reaktionen an der Einstichstelle oder Ausschläge am ganzen Körper zeigen Ihnen, dass Sie sensibilisiert sind und auf künftigen Wanderungen ein Notfallmedikament mitnehmen sollten.

KURZTIPPS

SYMPTOME

- Schwellung an der Bissstelle

WAS TUN?

- Zecke entfernen
- Auf Infektionssymptome und Anzeichen für eine Lyme-Borreliose achten

LYME-BORRELIOSE

Es kann zu einer ringförmigen Rötung, Gelenkschmerzen, Fieber oder grippeähnlichen Symptomen kommen. Borreliose muss mit Antibiotika behandelt werden.

ZECKEN

Zecken sind winzige, Blut saugende Spinnentiere. Sie übertragen Krankheiten wie Lyme-Borreliose und FSME (Hirnhautentzündung) und können Infektionen verursachen, sollten also so schnell wie möglich entfernt werden.

1 Suchen Sie die Haut nach Zecken ab, auch z. B. die Achselhöhlen. Zecken schwellen beim Saugen etwa auf Erbsengröße an.

Fassen Sie die Zecke nah an der Haut, und drehen Sie sie vorsichtig heraus

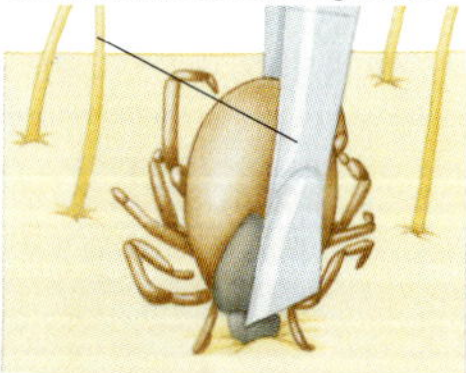

2 Zecken werden am besten mit einer Pinzette entfernt. Fassen Sie sie als Ganzes so nah an der Haut wie möglich, und ziehen Sie sie durch Drehen langsam heraus.
3 Desinfizieren Sie die betroffene Stelle sorgfältig und halten Sie sie sauber.
4 Bewahren Sie die Zecke in einem kleinen Behälter auf, um sie auf Erreger untersuchen zu lassen.
5 Falls Symptome auftreten, sollten Sie einen Arzt aufsuchen.

SCHLANGENBISSE

Der Biss einer Giftschlange muss sofort behandelt werden. Wenn kein Krankenhaus erreichbar ist, hilft ein Schlangengift-Extraktor. Diesen sollte man jedoch nur anwenden, wenn man den Umgang damit beherrscht.

1 Versuchen Sie die Schlange zu identifizieren – das erleichtert die spätere Behandlung.
2 Der Betroffene sollte sich hinlegen. Beruhigen Sie ihn. Nicht bei allen Schlangenbissen gelangt Gift in den Körper, und wenn, oft nur kleine Mengen. Die Größe der Schlange sagt nicht unbedingt etwas über die Giftmenge aus.
3 Stellen Sie die betroffene Körperzone ruhig. Legen Sie oberhalb der Bisswunde einen leichten Druckverband an, damit sich das Gift weniger schnell ausbreitet.
4 Holen Sie Hilfe oder stützen Sie den Betroffenen wenn dieser weiterlaufen muss und kann.

KURZTIPPS

SYMPTOME

- Schmerzen und Brennen an der Bissstelle, später Schwellung oder Blasenbildung
- Übelkeit, Erbrechen
- Taubheitsgefühle oder Kribbeln (z.B. an Fingern)
- Bei schweren Bissverletzungen: Schwäche, Benommenheit, Schock, kalte, feuchte Haut, schwacher Puls

WAS TUN?

- Ausbreitung des Schlangengifts im Körper verhindern
- Opfer bequem lagern
- Opfer beruhigen
- Betroffene Extremität ruhig stellen
- Arzt verständigen

VERBREITETE GIFTSCHLANGEN

SCHLANGE	VORKOMMEN	GIFTIGKEIT
Kreuzotter	Europa, Teile von Asien	mittel (innere Blutungen)
Viper	weltweit außer Australien	mittel (innere Blutungen)
Wassermokassinschlange (Grubenotter)	Südosten der USA	hoch (lässt das Blut gerinnen)
Kobra	Südasien und Afrika	hoch (Lähmungen)
Diamantklapperschlange	Nordamerika	extrem (Tod kann innerhalb einer Stunde eintreten)

KONTAKTGIFTIGE PFLANZEN

Es gibt viele Arten kontaktgiftiger Pflanzen. Giftefeu und Brennnesseln gehören zu den verbreitetsten. Giftefeu kommt vor allem in Nordamerika vor und verursacht Hautausschläge unterschiedlicher Schweregrade, die zum Teil ärztlich behandelt werden müssen. Das von der harmloseren Brennnessel verursachte Brennen auf der Haut kann durch kalte Kompressen gelindert werden. Achten Sie auf juckende rote Ausschläge: Sie lassen auf eine allergische Reaktion schließen.

1 Nach Kontakt mit Giftefeu sollten Sie die Stelle sofort mit kaltem Wasser waschen und eine Kortisonsalbe auftragen.
2 Suchen Sie möglichst bald einen Arzt auf.

GIFTEFEU

KURZTIPPS

WAS TUN?

- Pflanze, wenn möglich, bestimmen
- Symptome und Schmerzen lindern

SICHERHEIT

Wer schon einmal allergisch auf kontaktgiftige Pflanzen reagiert hat, sollte besonders gefährdete Körperpartien durch geeignete Kleidung schützen.

Medizinische Notfälle

In abgelegenen Gebieten sind professionelle Rettungskräfte bei Notfällen oft nicht erreichbar. Bei schwerwiegenden Gesundheitsproblemen, z.B. durch Unterkühlung oder einen schweren Sturz sind praktische Erste-Hilfe-Kenntnisse deshalb unverzichtbar.

Dehydration und hitzebedingte Erkrankungen

Eine der größten Herausforderungen des Wanderns besteht darin, trotz Anstrengung und starkem Schwitzen den Flüssigkeits- und Mineralstoffhaushalt sowie das Temperaturregulationssystem des Körpers im Gleichgewicht zu halten. Besonders schwierig ist dies bei Hitze, hoher Luftfeuchtigkeit, sehr trockener Luft und großer Höhe. Trinken Sie deshalb unbedingt genügend.

KURZTIPPS

SYMPTOME

- Durst
- Übelkeit, Kopfschmerzen, Benommenheit, extreme Müdigkeit
- Muskelkrämpfe
- Wenig oder dunkler Urin

WAS TUN?

- Wasserverlust ausgleichen
- Längere Aufenthalte in der Sonne oder in großen Höhen meiden
- Ausruhen

WARNHINWEIS

Bei dehydrierten Personen, die an Herz- oder Nierenerkrankungen leiden, kann eine falsche Elektrolyt-Gabe zu schweren Gesundheitsschäden führen. Verabreichen Sie Wasser nur in kleinen Mengen, und holen Sie ärztliche Hilfe.

WASSERMANGEL (DEHYDRATION)

Dehydration tritt meist im Zusammenhang mit Überanstrengung und hohen Außentemperaturen auf. Große Höhen, Hitze, Sonne, extrem feuchte sowie extrem trockene Luft verschlimmern den Zustand. Eine Dehydration ist selbst schon gefährlich, begünstigt aber zusätzlich Hitzeerschöpfung, Hitzschlag und sogar Unterkühlung.

1 Suchen Sie den Schatten auf, oder sorgen Sie mit einer Plane für Schatten.

2 Verabreichen Sie dem Betroffenen Wasser oder ein in der doppelten Menge Wasser aufgelöstes Elektrolytpulver in kleinen Schlucken. Alternativ können Sie einen Esslöffel Zucker und einen Teelöffel Salz in einem Liter Wasser auflösen.

3 Zur Vermeidung eines Rückfalls sollte die Erkrankungsursache abgeklärt werden. Häufige Ursachen sind Durchfall oder Erbrechen (bei Höhenkrankheit oder als Reaktion auf unverträgliche Nahrungsmittel), Überanstrengung (vor allem in großer Höhe und trockener Luft), und zu viel Sonne.

4 Der Betroffene sollte sich bis zur völligen Wiederherstellung ausruhen.

Geben Sie dem Betroffenen Wasser in kleinen Schlucken

ELEKTROLYTE

Elektrolyte sind im Körper gelöste Mineralsalze wie z.B. Natrium, Kalium, Kalzium und Magnesium, die zwischen den Körperzellen hin- und herwandern. Diesen Elektrolythaushalt im Gleichgewicht zu halten – wesentlich für Herzfunktion und Nervensystem, Muskelkoordination und Knochen – gehört zu den wichtigsten Aufgaben der Nieren. Wer eine anstrengende Wanderung unternimmt, verliert über den Schweiß auch Elektrolyte. Um diesen Verlust auszugleichen, werden manchen Sportgetränken Elektrolyte zugesetzt.

HITZSCHLAG

Das Temperaturregulationssystem des Körpers bricht bei einem Hitzschlag komplett zusammen, der Körper ist nicht mehr in der Lage, sich durch Schwitzen zu kühlen, sodass es zu einem gefährlichen Hitzestau kommt. Die Haut fühlt sich heiß und trocken an, eventuell auch feucht. Ein Hitzschlagopfer kühl lagern und möglichst schnell in ein Krankenhaus transportieren.

1 Bringen Sie das Opfer an einen möglichst kühlen, vor Sonne geschützten Platz.
2 Ist der Betroffene bewusstlos, sorgen Sie dafür, dass die Atemwege frei sind.
3 Versuchen Sie, die Temperatur möglichst schnell zu senken. Kühlen Sie den Körper mit kaltem Wasser, und fächeln Sie dem Opfer Luft zu. Ist der Betroffene bei Bewusstsein, empfiehlt sich ein Tauchbad in kaltem Wasser, sonst helfen feuchtkalte Tücher.
4 Massieren Sie die Gliedmaßen, um die Blutzirkulation anzuregen. Wenn die Temperatur gesunken ist, sollte feuchte Kleidung durch trockene ersetzt werden.
5 Überwachen Sie Puls, Atmung und Ansprechbarkeit.

Fächeln hilft, die Körpertemperatur zu senken

KURZTIPPS

SYMPTOME

- Benommenheit, geistige Verwirrtheit
- Kopfschmerzen, Schwindel
- Temperatur über 40 °C
- Gerötete, heiße Haut
- Schneller, starker Puls

WAS TUN?

- Hitzschlagopfer stabil lagern und für schnelle Kühlung sorgen
- Arzt benachrichtigen

WARNHINWEIS

Unter keinen Umständen dürfen Hitzschlagopfer ihre Aktivitäten ohne ärztliche Erlaubnis wieder aufnehmen. Schwere organische Schäden sind möglich, Rückfälle – selbst nach mehreren Stunden – kommen häufig vor.

HITZEERSCHÖPFUNG

Hitzeerschöpfung tritt besonders bei Hitze und hoher Luftfeuchtigkeit auf. Die Blutgefäße erweitern sich, die Blutversorgung des Gehirns wird schlechter, was zu Benommenheit oder Ohnmacht führt. Manchmal ist Hitzeerschöpfung die Vorstufe eines Hitzschlags.

1 Setzen oder legen Sie den Betroffenen an einen kühlen oder schattigen Platz. Lagern Sie seine Beine hoch, um den Blutzufluss zum Gehirn zu verbessern.
2 Verabreichen Sie Wasser oder kohlensäurefreie Getränke bzw. Elektrolytgetränke, um den Flüssigkeitsverlust auszugleichen.
3 Senken Sie die Körpertemperatur mit kühlen Kompressen (z. B. ein wassergetränktes Taschentuch) und durch Fächeln.
4 Der Betroffene sollte ruhen, bis Körpertemperatur und Urinmenge wieder normal sind.
5 Weil Hitzeerschöpfung zu einem lebensgefährlichen Hitzschlag führen kann, müssen die Vitalfunktionen überwacht werden. Sollte der Zustand des Betroffenen sich nicht bessern, ziehen Sie einen Arzt hinzu. Bei chronischen Herz- oder Nierenerkrankungen muss umgehend ein Arzt aufgesucht werden.

KURZTIPPS

SYMPTOME

- Krampfartige Schmerzen
- Feuchte, blasse Haut
- Kopfschmerzen, Verwirrtheit
- Geringe Urinausscheidung
- Übelkeit, Ohnmacht
- Erhöhte Körpertemperatur
- Schneller, schwacher Puls

WAS TUN?

- Körpertemperatur senken
- Betroffene bequem lagern
- Betroffene ausruhen lassen
- Flüssigkeit zuführen
- Eventuell einen Arzt rufen

Höhenkrankheit, Erfrierungen, Unterkühlung

Obwohl kältebedingte Erkrankungen im Winter naturgemäß häufiger sind, können sie im Hochgebirge durch ungewohnte Höhe und Kälte zu jeder Jahreszeit auftreten. Eine Behandlung ist erforderlich, um die normale Körpertemperatur und Atmung so schnell wie möglich wiederherzustellen.

KURZTIPPS

SYMPTOME

- Leicht: Atemnot, Kopfschmerzen, Übelkeit, Benommenheit, Schlaflosigkeit
- Schwer: Verwirrtheit, Koordinationsmangel, Erbrechen, trockener Husten

VORBEUGUNG

- Gewöhnen Sie sich langsam an die Höhe
- Trinken Sie reichlich
- Achten Sie auf regelmäßige, leichte, kohlenhydratreiche Mahlzeiten, und meiden Sie alkoholische Getränke

HÖHENKRANKHEIT

Je höher das Gebiet liegt, in dem man wandert, desto wahrscheinlicher leidet man unter der Abnahme des Sauerstoffgehaltes in der dünneren Luft. Viele Wanderer entwickeln oberhalb von 3000 m Symptome der Höhenkrankheit. Wer diese Höhe erreicht hat, sollte daher nicht mehr als 300 m pro Tag steigen. Oberhalb von 3600 m spüren die meisten Wanderer deutliche Symptome. Die Höhenkrankheit kann zu Ödemen (Wasseransammlungen) in Gehirn und Lungen führen.

1 Leichte Symptome bessern sich, wenn Sie ein oder zwei Tage auf gleicher Höhe bleiben.
2 Wenn die Symptome anhalten, steigen Sie auf die Höhe ab, auf der es Ihnen noch gut ging.
3 Wanderer mit schweren Symptomen sollten sofort absteigen und einen Arzt aufsuchen (meist wird mit Sauerstoff behandelt).

WICHTIG

Wenn leichte Symptome länger als ein bis zwei Tage andauern oder sich verschlimmern, ist es wichtig, sofort abzusteigen – schon 500 m können helfen.

KURZTIPPS

SYMPTOME

- Stechender Schmerz oder Hautrötung
- Die Haut wird gefühllos
- Die Haut fühlt sich hart und wächsern an
- Weiße, dann blaue oder schwarze Hautverfärbung

WAS IST ZU TUN?

- Betroffene Körperregion langsam aufwärmen
- Weitere Erfrierungen vermeiden
- Einen Arzt aufsuchen

WICHTIG

In schweren Fällen können Erfrierungen zu bleibenden Schäden an dem betroffenen Gewebe führen, daher müssen Erfrierungen stets ärztlich behandelt werden.

ERFRIERUNGEN

Betroffen von Erfrierungen sind meist Finger und Zehen. Bei Hochgebirgswanderungen besteht auch im Sommer ein gewisses Risiko, z. B. wenn man mit unzureichender Ausrüstung in einen Schneesturm gerät.

1 Bringen Sie die betroffene Person möglichst in die Wärme und ziehen Sie ihr nasse Kleider aus.
2 Nutzen Sie die Körperwärme, um betroffene Stellen zu erwärmen, z. B., indem Sie Ihre Hände in die Achselhöhlen stecken. Füße und Zehen können in den Achselhöhlen eines Mitwanderers gewärmt werden. Erfrorene Füße sollten allerdings nicht aufgewärmt werden, wenn der Betroffene noch weiterlaufen muss (nur im absoluten Notfall!).
3 Setzen Sie weder Öfen noch sehr heißes Wasser ein, weil die betroffene Person Verbrennungen vielleicht nicht spürt.
4 Die betroffene Stelle nicht reiben oder massieren, um Hautschäden zu vermeiden.
5 Die erwärmte Körperregion sollte anschließend locker verbunden werden, bis das Gefühl in die Haut zurückkehrt.

Wärmen Sie erfrorene Hände in den Achselhöhlen auf

UNTERKÜHLUNG (HYPOTHERMIE)

Hypothermie wird manchmal auch »der Mörder der Unvorbereiteten« genannt. Kälte ist nicht nur im Winter ein Problem – wer an einem kühlen, regnerischen Tag ohne angemessenen Wind- und Regenschutz wandert, kann gefährdeter sein als ein Skifahrer im Winter. Feuchtigkeit erhöht das Risiko, weil nasse Kälte die Haut schneller auskühlen lässt als trockene Kälte. Auch Hunger und Müdigkeit begünstigen Unterkühlung.

1 Bringen Sie die betroffene Person an einen geschützten Ort, oder errichten Sie einen Schutz, z. B. ein Zelt. Schützen Sie sie mit Kleidung, Rucksäcken oder Schlafmatten vor Bodenkälte und weiterem Wärmeverlust.

2 Erwärmen Sie Unterkühlungsopfer langsam: Ersetzen Sie nasse oder feuchte Kleidung (schneiden Sie sie notfalls auf) durch trockene oder durch einen Schlafsack.

3 Ist der Betroffene bei Bewusstsein, flößen Sie ihm warme Getränke in kleinen Schlucken ein.

4 Betroffene unbedingt hinlegen.

5 Bei schwerer Unterkühlung muss ein Arzt gerufen werden.

Warme Getränke (kein Alkohol!) helfen

Eine Mütze wärmt zusätzlich

Beruhigen Sie Unterkühlungsopfer

Ein Notbiwacksack schützt vor Regen und Wind

KURZTIPPS

SYMPTOME

- Leicht: Zittern, unkoordinierte Bewegungen, Reizbarkeit, Verlust des Urteilsvermögens, Lallen
- Schwer: Zittern hört auf, Betroffene können nicht stehen, sich nicht bewegen oder das Gleichgewicht halten, Bewusstlosigkeit, langsamer, schwacher Puls

WAS TUN?

- Wärmeverlust vermeiden
- Langsam aufwärmen
- Notfalls Hilfe holen

WARNHINWEIS

Gehen Sie mit Unterkühlungsopfern immer behutsam und ruhig um, auch wenn sie schwere Symptome zeigen oder bewusstlos sind. Der Betroffene sollte unter keinen Umständen weitergehen – auch wenn er dazu in der Lage zu sein scheint – und sich möglichst wenig bewegen, um das Herz zu entlasten. In schweren Fällen kann sofortige ärztliche Hilfe lebensrettend sein.

SO BEUGEN SIE EINER UNTERKÜHLUNG VOR

Achten Sie bei Kälte unbedingt auf angemessene Kleidung. Je nach Aktivitätsgrad und Außentemperatur sollten Sie Schichten entfernen oder hinzufügen können („Zwiebelprinzip“), um Ihre Körpertemperatur zu regulieren und starkes Schwitzen zu vermeiden. Nehmen Sie warme Mützen, Übersocken, Schals, Regenkleidung, Handschuhe, eine Rettungsdecke und genügend Wasser mit. Knabbern Sie unterwegs Energieriegel und Nüsse. Eine Unterkühlung kündigt sich durch unkontrolliertes Zittern an – dann ist unverzügliches Handeln erforderlich, um eine lebensbedrohliche Hypothermie zu verhindern.

Knochen- und Gelenkverletzungen

Ein Moment der Unachtsamkeit genügt, um auf nassem Felsgrund auszurutschen oder zu stürzen. Unangenehme Schürf- und Schnittverletzungen, in schlimmeren Fällen auch Verstauchungen und Knochenbrüche können die Folge sein. Oft sind dann Erste-Hilfe-Maßnahmen notwendig.

KURZTIPPS

SYMPTOME

- Schmerzen, Berührungsempfindlichkeit
- Schwellung, Bluterguss
- Beweglichkeitseinschränkung

WAS TUN?

- Schwellung und Schmerzen lindern
- Gelenk ruhig stellen
- Eventuell Arzt rufen

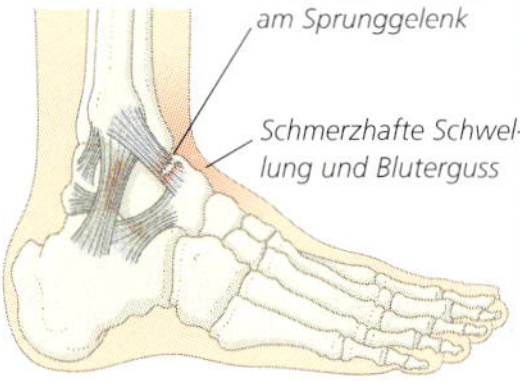

VERSTAUCHTES FUSSGELENK

VERSTAUCHUNGEN UND ZERRUNGEN

Regelmäßige Dehnübungen beugen Verstauchungen und Zerrungen vor, denn bewegliche Gelenke können plötzliche Drehungen, Stöße oder Stürze in unebenem Gelände besser abfedern. Eine Zerrung ist die Folge einer Überdehnung. Von einer Verstauchung spricht man, wenn der Bandapparat eines Gelenks durch Überdehnung verletzt wird oder einreißt. Weil vor allem die Fußgelenke von solchen Verletzungen betroffen sind, empfiehlt es sich, bei Wanderungen mit schwerem Gepäck Stiefel mit gelenkstützendem Schaft zu tragen. Verstauchungen und Zerrungen können äußerst schmerzhaft sein und sind ohne Röntgenuntersuchung oft nicht von Brüchen zu unterscheiden.

WICHTIG

Behandeln Sie Verstauchungen und Zerrungen zunächst nach dem unten erläuterten Prinzip: Ruhe, Eis, Kompressionsverband, Hochlagern. Wenn Sie sich nicht sicher sind, ob es ein Bruch ist, stellen Sie verletzte Gliedmaßen ruhig. Ist ein Bein betroffen, »schienen« Sie es mit Dreiecksverbänden ober- und unterhalb der verstauchten oder gebrochenen Stelle.

1 Ruhe – Eine Zerrung oder Verstauchung muss zu ihrer vollständigen Heilung ruhig gestellt werden. Muss ein Verletzter trotzdem noch zu Fuß gehen, helfen Sie ihm, indem Sie sein Gepäck übernehmen. Sobald der Verletzte in Sicherheit ist, stabilisieren und stützen Sie die betroffene Extremität.

2 Eis – Kühlen Sie die Verletzung, um Schmerzen und Schwellungen zu reduzieren, möglichst mit Eis oder Schnee oder mit kalten Umschlägen.

3 Kompressionsverband – Verbinden Sie ein verletztes Sprunggelenk mit einem leichten Druckverband: Gelenk zunächst abpolstern, dann einen elastischen Verband in Achten (um den Vorderfuß, dann um den Knöchel und zurück) um das Gelenk wickeln. Die Zehen müssen noch gut durchblutet werden!

4 Hochlagern – Lagern Sie den verletzten Körperteil, wenn möglich, über Herzhöhe. Das lindert Schwellungen und Blutergüsse.

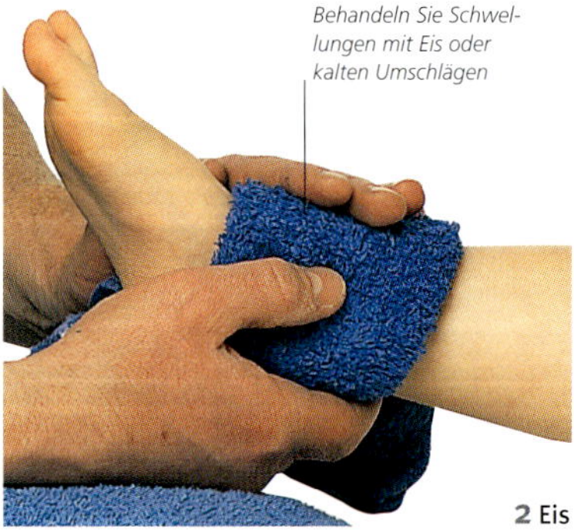

2 Eis

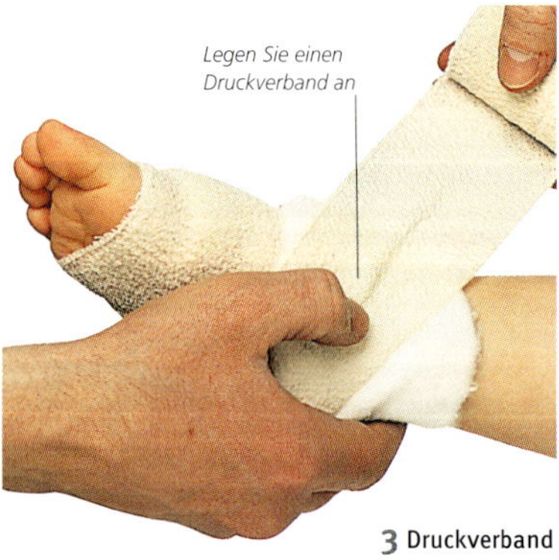

3 Druckverband

VERRENKUNGEN

Von einer Verrenkung spricht man, wenn durch eine ruckartige Drehbewegung ein Gelenkteil aus dem Gelenk heraustritt – eine extrem schmerzhafte Verletzung, die auch die umgebenden Nerven in Mitleidenschaft ziehen kann. Am häufigsten betroffen sind Schulter-, Finger- (v.a. Daumen-) und Kiefergelenke.

Bei Verrenkungen, z. B. der Schulter oder Hüfte, können auch Nerven im Arm oder Bein verletzt werden, was zu Lähmungen führen kann. Außerdem können zusätzlich benachbarte Knochen gebrochen sein.

Ein ausgerenktes Daumengelenk ist eine häufige Verletzung beim Wandern

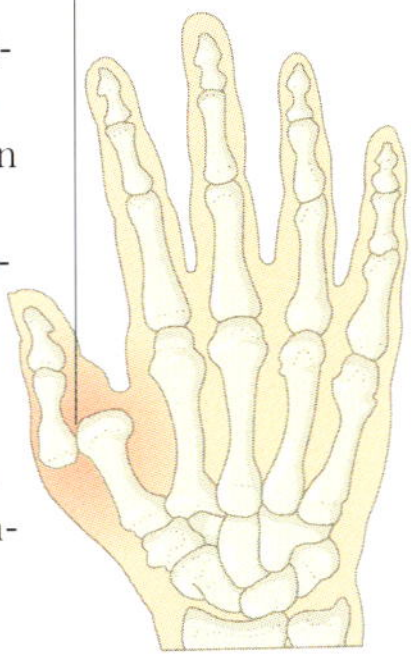

AUSGERENKTES GELENK

1 Der Patient soll still liegen oder sitzen, während Sie das Gelenk in einer möglichst bequemen Position ruhig stellen.
2 Benutzen Sie zur Ruhigstellung Bandagen und Schlingen. Der Verletzte sollte sich nicht bewegen, bevor das Gelenk bandagiert und gestützt ist, es sei denn, er befindet sich in Gefahr.
3 Bei Schulterverrenkungen den Arm an den Brustkorb binden.
4 Führen Sie nötigenfalls Maßnahmen zur Schockbehandlung durch (*siehe* S. 231), und verständigen Sie den Arzt.

KURZTIPPS

SYMPTOME

- Verdrehte Gliedmaßen
- Schwellungen im Bereich des Gelenks
- Große Schmerzen, die sich bei Bewegung verschlimmern
- Blutergüsse

WAS IST ZU TUN?

- Das Gelenk vorsichtig ruhig stellen
- Transport ins Krankenhaus veranlassen

WARNHINWEIS

Versuchen Sie nie, ein ausgerenktes Gelenk selbst wieder einzurenken. Dies kann zu weiteren Verletzungen führen, vor allem, wenn etwas gebrochen ist. Holen Sie ärztliche Hilfe.

KNOCHENBRÜCHE

Bei einem offenen Bruch dringen Knochenstücke durch die Haut nach außen, bei geschlossenen Brüchen kann eine Röntgenuntersuchung notwendig sein, um einen Bruch festzustellen. Ist man sich nicht sicher, ob ein Bruch vorliegt, sollte man die Verletzung sicherheitshalber trotzdem als solchen betrachten.

1 Stellen Sie den betroffenen Körperteil durch Schienen ruhig. Diese Maßnahme lindert Schmerzen, reduziert Schockgefahr und Blutung und verhindert weitere Schäden. Als Schienen können Wanderstöcke oder Äste dienen.
2 Betroffene Gliedmaßen müssen eventuell gestreckt werden, bevor sie geschient werden können – dies sollte möglichst unmittelbar nach dem Unfall geschehen. Schützen Sie herausstehende Knochen wie Ellbogen oder Knie mit Stoff oder Verbänden.
3 Entlasten Sie den verletzten Körperteil mit einer Schlinge oder indem Sie ihn am Körper festbinden. Prüfen Sie in regelmäßigen Abständen, ob noch Gefühl in den Extremitäten ist.

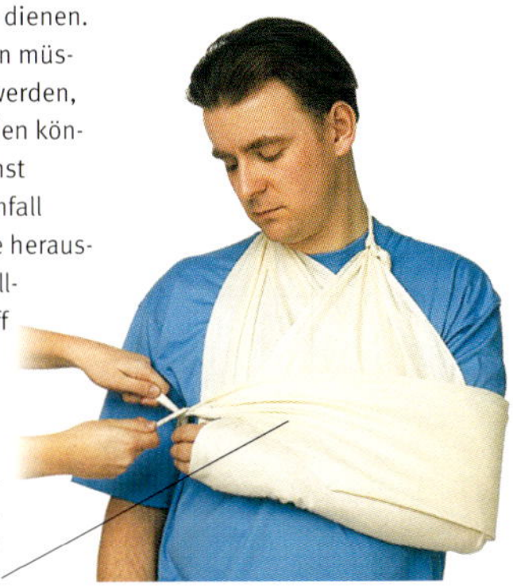

Ein Verband oder eine Schlinge stellt gebrochene Gliedmaßen ruhig und hält die Schiene

KURZTIPPS

SYMPTOME

- Schmerzen
- Betroffener Körperteil kann nicht oder nur schwer bewegt werden
- Schwellung, Verfärbung
- Betroffene Extremität ist verkürzt, verkrümmt oder verdreht
- Knochen sind sichtbar verformt oder dringen durch die Haut
- Schocksymptome

WAS TUN?

- Betroffene Extremität ruhig stellen
- Hervorstehende Knochen (Ellbogen, Knie) schützen
- Schmerzen bekämpfen
- Blutungen durch Hochlagern unter Kontrolle bringen
- Transport ins Krankenhaus veranlassen

KURZTIPPS

SYMPTOME

- Venöse Blutungen: dunkelrotes Blut, das nicht mit dem Herzschlag pulsiert
- Arterielle Blutung: helles Blut, das mit dem Herzschlag pulsiert (schwerer zu stillen als eine venöse Blutung)

WAS TUN?

- Blutung durch Druckverband stoppen
- Infektion verhindern
- Heilung fördern

WICHTIG

Der Verletzte sollte so schnell wie möglich in ein Krankenhaus gebracht werden, damit die Wunde gereinigt und vorsorgt werden kann.

BLUTUNGEN

Außer bei seltenen und schweren Verletzungen können Blutungen, auch wenn sie zunächst dramatisch aussehen, durch Hochlagern und Druck verlangsamt oder gestoppt werden. Aderpressen sind gefährlich und sollten daher nicht verwendet werden. Unterwegs ist es außerdem oft nicht ganz einfach, die Wunde und alle Wundauflagen so sauber wie möglich zu halten. Patienten mit schweren Blutungen sollten auch auf Schock hin behandelt werden.

1 Wenn die Haut aufgerissen ist, kann man die Wundränder mit beiden Händen und unter Druck zusammenpressen. Meist sind kleinere Blutgefäße und Venen verletzt, und die Wunde beginnt sich nach einigen Minuten der Druckausübung zu schließen. Bei den selteneren arteriellen Blutungen dauert dies länger.

2 Falls kein Knochen gebrochen ist und der Patient bewegt werden kann, sollten Sie für eine bequeme Lage sorgen und den betroffenen Körperteil anheben. Üben Sie dabei weiter Druck auf die Wunde aus. Mit Verbandsmull können Sie das Blut auffangen. Auch wenn die Blutung nicht völlig zum Stillstand kommt, kann die Wunde verbunden werden.

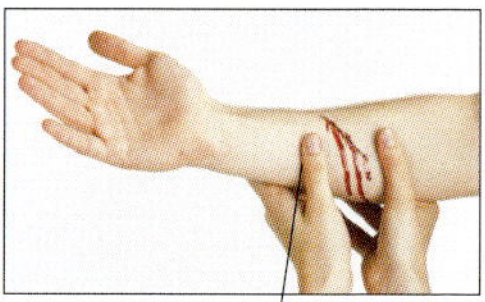

Pressen Sie die Wundränder zusammen, um die Blutung zu stoppen

Heben Sie den betroffenen Körperteil an, während Sie weiter Druck auf die Wunde ausüben

Die Beine sollten über Herzhöhe gelagert werden

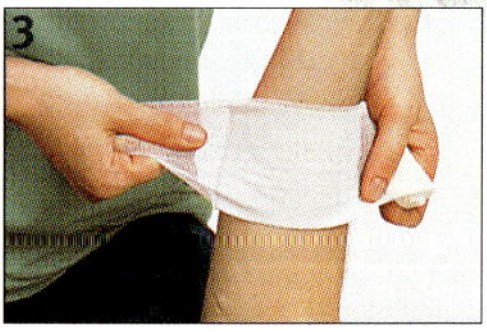

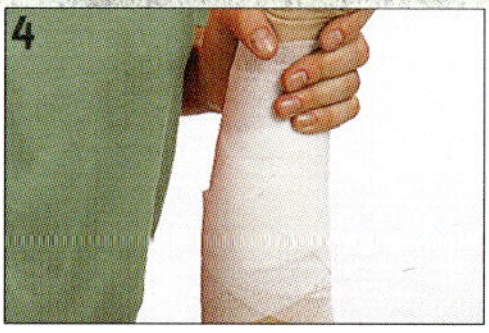

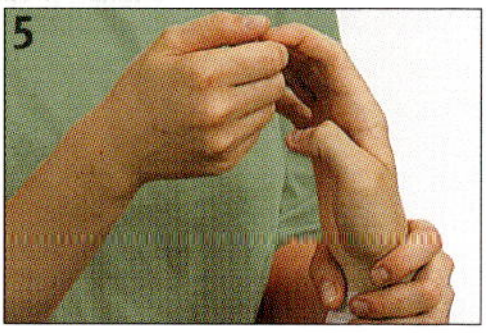

3 Legen Sie eine Mullkompresse auf die Wunde, und befestigen Sie sie mit einem Verband. Wenn Blut durch die Wundauflage sickert, legen Sie eine weitere Kompresse auf.

4 Üben Sie, falls nötig, weiter Druck aus, und halten Sie den verletzten Körperteil hoch. Fixieren Sie ihn in erhöhter Position mit einer Schlinge oder Verbänden.

5 Der Druckverband sollte nicht zu eng sein. Überprüfen Sie regelmäßig die Durchblutung, indem Sie den Puls sowie die Farbe von Nagelbett und Haut kontrollieren (bläuliche Hautfärbung deutet auf schlechte Durchblutung hin). Achten Sie auf Schmerzen, Kribbel- oder Taubheitsgefühle.

6 Ist der Verband zu fest, muss er entfernt und neu angelegt werden.

7 Entfernen Sie den Verband, wenn die Blutung zum Stillstand gekommen ist. Verbinden Sie die Wunde neu, und wechseln Sie den Verband täglich.

8 Der betroffene Körperbereich sollte möglichst wenig bewegt werden, damit sich die Wunde nicht wieder öffnet. Muss der Verletzte sich bewegen, sollte der Wundbereich geschient werden.

Schock

Zu Schockzuständen kommt es, wenn der Kreislauf versagt und lebenswichtige Organe wie Herz und Gehirn nicht ausreichend mit Sauerstoff versorgt werden. Ein Schock kann lebensbedrohlich sein und erfordert sofortige Notfallmaßnahmen und eine ärztliche Nachbehandlung, um Schäden an Organen zu verhindern.

ERSTE HILFE BEI SCHOCK

In der Regel wird ein Schock durch großen Blutverlust ausgelöst, er kann aber auch aus schweren Verbrennungen, Brüchen, Hitzschlag oder Unterkühlung resultieren. Die Symptome treten manchmal verzögert auf, deshalb sollten Sie bei allen größeren Blutungen, bei Bewusstlosigkeit sowie bei Hitze- oder Kältestörungen vorsichtshalber eine Schockbehandlung durchführen.

1 Der Verletzte sollte sich zunächst hinlegen. Der Kopf sollte flach oder tiefer als der Körper, die Füße um 25–30 cm erhöht gelagert werden. Das Unterlegen einer Matte oder von Kleidung verhindert Wärmeverlust, ein Zelt oder ein natürlicher Windschutz schützt vor Kälte und Wind.

2 Die Körpertemperatur des Verletzten sollte nicht absinken. Wenn Schlafsäcke und zusätzliche Kleidung nicht ausreichen, kann eine Wärmequelle (ein Feuer oder die Körperwärme einer anderen Person) nötig sein. Lockern Sie einengende Kleidung.

3 Beruhigen Sie den Verletzten. Panik, Angst und Schmerzen können die Schocksymptome verschlimmern. Bewegen Sie einen Schockpatienten nicht, bis er behandelt wurde und unter Kontrolle ist. Atmung, Puls und Bewusstsein, nach Möglichkeit auch Herzschlag, Temperatur, Urinausscheidung und Blutdruck sollten überwacht werden.

KURZTIPPS

SYMPTOME

- Schneller, schwacher Puls
- Blässe
- Kalte Haut, Frösteln
- Verminderte Urinausscheidung
- Verwirrtheit

WAS TUN?

- Verletzten bequem lagern und warm einpacken
- Vitalfunktionen prüfen
- Aufzeichnungen führen
- Arzt aufsuchen

WICHTIG

Schnelle ärztliche Behandlung ist lebenswichtig. Bis zum Eintreffen des Rettungsdienstes muss der Zustand des Schockpatienten überwacht werden.

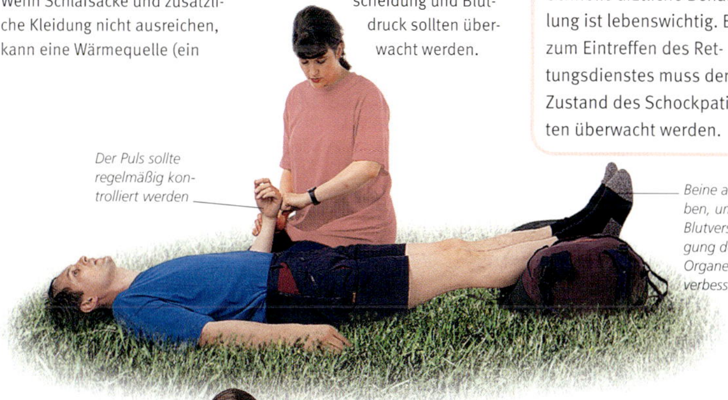

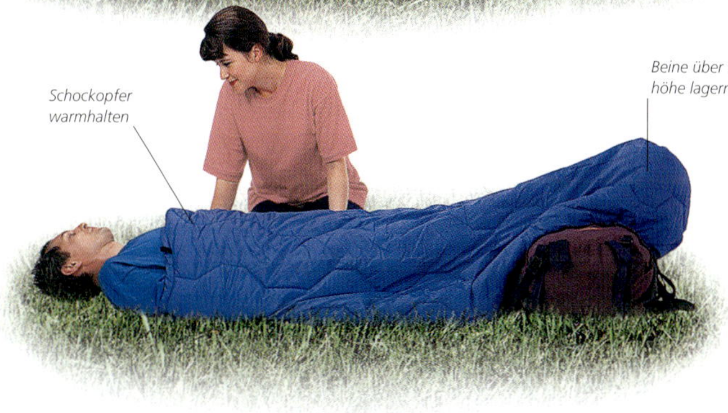

Bewusstlosigkeit

Viele Störungen und Krankheiten können zum Verlust des Bewusstseins führen, z. B. Herzinfarkt, Diabetes, Krampfanfälle, Traumen, Hypothermie, Höhenkrankheit und Hitzschlag. Mitten in der Wildnis ist medizinische Hilfe selten verfügbar. Ob ein Bewusstloser überlebt, kann davon abhängen, ob Sie die entsprechenden Erste-Hilfe-Techniken beherrschen und in der Lage sind, Rettungskräfte und eine Evakuierung zu organisieren.

KURZTIPPS

SYMPTOME

- Das Opfer ist nicht ansprechbar
- Eventuell ist weder Atmung noch Puls feststellbar

WAS TUN?

- Hilfe holen
- Das Opfer laut ansprechen und auf eine Reaktion achten
- Atemwege frei machen
- Atmung überwachen und gegebenenfalls mit der Beatmung (*siehe* S. 235) beginnen
- Bei Herzstillstand mit der Herzdruckmassage (*siehe* S. 236) beginnen
- Verletzungen und Erkrankungen versorgen, dann für stabile Seitenlagerung (*siehe* S. 237) sorgen. Puls, Atmung und Ansprechbarkeit überwachen und, falls möglich, Aufzeichnungen darüber führen
- Für Wind- und Wetterschutz sorgen

BEWUSSTLOSE WIEDERBELEBEN

Ein Bewusstloser läuft Gefahr zu ersticken, vor allem, wenn die Zunge nach hinten fällt und die Atemwege verlegt. Das Freimachen der Atemwege gehört daher zu den dringlichsten Erste-Hilfe-Maßnahmen.

1 Vergewissern Sie sich zunächst, dass Ihnen und dem Betroffenen keine akute Gefahr droht, z. B. durch Steinschlag.

2 Sprechen Sie den Bewusstlosen mit lauter Stimme und, falls bekannt, mit Namen an, und schütteln Sie ihn leicht an der Schulter.

3 Rufen Sie notfalls um Hilfe – vielleicht sind andere Wanderer in der Nähe.

4 Legen Sie die Atemwege frei, indem Sie eine Hand auf die Stirn des Bewusstlosen legen, seinen Kopf leicht nach hinten überstrecken, eventuelle Fremdkörper im Mund entfernen und das Kinn anheben. Prüfen Sie, ob der Betroffene atmet: Hebt und senkt sich der Brustkorb? Hören Sie Atemgeräusche? Spüren Sie einen Luftzug, wenn Sie Ihre Wange an seinen Mund legen?

5 Wenn das Opfer nicht atmet, setzen Sie, falls möglich, einen Notruf ab, und beginnen Sie mit der Beatmung (*siehe* S. 235).

6 Wenn der Betroffene atmet, versorgen Sie schwere Verletzungen oder bekannte Grunderkrankungen. Lagern Sie ihn dann in der stabilen Seitenlage (*siehe* S. 237).

7 Überwachen Sie Puls, Atmung und Ansprechbarkeit, bis Hilfe kommt. Sorgen Sie für Wetterschutz. Verlassen Sie den Verletzten nur dann, wenn es keine andere Möglichkeit gibt, Hilfe zu holen.

MUND-ZU-MUND-BEATMUNG

Wenn ein Bewusstloser nicht mehr atmet, muss unverzüglich der Notarzt alarmiert und mit der Beatmung begonnen werden. Durch den Sauerstoffmangel werden die Organe – insbesondere das Gehirn – schon nach kurzer Zeit irreparabel geschädigt. Beatmung ist ein wirkungsvoller Weg, um die Sauerstoffversorgung Bewusstloser nach einem Atemstillstand zu gewährleisten. Die Luft, die Sie ausatmen, enthält immerhin noch rund 16 Prozent Sauerstoff – genug, um über die Lungen auch die übrigen Organe des Opfers mit Sauerstoff zu versorgen.

1 Machen Sie die Atemwege frei, indem Sie eine Hand auf die Stirn des Verletzten legen und dessen Kopf sanft nach hinten überstrecken. Entfernen Sie Erbrochenes, Zahnprothesen und andere Fremdkörper aus dem Mund, und heben Sie den Unterkiefer an.

2 Verschließen Sie die Nase des Bewusstlosen mit den Fingern der Hand, die auf der Stirn liegt.

3 Holen Sie tief Luft, und umschließen Sie den Mund des Opfers mit Ihrem Mund.

4 Beginnen Sie mit zwei Atemstößen, die Sie wiederholen, wenn sich der Brustkorb des Beatmeten nicht hebt. Versuchen Sie fünfmal, zwei effektive Atemstöße zu geben (der Brustkorb sollte sich vollständig heben und senken). Dies dauert etwa sechs Sekunden.

5 Lösen Sie nach jeder Beatmung Ihren Mund von dem des Opfers, damit die Luft entweicht.

6 Prüfen Sie jeweils nach zwei Atemstößen, ob Lebenszeichen vorhanden sind (Husten oder Bewegungen). Wenn ja, fahren Sie mit Punkt 7 fort, wenn nein, mit Punkt 10.

7 Fahren Sie mit der Beatmung fort (etwa 10 lange, ruhige Atemstöße pro Minute).

8 Kreislauf minütlich überprüfen. Bei Herzstillstand beginnen Sie mit der Herz-Lungen-Wiederbelebung (*siehe* S. 236), einer Kombination aus Beatmung und Herzdruckmassage.

9 Wenn der Bewusstlose wieder atmet, sollte er stabilisiert und – falls möglich – in die Seitenlage gebracht werden (*siehe* S. 237).

10 Ist weder Puls noch Atmung feststellbar, muss sofort mit der Herz-Lungen-Wiederbelebung (*siehe* S. 236) begonnen werden.

Kopf sanft nach hinten überstrecken, Unterkiefer mit Zeige- und Mittelfinger stützen

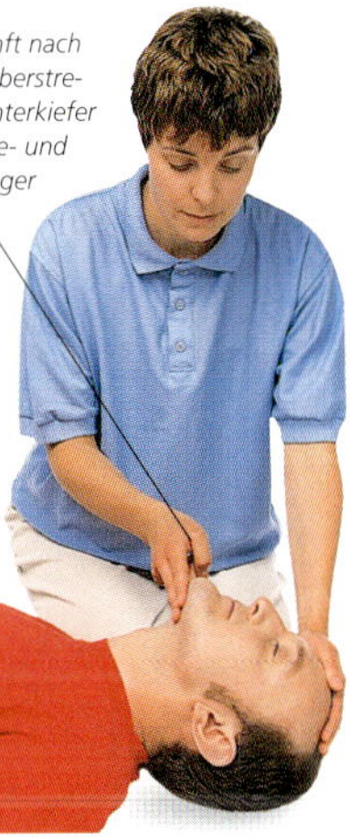

Nase des Opfers zuhalten, Mund mit den Lippen fest umschließen

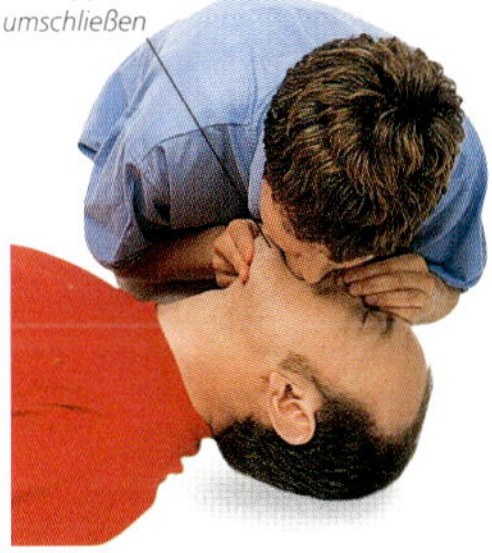

Prüfen, ob der Brustkorb sich hebt und senkt

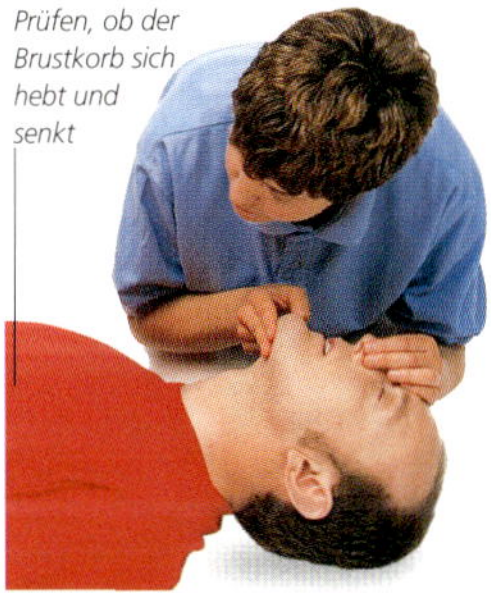

KINDER BEATMEN

Bei Kindern wird die Beatmung folgendermaßen durchgeführt:

- Atemwege wie beschrieben frei machen.
- Nase des Kindes zuhalten, tief einatmen, Mund mit den Lippen umschließen.
- Im Abstand von drei Sekunden zweimal beatmen. Der Brustkorb sollte sich vollständig heben und senken.
- Danach prüfen, ob Anzeichen für Atem- und Kreislauftätigkeit vorhanden sind.
- Sind Anzeichen vorhanden, setzen Sie die Beatmung (20 Atemstöße pro Minute) fort. Nach jeder Minute Herz-Kreislauf-Tätigkeit überprüfen.
- Sind keine Anzeichen vorhanden, ist Herz-Lungen-Wiederbelebung notwendig (*siehe* S. 236).

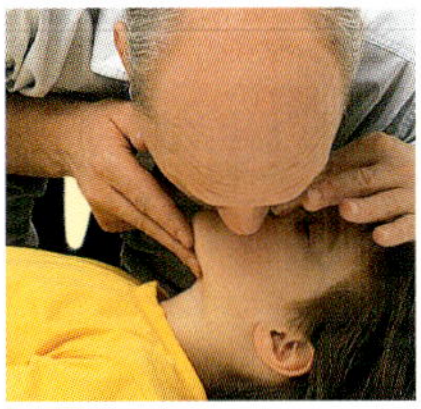

WARNHINWEIS

Bei einer Beatmung sollte so hygienisch wie möglich vorgegangen werden, um der Übertragung von Krankheiten und Keimen vorzubeugen, z. B. durch das Tragen von Einmalhandschuhen und die Verwendung eines Atemschutztuchs. Diese Hilfsmittel finden in jedem Erste-Hilfe-Set Platz. Andere Hilfsmittel wie Atemmaske, Ambu-Beutel und Safar-Tubus dürfen nur von ausgebildeten Personen eingesetzt werden.

HERZ-LUNGEN-WIEDERBELEBUNG (CPR)

Die Herz-Lungen-Wiederbelebung ist eine Kombination aus Herzdruckmassage und Beatmung (*siehe* S. 235). Sie wird durchgeführt, wenn sowohl ein Atem- als auch ein Herzstillstand vorliegt, um die Blutzufuhr zum Gehirn anzuregen und Luft in die Lungen zu pumpen. Das Rote Kreuz und viele andere Organisationen bieten Kurse zu dieser Technik an, die man unbedingt üben sollte. Das genaue Verfahren hängt vom Alter des Opfers und der Zahl der Helfer ab. Wenn es zwei Helfer gibt, ist es sinnvoll, wenn einer die Beatmung durchführt, während der andere die Druckmassage anwendet. Gibt es nur einen Helfer, muss dieser sowohl Beatmung als auch Herzdruckmassage im Wechsel durchführen.

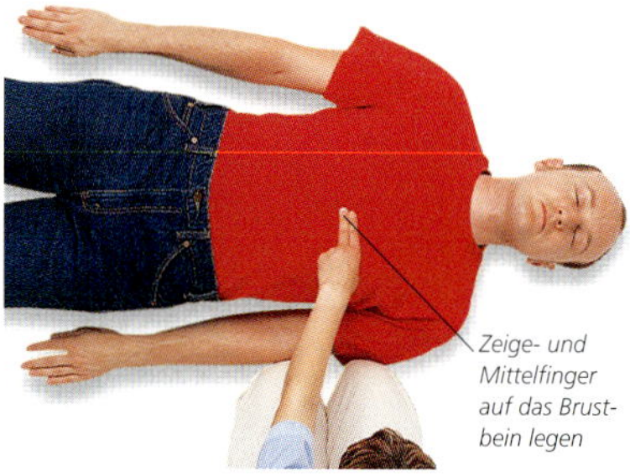

1 Legen Sie Zeige- und Mittelfinger einer Hand auf den Punkt, an dem der untere Rippenbogen und das Brustbein aufeinandertreffen.

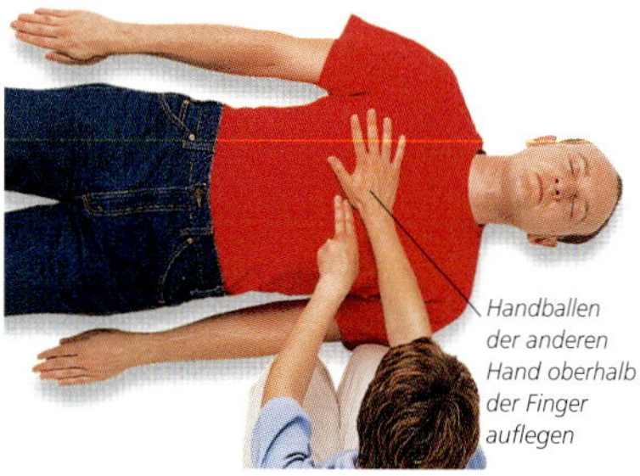

2 Legen Sie den Handballen der anderen Hand neben die beiden Finger. Dies ist der Druckpunkt für die Herzdruckmassage.

3 Legen Sie nun die erste auf die zweite Hand, und verschränken Sie die Finger.

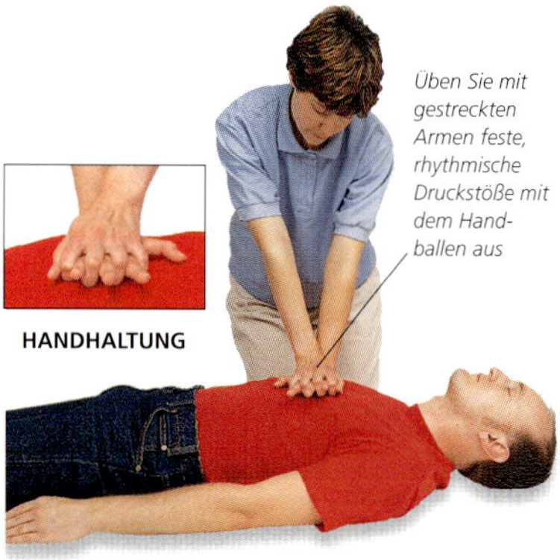

4 Pressen Sie nun in rhythmischen Stößen (etwa 100 Mal pro Minute) das Brustbein 4–5 cm hinunter.

KINDER

Bei Kindern sollte so vorgegangen werden:

- Führen Sie fünf Druckstöße mit nur einer Hand durch, danach eine Beatmung.
- Fahren Sie mit der Wiederbelebung im Rhythmus 5:1 fort.

5 Beginnen Sie mit der Beatmung.

6 Fahren Sie in einem Rhythmus von 15 Druckstößen und zwei Atemstößen fort, bis der Betroffene Lebenszeichen zeigt, bis Hilfe eintrifft oder weitere Wiederbelebungsmaßnahmen unmöglich werden. In der Wildnis besteht wenig Aussicht auf schnelle ärztliche Hilfe. Deshalb sollten Sie mit der Herz-Lungen-Wiederbelebung unbedingt so lange weitermachen, wie es Ihnen möglich ist.

STABILE SEITENLAGERUNG

Sind Atmung und Kreislauftätigkeit feststellbar, muss der oder die Bewusstlose bis zum Abtransport stabilisiert werden (*siehe* S. 234). Wenn Sie in einer Gruppe unterwegs sind, können ein oder zwei Personen Hilfe holen, während die anderen bei dem Bewusstlosen bleiben. Zögern Sie nicht, andere Wanderer um Hilfe zu bitten.

Ist der Zustand des Betroffenen stabil, sollte er in eine stabile Seitenlage gebracht werden (*siehe unten*), bis Hilfe eintrifft. Diese Ruheposition fördert Atmung und Blutzirkulation, sollte aber nur durchgeführt werden, wenn der oder die Bewusstlose nicht stark verletzt ist und bewegt werden kann.

1 Knien Sie sich neben das Opfer, und bringen Sie seine Beine in die Streckung. Entfernen Sie störende Gegenstände aus den Hosentaschen.

2 Winkeln Sie den Arm, der Ihnen am nächsten liegt, rechtwinklig an, die Hand sollte ausgestreckt sein, als würde das Opfer jemandem winken.

3 Führen Sie den anderen Arm des Verletzten über dessen Brustkorb. Die Handfläche sollte nach außen und zu der Wange des Opfers zeigen, die Ihnen am nächsten liegt.

4 Fassen Sie jetzt den Oberschenkel des von Ihnen abgewandten Beines. Ziehen Sie es hoch, bis der Fuß flach auf dem Boden steht. Nun ziehen Sie das Bein zu sich herüber und rollen das Opfer auf die Seite.

5 Jetzt sollte die bewusstlose Person auf der Seite liegen. Das untere Bein ist gestreckt, das obere in der Hüfte gebeugt, das Knie liegt bequem. Das Opfer sollte nicht in die Rückenlage zurückrollen können.

6 Prüfen Sie, ob Ihr Patient gleichmäßig und frei atmet.

HILFE HOLEN

- Rufen Sie per Handy Hilfe. Bei schlechtem Empfang probieren Sie es an verschiedenen Standorten.
- Wenn Sie laufen müssen, um Hilfe zu holen, sollten Sie auf der Karte den kürzesten Weg suchen.
- Nehmen Sie Ihre Aufzeichnungen über Atmung, Puls, sichtbare Verletzungen des Opfers und die durchgeführten Erste-Hilfe-Maßnahmen mit.
- Markieren Sie Ihre Position auf der Karte, und nehmen Sie sie mit, damit die Rettungskräfte keine Zeit mit der Suche verlieren müssen.

WARNHINWEIS

In folgenden Situationen ist die stabile Seitenlagerung nicht angezeigt:

- Bei Verdacht auf Kopf-, Hals- und Wirbelsäulenverletzungen sollte der Betroffene nicht bewegt werden. In diesem Fall kann jedoch der Unterkiefer nach vorne gezogen werden, damit die Zunge die Atemwege nicht verschließt.
- In den fortgeschrittenen Stadien einer Hypothermie kann eine Verlagerung Kammerflimmern (eine lebensbedrohliche Herzrhythmusstörung) auslösen. Auch hier sollten Sie aber darauf achten, dass die Atemwege frei sind. In beiden Fällen muss trotzdem die Atmung des Betreffenden kontinuierlich überwacht werden.
- Wenn Sie das Opfer allein zurücklassen müssen, um Hilfe zu holen, sollten Sie die stabile Seitenlagerung dennoch vorsichtig durchführen, um das Erstickungsrisiko durch Blockierung der Atemwege zu verringern. Bewegen Sie den Betroffenen so behutsam wie möglich. Bei Kopf-, Hals- und Wirbelsäulenverletzungen sollte die Wirbelsäule des Opfers während der Lagerung vollkommen gerade bleiben.

Nützliche Informationen

Im Internet finden sich inzwischen viele hilfreiche Websites zum Wandern sowie zu Themen wie Wetter, Impfbestimmung oder Outdoor-Ausrüstung usw. Hier finden Sie eine Auswahl von Adressen, die bei der Planung von Wandertouren wichtige Informationen liefern.

HILFREICHE WEBSITES

ALLGEMEINES

www.bikeandhike.de
Große Onlinedatenbank mit Touren für Wandern, Mountainbiken und Trekking.

www.fernwege.de
Informationen zum Wandern in Deutschland, Österreich, Frankreich, Italien, Tschechien, Großbritannien.

www.globetrotter.de
Onlineshop für Outdoor-Ausrüstung und Aktivitäten mit riesiger Auswahl.

www.netzwerk-weitwandern.de
Umfassende Datenbank und viele Informationen zu Weitwanderwegen in Europa, die mindestens 100 km lang sind oder 5 Tage dauern.

www.outdoor-magazin.com
Internet-Site des bekannten deutschen Wandermagazins für Trekking und Outdoor, in der man neben vielen Tipps für unterwegs auch eine umfangreiche Übersicht über Touren in Europa und weltweit findet.

www.outdoorwelt.de
Internetportal zu den Themen Outdoor, Abenteuer, Survival und Individualreisen.

www.traildatabase.org
Englischsprachige Reisedatenbank mit Web-Links für Destinationen weltweit.

www.via-alpina.com
Beschreibungen mit genauer Etappenübersicht von Weitwanderwegen im gesamten Alpenraum.

www.wanderweb.de
Verzeichnis von Wander-, Kletter- und Reisehomepages vieler Länder.

www.wanderbares-deutschland.de
Portal für Weitwanderwege in Deutschland und der Schweiz.

www.wanderreisen.de
Datenbank für Wander- und Trekkingreisen vom Allgäu bis Patagonien. Man kann die Reisen auch gleich online buchen.

WETTERAUSKUNFT

www.metoffice.com/weather
Vorhersagen und Klimaangaben für Destinationen weltweit.

www.onlineweather.com
Weltweite Wettervorhersagen.

www.wetter.de
Wettervorhersagen für Deutschland.

www.wetter.com
Wettervorhersagen, Unwetterwarnungen, Grillwetter, Wochenendwetter und Webcams zu vielen Gebieten.

www.meteoworld.de
Wetterservice mit Deutschland-, Europa- und Weltwetter, auch mit langfristigen Wetterprognosen.

www.dwd.de
Die offizielle Seite des deutschen Wetterdienstes mit Infos zu Niederschlägen, Wetterentwicklung, Unwetterwarnungen und klimatischen Verhältnissen einzelner Regionen.

www.meteo.ch
Wettervorhersagen und -berichte für die Schweiz.

REISE-INFOS

www.masta.org
Gibt medizinische Informationen und Gesundheitsratschläge für Überseereisen inklusive eines Jetlag-Kalkulators.

www.timeanddate.com
Auskunft über die verschiedenen Zeitzonen und Tabellen zur Bestimmung der Ortszeit überall auf der Welt.

www.oanda.com
Hier kann man online Währungen umrechnen.

www.convert-me.com
Die Website enthält Umrechnungstabellen für internationale Längen-, Gewichts-, Volumen- und Temperaturangaben.

www.fitfortravel.de
Reiseinformationen rund um die Gesundheit, u. a. mit Reiseimpfberatung.

www.who.int
Mehrsprachige Internetseite der Weltgesundheitsorganisation mit Extraseite zu Reiseinformationen.

MASSE UND EINHEITEN

Längenmaße
10 mm = 0,39 in = 0,05 ft
1 m = 3,28 ft = 1,09 yd
1 km = 0,6 Meilen

Mengenangaben
1 g = 0,01 kg = 0,03 oz = 0,002 lb
1 kg = 36,27 oz = 2,20 lb

Raummaße
1 ml = 0,03 US fluid oz
1 cm^3 = 0,06 in^3 = 0,002 pint
1 litre = 2,11 pint = 1,06 quart = 0.26 gallon

Temperaturumrechnung
von °C in °F = x 9, ÷ 5, + 32
von °F in °C = – 32, x 5, ÷ 9

ADRESSEN

DEUTSCHLAND

Verband deutscher Gebirgs- und Wandervereine
Wilhelmshöher Allee 157–159
34121 Kassel
Tel. 0561/938730
www.dt-wanderverband.de
Dachverband der deutschen Wandervereine. Im Internet ein Überblick über regionale Vereine und die Europäischen Fernwanderwege sowie viele Links auf wanderrelevante Themen.

Deutscher Alpenverein
Von-Kant-Str. 24
80997 München
Tel. 089/140030
www.alpenverein.de
Der Verband besteht aus vielen Sektionen, die für die jeweiligen Wege in ihrer Region verantwortlich sind. Außerdem gibt der DAV Karten und Informationen heraus und engagiert sich für den Naturschutz.

Naturfreunde Deutschlands e.V.
Warschauer Str. 58a
10243 Berlin
Tel. 030/29773260
www.naturfreunde.de
Im Internet ein Verzeichnis aller Naturfreundehäuser und Aktivitäten des Vereins. Außerdem Karten, Adressen, Routen.

Auswärtiges Amt
11013 Berlin
Tel. 030/50000
www.auswaertiges-amt.de
Länderinformationen mit Reise- und Sicherheitshinweisen, Einreisebestimmungen und Gesundheitshinweisen.

Verband deutscher Naturparke e.V.
Dahlmannstr. 5-7
53113 Bonn
Tel. 0228/9212869
www.naturparke.de
Detaillierte Liste und Beschreibung aller deutschen Naturparke sowie Info-Broschüren und Karten dazu.

DJH Deutscher Jugendherbergsverband
Im Gilde-Park
Leonardo-da-Vinci-Weg 1
32760 Detmold
Tel. 05231/99360
www.jugendherberge.de
Hauptverband der deutschen Jugendherbergen. Verzeichnis aller Jugendherbergen in Deutschland im Internet oder als Broschüre.

www.bergfuehrerverband.de
Verband der Deutschen Berg- und Skiführer e.V.

ÖSTERREICH

Österreichischer Alpenverein
Wilhelm-Greil-Str. 15
6010 Innsbruck
Tel. 0512 59547
www.alpenverein.at
Dachverband der österreichischen Wandervereine. Im Internet komplettes Verzeichnis aller Hütten Österreichs sowie eine ausführliche Tourendatenbank.

Naturfreunde Österreich
Viktoriagasse 6
1150 Wien
Tel. 01892/35340
www.naturfreunde.at
Verein mit zahlreichen Übernachtungshäusern. Organisiert außerdem Wanderungen.

Bundesministerium für auswärtige Angelegenheiten
Minoritenplatz 8
1014 Wien
Tel. 5011500
www.bmaa.gv.at
Länderinformationen mit Reise- und Sicherheitshinweisen, Einreisebestimmungen.

Österreichischer Fachverband für Sportwandern, Weitwandern und Trekking
www.oefs.at
Im Internet Liste mit zahlreichen Weitwanderwegen in Österreich.

Alpenverein-Wetterdienst
www.alpinsicherheit.at
Aktuelle Wetterdaten und -entwicklung in den Alpen und ein spezieller Wetterbericht für Wanderer. Persönliche Beratung unter Tel. 0512 291600.

www.alpintouren.at
Ausführliche Datenbank für Wanderungen, Klettertouren, Mountainbike- und Skitouren mit über 3000 beschriebenen Touren.

ÖJH Österreichischer Jugendherbergsverband
Schottenring 28
1010 Wien
Tel. 01/5335353
www.oejhv.or.at
Hauptverband der österreichischen Jugendherbergen. Verzeichnis aller Jugendherbergen in Österreich im Internet oder als Broschüre.

www.bergfuehrer.at
Verband der Österreichischen Berg- und Schiführer.

SCHWEIZ

SAC Schweizer Alpen Club
Monbijoustr. 61
3000 Bern 23
Tel. 031/3701800
www.sac-cas.ch
Verband der schweizerischen Alpenvereine. Im Internet findet man mehrsprachige Informationen rund ums Wandern in der Schweiz mit Tourenvorschlägen, Hüttenverzeichnis und Kartenmaterial.

Naturfreunde Schweiz
Pavillonweg 3
3012 Bern
Tel. 031/3066767
www.naturfreunde.ch
Informationen über Naturfreundehäuser und -aktivitäten in der Schweiz.

Eidgenössisches Departement für auswärtige Angelegenheiten
Bundeshaus West
3003 Bern
Tel. 5011500
www.eda.admin.ch
Länderinformationen mit Reise- und Sicherheitshinweisen, Einreisebestimmungen.

Schweizer Wanderwege SAW
Monbijoustr. 61
3000 Bern 23
Tel. 031/3701020
www.swisshiking.ch
Der Verein ist zuständig für die Markierung und Pflege des Schweizer Wanderwegenetzes.

Schweizer Jugendherbergen
Schaffhauserstr. 14
8042 Zürich
Tel. 0443601414
www.youthhostel.ch
Hauptverband der Schweizer Jugendherbergen. Verzeichnis aller Jugendherbergen in der Schweiz im Internet oder als Broschüre.

Eidgenössisches Institut für Schnee- und Lawinenforschung
Flüelstr. 11
7260 Davos
Tel. 081/4170111
www.slf.ch
Wetter- und Lawineninformationen für die Schweiz.

Meteo Schweiz
Krähbühlstr. 58
8044 Zürich
Tel. 01256/9111
www.meteoschweiz.ch
Im Internet Wettervorhersagen für den Alpenraum.

www.wandersite.ch
Umfassende Internetseite mit Tourenbeschreibungen für den gesamten Alpenraum.

www.alpenonline.ch
Hüttenverzeichnis der Schweiz mit Tipps für Hüttenwanderungen.

www.tourenguide.ch
Übersichtliche Internetseite mit Toureninfos für die gesamte Schweiz.

www.4000plus.ch
Verband der österreichischen Bergführer

INTERNATIONALE ADRESSEN

www.chamois.org.uk/world
Informative Liste von Wander- und Klettervereinen auf der ganzen Welt.

www.hejoly.demon.nl/countries
Das Internetportal enthält zahlreiche Links zu Wandervereinen und -organisationen sowie zu Wandergebieten und Fernwanderwegen weltweit.

AUSTRALIEN

www.bushwalkingaustralia.org
Hier findet man Informationen zu Wandertouren im Busch sowie zahlreiche Links zu Vereinen und Organisationen, die bei der Vorbereitung einer Tour hilfreich sein können.

www.atn.com.au/parks
Liste der australischen Nationalparks.

BELGIEN

Club Alpine Belge/Belgischer Alpenclub
www.belalpclub.org

FRANKREICH

Fédération des Parcs Naturels Régionaux de France
9 rue Christiani, 75018 Paris
+0033 1 44 90 86 20
info@parcs-naturels-regionaux.tm.fr
www.parcs-naturels-regionaux.tm.fr/lesparcs/index_en.html
Gute Übersicht über Naturschutzgebiete in Frankreich inklusive Karten.

www.gr-infos.com/gr-an.htm
Karten und Übersicht über die Grandes Randonnées *mit Unterkunftsmöglichkeiten und Routenführung.*

www.franceonfoot.com
Hier erfährt man alles über Vereine und Verbände, die für die lokalen und überregionalen Wanderwege zuständig sind.

GRIECHENLAND

Ehiniki Omospondia Orivasias anarrichisis
5, Milioni Str.
10673 Athina
Tel. 01/3645904
Verband der Bergsteiger-Vereine Griechenlands.

GROSSBRITANNIEN

Access and Conservation Trust
c/o British Mountaineering Council
Info@accesstrust.org.uk
www.accesstrust.org.uk
Gemeinnützige Organisation zur Erhaltung naturgeschützter Landschaften und denkmalgeschützter Gebäude wie Herrenhäuser und Schlösser.

Long Distance Walkers Association
Tom Sinclair
Bank House High Street
Wrotham Sevenoaks
Kent TN 15 7AE
Tel. 01753/866685
www.ldwa.org.uk
Verein der Weitwanderer in Großbritannien.

British Mountaineering Council
www.thebmc.co.uk
Offizielle Website des britischen Wander-Verbands mit vielen Wander-Infos.

IRLAND

Mountaineering Council of Ireland
Sport HQ, 13 Joyce Way
Parkwest Business Park
Dublin 12
Tel. 353/1/6251115
www.mountaineering.ie

Irischer Wanderverband mit aktuellen Informationen zu Wanderwegen im Internet.

ITALIEN

www.cai.it
Website des italienischen Alpin Clubs.

Alpenverein Südtirol
Vintlerdurchgang 16
39100 Bozen
www.alpenverein.it
Im Internet Informationen zu Sektionen und Aktivitäten des Vereins.

www.parks.it/index.html
Übersicht über regionale Naturparks und Nationalparks in Italien.

KANADA

Alpine Club of Canada
PO Box 8040, Indian Flats Road
Canmore, AB T1W 2T8
+001 403 678 3200
www.alpineclubofcanada.ca
Informationen über Wander- und Klettervereine sowie über Hütten.

National Parks of Canada
Parks Canada National Office
25 Eddy Street, Gatineau, Quebec
Canada, K1A 0M5
information@pc.gc.ca
www.pc.gc.ca
Liste der kanadischen Nationalparks mit Infos.

KENIA

Kenya Wildlife Service
P.O. Box 40241
Nairobi
Tel. 254/020600800
www.kws.org
Informationen zu Trekking und Safari in Kenia.

NEUSEELAND

New Zealand Tramper
www.tramper.co.nz
Der instruktive Online-Wanderführer gibt Auskunft über Wanderrouten, Nationalparks und Waldreservate in Neuseeland. Außerdem kann man online Wanderpartner suchen.

NORWEGEN

Norwegischer Bergwanderverein
Den Norske Turistforening (DNT)
Storgata 3
0101 Oslo
Tel. 022/822800
www.turistforeningen.no
Norwegischer Wanderverband mit Informationen zu Wanderzielen und Natur in Norwegen auf norwegisch und englisch.

Nationalparks in Norwegen
Direktoratet for naturforwaltning
Tungasletta 2
7485 Trondheim
Tel. 73580500
www.dirnat.no
Nationalparkverwaltung Norwegens.

PORTUGAL

Federacao Portuguesa de Montanhismo e Escalada
Nave Desportiva
Apartado 226
4501-910 Espinho
Tel. 022/7310161
www.fpme.org
Portugiesischer Wander- und Kletterverband.

SCHWEDEN

Swedish Environmental Protection Agency
Naturvardsverket
Blekholmsterrassen 36
10648 Stockholm
www.naturvardsverket.se
Informationen über schwedische National- und Naturparks.

SPANIEN

www.mma.es/en
Website der spanischen Nationalparks inklusive Übersichtskarten.

SÜDAFRIKA

The Mountain Club of South Africa
97 Hatfield Street, Cape Town 8001,
Republic of South Africa
+0027 21 4 653 412
mcsacc@iafrica.com
www.mcsa.org.za
Der MCSA ist die Dachorganisation von insgesamt 13 regionalen Gruppen, die Wander- und Klettertouren in Südafrika organisieren.

South African National Parks
PO Box 787, Pretoria 0001,
Republic of South Africa
+0027 012 428 9111
reservations@parks-sa.co.za
www.sanparks.org
Umfassende Informationen über die Nationalparks in Südafrika wie selbst organisierte Safaris, geführte Wanderungen und Übernachtungen.

USA

American Hiking Society
1422 Fenwick Lane
Silver Spring, MD 20910, USA
+001 301 565 6704
www.americanhiking.org
Der Verband setzt sich für die Interessen von Wanderern ein. Man findet hier viele Infos zu lokalen Wandervereinen, Fernwanderwegen und Naturschutzprojekten.

National Park Service (USA)
Director NPS, 1849 C Street NW,
Washington DC 20240, USA
+001 202 208 6843
www.nps.gov
Übersicht über alle Nationalparks in den USA inklusive vieler Detailinformationen.

USDA Forest Service
1400 Independence Ave, SW
Washington DC 20250-0003, USA
+001 202 205 8333
www.fs.fed.us
Hier erfährt man, für welchen Nationalpark man welche Genehmigungen braucht.

Ausgewählte Wanderwege

Quer durch Europa führt das Netz der Europäischen Fernwanderwege. Sie reichen von den trockenen Ebenen Spaniens bis zu den verschneiten Berggipfeln der Alpen. Darüber hinaus gibt es eine Vielzahl an markierten Wandertouren, von denen einige unten aufgeführt sind.

EUROPÄISCHE FERNWANDERWEGE

Tausende von Kilometern umfassen die Europäischen Fernwanderwege, die von der European Ramblers Association unterhalten werden und mit dem Buchstaben E sowie der jeweiligen Zahl markiert sind. Viele sind schon komplett gekennzeichnet, andere sind noch teilweise im Entstehen. Die meisten Wanderer gehen nur einzelne Etappen eines Weges oder erwandern einen Großteil der gesamten Strecke im Laufe mehrerer Jahre in Teilstücken. Übernachtungsmöglichkeiten bestehen in Bergregionen hauptsächlich in Hütten oder Naturfreundehäusern, in Städten, Ortschaften und beliebten Reisegebieten gibt es eine große Auswahl an Gasthöfen und Hotels. Zelten ist nur in manchen Gegenden erlaubt.

Karte:
Europäische Fernwanderwege 1:3500000 von Freitag & Berndt , ISBN 3 7079 0100 9.

Literatur:
Hans Jürgen Gorges: *Auf Tour in Europa*, ISBN 3 8134 0338 6
Frank Auerbach: *Europäische Fernwanderwege*, ISBN 3 8965 2177 2
Robert Wurst: *Auf Europa's Grossen Wegen – Wandern und Kultur*, ISBN 3 2221 2346 2.

E1 VON SCHWEDEN NACH ITALIEN

www.era-ewv-ferp.org/index.php?E1
Länge: *4900 km*
Etappen: *Götheborg, Arhus, Hamburg, Frankfurt, Schwarzwald, St. Gotthard, Apennin, Lazio.*

E2 VON DER NORDSEE ZUM MITTELMEER

www.era-ewv-ferp.org/index.php?E2
Länge: *4850 km*
Etappen: *Schottland, Ardennen, Luxemburg, Vogesen, Jura, Nizza.*

E3 VOM SCHWARZEN MEER ZUM ATLANTIK

www.era-ewv-ferp.org/index.php?E3
Länge: *6950 km*
Etappen: *Schwarzes Meer, Ungarn, Karpaten, Rheingau, Ardennen, Pyrenäen, Santiago de Compostela.*

E4 VON GIBRALTAR NACH KRETA

www.era-ewv-ferp.org/index.php?E4
Länge: *10450 km*
Etappen: *Gibraltar, Pyrenäen, Carcassonne, Grenoble, Bodensee, Wien, Plattensee, Budapest, Sofia, Delphi, Peloponnes, Zakros/Kreta.*

E5 VON DER BRETAGNE ZUR ITALIENISCHEN ADRIA

www.era-ewv-ferp.org/index.php?E5
Länge: *3050 km*
Etappen: *Westbretagne, Brest, Mont St. Michel, Fontainebleau, Elsass, Bodensee, Bozen, Verona.*

E6 VON STOCKHOLM NACH NORDGRIECHENLAND

www.era-ewv-ferp.org/index.php?E6
Länge: *5200 km*
Etappen: *Stockholm, Malmö, Kopenhagen, Lübeck, Bayerischer Wald, Mariazell, Slowenien, Alexandropouli.*

E7 VON MADRID INS UNGARISCHE TIEFLAND

www.era-ewv-ferp.org/index.php?E7
Länge: *4330 km*
Etappen: *Madrid, Andorra, Cevennen, Provence, Ligurien, Slowenien, Ungarn, Nagylak (Rumänien).*

E8 VON IRLAND IN DIE KARPATEN

www.era-ewv-ferp.org/index.php?E8
Länge: *4390 km*
Etappen: *Cork, Großbritannien, Rotterdam, Aachen, Bonn, Rheintal, Regensburg, Passau, Wien, Bratislava, Slowakei, polnisch-ukrainische Grenze, Bulgarien, Mezek.*

E9 KÜSTENWEG VON DER BRETAGNE NACH DANZIG

www.era-ewv-ferp.org/index.php?E9
Länge: *5000 km*
Etappen: *Brest, Cherbourg, Le Havre, Calais, Ostende, Rheindelta, Rotterdam, Hamburg, Lübeck, Rostock, Danzig.*

E10 VON RÜGEN NACH NORDITALIEN

www.era-ewv-ferp.org/index.php?E10
Länge: *2880 km*
Etappen: *Rügen, Mecklenburgische Seenplatte, Potsdam, Prag, Salzburg, Bozen.*

E11 VON AMSTERDAM NACH MASUREN

www.era-ewv-ferp.org/index.php?E11
Länge: *2070 km*
Etappen: *Amsterdam, Rhein, Osnabrück, Harz, Potsdam, Mark Brandenburg, Masuren.*

WEITWANDERWEGE IN D, A UND CH

DEUTSCHLAND

In Deutschland gibt es zahlreiche gut markierte Weitwanderwege, die sich hauptsächlich an den großen Flüssen entlangziehen oder alten Handelswegen durch die Mittelgebirge folgen. Sie werden von den regionalen Wandervereinen gepflegt, die meist auch ausführliche Karten und Beschreibungen der Wege anbieten.

FRIESENWEG

www.fernwege.de/friesenweg

Der Friesenweg führt in 8 Etappen von Osnabrück nach Papenburg. Die abwechslungsreiche Gegend bietet neben Heidelandschaft und ausgedehnten Forsten auch die Moorlandschaft des Emslandes und zahlreiche Großsteingräber aus der Steinzeit. Die Markierung ist bis Mühlenort ein weißes X, danach ein weißes F.

KÖNIG-LUDWIG-WEG

www.koenig-ludwig-weg.de

Der mit einem blauen bekrönten K markierte Weg ist 110 km lang und führt durch das herrliche Voralpenland vom Starnberger See nach Füssen. Höhepunkte der Wanderung sind die Barockkirchen des Pfaffenwinkels und natürlich das Märchenschloss König Ludwigs, Neuschwanstein, sowie Hohenschwangau. Trainierte Wanderer schaffen die Tour in 4 Tagen.

MOSELHÖHENWEG

www.moselhoehenweg.de

Der beliebte Weitwanderweg folgt der Mosel von Trier bis nach Koblenz, wo der Fluss am Deutschen Eck in den Rhein fließt. Man kann den Weg an beiden Flussufern gehen, auf der Eifelseite hat er eine Länge von 150 km, auf der Hunsrückseite von fast 190 km. Das einheitliche Markierungszeichen ist ein weißes M.

NIBELUNGENWEG

www.fernwege.de/d/nib/d_nib.php

In Anlehnung an die gleichnamige Sage wurde in den drei Regionen, die darin eine Rolle spielen, der 150 km lange Weitwanderweg angelegt. Er führt durch Rheinhessen über die Bergstraße zum Odenwald. Neben den malerischen Altstadt-Kernen der Städte Worms, Michelstadt und Miltenberg ist besonders das Wandern durch die Weinbaugebiete der Region ein Erlebnis.

RENNSTEIG

www.rennsteig.de

Der traditionsreiche Rennsteig ist zweifellos einer der beliebtesten Wanderwege Deutschlands. Von Hörschel bei Eisenach bis nach Blankenstein im nördlichen Frankenwald führt der historische Weg 168 km lang als Kammweg durch den Thüringer Wald. Durchgängige Markierung ist ein weißes R.

RHEINHÖHENWEG

www.rheinhoehenweg.de

Nimmt man die links- und die rechtsrheinische Variante zusammen, ist der Rheinhöhenweg über 500 km lang. Zusätzlich führen zahlreiche Verbindungswege von Orten und Bahnstationen zum Weitwanderweg. Die linksrheinische Variante beginnt in Alsheim und endet am Venusberg in Bonn, Markierung R auf weißem Grund. Der rechtsrheinische Weg führt von Wiesbaden nach Bonn, Markierung weißes R auf schwarzem Grund. Neben der faszinierenden Landschaft des Rheintales säumen auch historische Zeitzeugen einer bis zu tausendjährigen Geschichte den Wanderweg.

RHÖN-HÖHENWEG

Der Rhön-Höhenweg führt über 137 km quer durch den Naturpark Rhön von Burgsinn nach Bad Salzungen. Die Routenführung bezieht die markantesten und freien Höhen der Rhön ein und bietet so auch echte Bergsteigererlebnisse. Da die Wanderung nur an wenigen Orten vorbeiführt, ist eine gute Planung unumgänglich. Die Markierung ist ein roter liegender Tropfen.

ROTHAARSTEIG

www.rothaarsteig.de

Der Rothaarsteig ist einer der jüngsten Weitwanderwege in Deutschland. Auf insgesamt 154 km führt er von Brilon im Sauerland über das Wittgensteiner Bergland und das Siegerland bis nach Dillenburg. Beeindruckend ist besonders die abwechslungsreiche Landschaft des Rothaargebirges. Außerdem bietet der Weg eine gute Infrastruktur mit Übernachtungs- und Einkehrmöglichkeiten. Die Markierung ist ein stilisiertes liegendes R.

WESTWEG

www.westweg.de

Der Westweg ist der bekannteste der 16 Fernwanderwege, die sich durch den Schwarzwald ziehen. Er beginnt in Pforzheim und führt über die Höhen des Nordschwarzwaldes, tief eingeschnittene Täler und das Feldberggebiet nach Basel. Die insgesamt 285 km können in 11 Etappen erwandert werden. Einer der Höhepunkte ist der aussichtsreiche Belchengipfel, außerdem kreuzt der Weg die Wasserscheide zwischen Donau und Rhein.

ÖSTERREICH

Österreich ist schon allein wegen seiner Lage ein ideales Wanderland. Tausende von Kilometern umfasst das dichte Netz von kürzeren und langen Wanderwegen, die vor allem die Alpenregion, aber auch das Donautal, das Salzkammergut und das Wiener Umland erschließt.

BURGEN- UND SCHLÖSSERWEG

www.muehlviertel.at/sixcms/detail.php?id=28206

Der 145 km lange Weg führt von Freinstadt nach Grein an der Donau durch das Mühlviertel. Zwischen Granit, Wald und Feldern stehen etwa

20 Burgen, Schlösser und Ruinen ehemaliger Adelssitze, die von der einstigen Pracht erzählen. Beeindruckend sind auch die Schluchten mit ihren schäumenden Bächen.

LECH-HÖHENWEG

Oberhalb des Lechtals durchquert der beliebte Höhenweg auf insgesamt 1200 km Tirol. Zugangswege zu Etappenpunkten ermöglichen das Erwandern von Teilstücken.

SALZKAMMERGUT-SOLEWEG

www.salzkammergut.co.at/de/soleweg

Der historische Weg führt in das wildromantische Herz des Salzkammergutes. Der 40 km lange Weg folgt mit der 400 Jahre alten Soleleitung von Hallstatt nach Ebensee den Spuren des weißen Goldes.

TIROLER HÖHENWEG

www.eisacktal.info/hoehenweg/de/

Der nur im Sommer und Herbst begehbare Weitwanderweg erstreckt sich über 130 km von Mayrhofen in Nordtirol bis nach Meran in Südtirol. Insgesamt 19 000 Höhenmeter sind auf der Tour zu bewältigen, die geübte Wanderer in 11 Tagesetappen schaffen. Höhepunkte sind die Eisriesen der Zillertaler Alpen, die Berge entlang des Alpenhauptkammes und die Gipfel der Texelgruppe. Am Ziel begrüßt Meran den Wanderer mit seinem mediterranen Klima.

STUBAIER HÖHENWEG

www.stubaier-hoehenweg.at

Der traditionelle Weitwanderweg ist insgesamt 80 km lang und führt durch eine herrliche, abwechslungsreiche Berglandschaft. Von Tälern über felsige Gipfelgrade, Gletscher und Seen findet sich hier alles, was das Wandererherz begeistert.

SCHWEIZ

Kaum ein Land verbindet man so mit Bergen und Wandern wie die Schweiz. Wer in der Schweiz wandern will, sollte für die meisten Wege Wandererfahrung und gute Kondition mitbringen. Gemütlichere Touren bieten sich am schweizerischen Bodenseeufer oder im Appenzeller Land an. Ein dichtes Netz von Hütten und Berghotels ermöglichen problemlos längere Wandertouren ohne allzu viel Gepäck.

GROSSER WALSERWEG

www.walserweg.com

Insgesamt 850 km folgen den alten Handelswegen der Walser, wie die Walliser auch genannt werden. Der Weg verläuft auf Saumpfaden und über alpine Pässe von Zermatt bis nach Mittelberg im Kleinen Walsertal.

JURA-HÖHENWEG

www.wandersite.ch/jura

Der traditionsreiche Weitwanderweg durchquert die Schweiz von Zürich nach Genf. Wer über 300 km der rotgelben Markierung folgt, lernt die herrliche Landschaft des Schweizer Jura mit seinen Gipfeln und Seen kennen. Von den meisten Orten, die der Weg passiert, ist ein Einstieg in Einzeletappen möglich. Außerdem gibt es Querverbindungen, um unterwegs auf den zweiten Jura-Weitwanderweg von Basel nach Genf zu wechseln.

TOUR DES MUVERANS

www.tourdesmuverans.ch

Für diesen 52 km langen Weg durch das Muverans-Gebiet in der französischen Schweiz muss man auch als geübter Wanderer mindestens 4 Tage einplanen. Die Mühen des Aufstiegs, bei dem bis zu 2600 Höhenmeter bewältigt werden müssen, werden mit einem überwältigenden Blick über die Gipfel bis zum Mont-Blanc-Massiv belohnt.

SURENENPASS

Der relativ kurze, nur 28 km lange Wanderweg von Brüsti nach Engelberg kann mit etwas Übung in einem Tag erwandert werden, wenn man die 2250 Höhenmeter im An- und Abstieg nicht scheut. Zu einer genussvollen Tour wird er aber vor allem als Zweitages-Wanderung. Die Route folgt einem 700 Jahre alten Handelsweg und gilt als einer der spektakulärsten Wanderwege der Zentralschweiz.

WINTERWANDERUNG REALP – SURSELVA

Die 3-tägige Wandertour ist mit ihren 45 km der längste zusammenhängende Winterwanderweg der Zentralschweiz. Er folgt im Wesentlichen der Trasse der Matterhorn-Gotthard-Bahn und der Rhätischen Bahn. Dadurch kann man je nach Witterung auch Teilstücke mit der Bahn fahren. Es sind insgesamt etwa 2400 Höhenmeter im An- und Abstieg zu bewältigen, besonders nach wärmeren Tagen muss mit glatten Passagen gerechnet werden, da man meist auf der Sonnenseite wandert. Wanderstiefel mit gutem Profil oder Wanderschuhe mit Schneekrallen sind daher empfehlenswert.

MÄRLIWEG GOGGWÄRGINI

www.kids.en-force.ch/index.php?pageID=1400&tippID=92

Der Märliweg im Goms (Wallis) wurde speziell für Kinder angelegt. Auf dem Weg von Bellwald zur Alpe Richenen, die etwa 1,5 Stunden dauert, sind 8 kleine Geschichten verteilt, die Kindern die Wanderzeit verkürzen. Er kann auch schon mit Kleinkindern begangen und bei Bedarf mit den Sportbahnen Bellwald verkürzt werden.

WEITWANDERWEGE IN EUROPA

FRANKREICH

In Frankreich existiert ein gut markiertes Fernwanderwegenetz, das etwa 60 000 km umfasst. Die Hauptrouten werden als *Grandes Randon-*

nées (GR) bezeichnet und sind durchnummeriert. Sie sind durchgängig mit rot-weißen Markierungen gekennzeichnet.

PARC NATIONAL DES PYRENEES

www.parc-pyrenees.com/index_english.htm

Der Nationalpark in den Zentralpyrenäen ist bei Wanderern weltweit berühmt aufgrund seiner dramatischen Gebirgslandschaft weitab der Zivilisation. Der GR5 und die Haute Route durch die Pyrenäen durchqueren dieses anspruchsvolle Wandergebiet, in dem man aber auch kürzere Touren machen kann.

GR10 VOM ATLANTIK ZUM MITTELMEER

Der GR10 durchquert die Pyrenäen auf ihrer ganzen Länge vom Atlantik bis zur französichen Mittelmeerküste. Das raue, anspruchsvolle Wandergebiet der Pyrenäen erfordert einige Wandererfahrung und gute Kondition, da insgesamt mehrere tausend Höhenmeter im Auf- und Abstieg zu bewältigen sind. Außerdem geht es teilweise durch weitgehend unberührte Landschaft, in der nur dünn gesäte Hütten Unterkunft und Verpflegung bieten.

GR20 KORSIKA

Auch über die Insel Korsika erstreckt sich ein Grande Randonnée. Auf 220 km führt er quer durch das korsische Hochgebirge von Calenzana bis nach Conca. Der anspruchsvolle Weg ist nur zwischen Juni und Oktober begehbar. Lediglich einmal, in Vizzavona, kommt man an einer Ortschaft vorbei, ansonsten befinden sich nur abgelegene Hütten am Weg, die meist auch keine Verpflegung bieten, weshalb man selbst für Proviant für die ganze Tour sorgen muss. Zugang zum Wanderweg gibt es aber auch am Col de Bavella und am Col de Verde, sodass man dazwischen einen Teilabschnitt erwandern kann. Markiert ist der GR20 mit einem weiß-roten Streifen.

MONT-BLANC-TOUR

Der populäre Wanderweg rund um das Mont-Blanc-Massiv ist insgesamt 167 km lang, beginnt in Chamonix und führt durch drei Länder. Im Sommer muss man mit vielen Wanderern rechnen und die wenigen Übernachtungsmöglichkeiten schon früh buchen.

GRIECHENLAND

Wandersaison ist in Griechenland vor allem der Frühling, wenn alles in Blüte steht und noch angenehme Temperaturen herrschen. Allerdings kann das Baden im Meer noch ziemlich kalt sein. Im Sommer ist es in der Regel zu heiß für längere Touren, man kann allerdings frühmorgens kürzere Wanderungen unternehmen. Im Herbst ist die Natur aufgrund der Trockenheit zwar karg, es ist aber nicht mehr so heiß, das Meer jedoch noch warm.

CORFU TRAIL

Der Wanderweg über die Insel Korfu hat eine Länge von 222 km und zieht sich von Meereshöhe bis auf 900 m Höhe. Er folgt zum größten Teil alten Wegen und Maultierpfaden sowie Agrarwegen. Man kann die Strecke in 10-12 Tagen bewältigen oder nur Teilstrecken gehen. Markiert ist der Weg mit gelben Metallschildern mit der Aufschrift C.T. und mit gelben Farbmarkierungen und Pfeilen. Empfohlene Wanderzeit ist Februar bis Mitte Juni und September bis November. Betreut wird der Weg von der Corfu Trail Stiftung, die einen Pauschalbetrag pro Wanderung von 3 Euro erbittet, um die Wege und Markierungen pflegen zu können.

GROSSBRITANNIEN

Wanderwege gibt es unzählige in England, Schottland und Wales, gut markiert und gepflegt sind in der Regel die *National Trails*. Unterkünfte zu finden, ist hier meist auch kein Problem, selbst in kleinen Orten findet sich ein Pub oder B&B-Angebote, sodass man kein Zelt mitnehmen muss.

AM HADRIANS-WALL

www.nationaltrail.co.uk/factfile.asp?trailCode=hd

Von Bowness nach Newcastle führt dieser 130 km lange Fernwanderweg, der in 9 Tagesetappen erwandert werden kann. Die Route umfasst einen Talabschnitt entlang der Tyne, weites Ackerland und die Salzmarsch des Solway Estuary. Höhepunkte der Tour sind die Zeugnisse der römischen Vergangenheit Großbritanniens wie Ruinen alter Forts.

DURCH DIE COTSWOLDS

www.nationaltrail.co.uk/factfile.asp?trailCode=cw

Die bekannten Cotswolds Hills durchquert der 163 km lange Wanderweg durch den Westen Englands. In 7 Tagen kann man die herrliche Landschaft und den weiten Blick über Buchenwälder, Wiesen mit Trockenmauern und romatische Dörfer mit den typischen Cottages genießen.

SOUTH WEST COAST PATH

www.nationaltrail.co.uk/factfile.asp?trailCode=sw

Quer durch den Südwesten Englands erstreckt sich dieser über 960 km lange Weitwanderweg, entlang der Küste mit ihren kleinen Häfen und Buchten, durch Moore und hoch gelegene Plateaus. Außerdem berührt ein Teilstück des Weges das erste Weltkulturerbe Englands, das UNESCO-Bisosphärenreservat Braunton Burrows Sand Dunes, das historisch und archäologisch von Bedeutung ist.

THEMSE-WEG

www.nationaltrail.co.uk/factfile.asp?trailCode=tp

In 14 Tagen kann man die 288 km des Themse-Weges bewältigen, auf dem man dem Lauf der Themse von den Cotswolds nach London und weiter bis nach Greenwich folgt.

DER PEMBROKESHIRE KÜSTENWEG

www.nationaltrail.co.uk/factfile.asp?trailCode=ps

Fast der ganze 268 km lange Küstenweg führt durch einen Nationalpark, der zum Schutz der spektakulären Walser Küste mit ihren steilen Klippen und weiten Strandbuchten eingerichtet wurde.

DER WEST-HIGHLAND-WANDERWEG

www.west-highland-way.co.uk

Schottlands berühmtester Weitwanderweg ist 153 km lang und führt an einigen der beeindruckendsten schottischen Landschaften wie Loch Lomond oder Rannoch Moor vorbei (siehe S. 23).

ITALIEN

Das Hauptwandergebiet Italiens liegt in den Alpen, besonders die Dolomiten in Südtirol gelten als eines der schönsten Wandergebiete Europas. Aber auch die teils in Italien, teils in der Schweiz und in Frankreich gelegenen spektakulären Berge Mont Blanc und Matterhorn ziehen mit ihrem herrlichen Bergpanorama Jahr für Jahr tausende von Wanderern an. Bei Kletterern beliebt ist die *Via ferrata* in den Dolomiten, auf der Klettersteige mit Leitern und Eisenvorrichtungen begangen werden können.

Daneben existieren in Italien aber auch Wanderwege entlang der Mittelmeerküsten und durch Weinbaugebiete.

Die besten Wanderkarten bekommt man beim *Touring Club Italiano* oder beim *Istituto Geografico Centrale* in Turin.

DURCH DIE NÖRDLICHEN DOLOMITEN

Mindesten 7 Tage sollte man für den 70 km langen Weg zwischen Ortisei und Sesto einplanen. Höhepunkt der Tour ist die Umrundung der Drei Zinnen. Der Weg ist gut zu gehen und ausgezeichnet markiert.

GRANDE TRAVERSATA DELLE ALPI

Die große Tour durch die Westalpen beginnt an der Schweizer Grenze bei Domodossola und führt durch den Gran-Paradiso-Nationalpark, durch Waldenser-Täler und die Seealpen zum Mittelmeer. Auf dem Fernwanderweg durch die piemontesische Berglandschaft lernt man die einsamsten und eindrucksvollsten Regionen der Alpen kennen, kommt durch verlassene Bergdörfer und über Passhöhen. Teilweise sind Anstiege von über 1500 m zu bewältigen.

MATTERHORN UND MONTE ROSA

Dieser fantastische 50 km lange Weg, der in 3 Tagen erwandert werden kann, beginnt auf der italienischen Seite am Fuß des Matterhorns im Tal von Valtournenche. Er ist allerdings nur erfahrenen und ausdauernden Wanderern zu empfehlen, da nicht nur bis zu 1250 Höhenmetern am Tag bewältigt werden müssen, sondern weil auch die Markierung und der Zustand der Wege teilweise schlecht sind. Auf jeden Fall sollte man den Umgang mit Karte und Kompass beherrschen.

ALTA VIA DEI MONTI LIGURI

www.altaviadeimontiliguri.it/eng/home.html

Will man die 300 km lange Tour durch den Apennin am Stück wandern, muss man mindestens einen Monat einplanen. Der Weg beginnt in Ventimiglia nahe der französischen Grenze und endet in La Spezia und folgt dem Küstenverlauf der italienischen Riviera. Höhenunterschiede von 500 m bis 2000 m über NN sind dabei zu bewältigen, was aber eine einzigartig abwechslungsreiche Wanderung bietet. Der Blick reicht bei guter Sicht bis zu den schneebedeckten Alpen, weit über die Mittelmeerküste und sogar bis Korsika. Der Wanderweg ist das ganze Jahr über begehbar.

SPANIEN

Auch wenn Spanien als Wanderland nicht so populär wie die Alpenländer ist, bietet es doch eine Fülle an Wanderwegen, die durch die unterschiedlichen Landschaften wie Gebirgsregionen, etwa in den Pyrenäen, und tiefe Täler einerseits und mediterrane Küstenlandschaften andererseits bedingt sind. Der weitaus bekannteste Weitwanderweg Spaniens ist der Jakobsweg, auf dem alljährlich tausende von Wanderern aus der ganzen Welt ein Teilstück gehen. Doch es lohnt sich auch, sich mit einer der anderen Touren, etwa durch Nationalparks, auf den Weg zu machen. Beliebt sind bei Wanderern seit Jahren auch die spanischen Inseln der Balearen und der Kanaren, Letztere besonders wegen ihres milden Klimas.

DER JAKOBSWEG

www.jakobus-info.de/ultreia/spanien.htm

Der traditionelle Pilgerweg ist kein fortlaufender Fernwanderweg mit einer festen Route, sondern besteht aus vielen Armen, die an wichtigen Punkten der Pilgerreise zusammenlaufen. Der Hauptzweig führt durch Nordspanien, wobei Anschlusswege aus allen benachbarten europäischen Ländern bestehen. Ziel des Pilgerweges ist die Kathedrale in Santiago de Compostela, in dem sich im Mittelalter eine der bedeutendsten Reliquien der christlichen Welt befand. Inzwischen bieten viele Veranstalter von Wanderreisen geführte Touren entlang des Jakobsweges an.

GR 11 VOM ATLANTIC ZUM MITTELMEER

Parallel zum französischen GR 10 verläuft der GR 11 auf der spanischen Seite durch die Pyrenäen. Auf manchen Etappen ist er eine gute Alternative zum französischen Weg, da er weniger begangen und die Landschaft wilder und unberührter ist. Da der Weg nicht durchgängig gut markiert ist, sollte man Wandererfahrung, besonders im Umgang mit

Karte und Kompass besitzen. Außerdem sollten Übernachtungen gut geplant werden, da es nur wenig Hütten, teils in großem Abstand zueinander gibt.

COVADONGA NATIONALPARK

www.picoseuropa.net

Der Covadonga ist der größte Nationalpark in Europa. Im Nationalpark liegt das Kalksteingebirge der Picos de Europa, das sich in Nordwestspanien an der Atlantikküste entlangzieht. Aufgrund der recht rauen klimatischen Bedingungen herrscht hier meist neblig-feuchtes Wetter vor. Durch Erosion aufgrund dieses Klimas entstanden in dem porösen Kalkstein weitverzweigte Höhlensysteme, was die Region zu einem interessanten Wandergebiet macht. Allerdings ist es in der Hauptsaison auch sehr überlaufen, je höher man jedoch wandert, desto dünner wird der Wandererstrom und man kann die Natur ungestört genießen.

ORDESA NATIONALPARK

www.ordesa.net

Der äußerst beliebte spanische Nationalpark liegt in den Zentralpyrenäen und wird zur Hauptwanderzeit förmlich überrannt. Außerhalb dieser Zeit kann man aber eine beeindruckende Natur erleben, in der u.a. 170 Vogelarten leben und mit ein bisschen Glück beobachtet werden können. Man sollte allerdings hier die großen Routen GR11 und Haute Route meiden und besser kleinere Touren wählen, die oft über die Baumgrenze hinaus zu einer einzigartigen Pflanzenwelt führen. Als Ausgangspunkt für Tages- und Zweitagestouren eignet sich das Torlatal.

GARAJONAY NATIONALPARK

www.garajonay.com

La Gomera, die kleine, grüne Kanareninsel im Atlantik vor der afrikanischen Küste, ist seit Jahren ein beliebtes Wanderziel für Individualreisende ebenso wie für geführte Touren. Hier findet man noch Reste der temperierten Regenwälder, die in der Eiszeit das mediterrane Becken bedeckten. Aufgrund des milden Klimas kann man hier das ganze Jahr über wandern, eine Herausforderung für ausdauernde Wanderer ist der Garajonay.

NATIONALPARKS IN D, A UND CH

DEUTSCHLAND

Europarc-Deutschland
Friedrichstr. 60
10117 Berlin
Tel. 030/28878820
www.europarc-deutschland.de
Gesamtorganisation der deutschen Nationalparks und Biosphärenreservate. Im Internet Auflistung aller Nationalparks mit ausführlicher Beschreibung.

Nationalpark Schleswig-Holsteinisches Wattenmeer
Schloßgarten 1
25382 Tönning
Tel. 04861/616-0
www.wattenmeer-nationalpark.de
Lage: *Wattenmeer an der schleswig-holsteinischen Nordseeküste zwischen Dänemark im Norden und der Elbmündung im Süden.*

Nationalpark Hamburgisches Wattenmeer
Billstr. 84
20539 Hamburg
Tel. 040/42845-2105
www.wattenmeer-nationalpark.de
Lage: *Wattenmeer im Elbmündungsbereich.*

Nationalpark Niedersächsisches Wattenmeer
Virchowstr. 1
26382 Wilhelmshaven
Tel. 04421/911-0
www.nationalpark-wattenmeer.niedersachsen.de
Lage: *An der Nordseeküste Niedersachsens zwischen Ems und Elbe einschließlich der vorgelagerten Inseln.*

Nationalpark Vorpommersche Boddenlandschaft
Im Forst 5
18375 Born
Tel. 038234/502-0
www.nationalpark-vorpommersche-boddenlandschaft.de
Lage: *An der deutschen Ostseeküste vom Darß über den Zingst bis zur Westküste von Rügen inklusive großer Flächen der Ostsee und des Bodden.*

Nationalpark Jasmund
Nationalparkamt Rügen
Blieschow 7a
18586 Lancken-Granitz
Tel. 038303/8850
www.nationalpark-jasmund.de
Lage: *Auf der Insel Rügen, umfasst den Ostteil der Halbinsel Jasmund zwischen Sassnitz und Lohme.*

Nationalpark Müritz
Nationalparkamt Müritz
Schloßplatz 3
17237 Hohenzieritz
Tel. 039824/252-0
www.nationalpark-mueritz.de
Lage: *In Mecklenburg-Vorpommern, östlich der Müritz zwischen den Städten Waren, Neustrelitz und Feldberg.*

Nationalpark Unteres Odertal
Park 2
16306 Schwedt, OT Criewen
Tel. 03332/2677-0
www.unteres-odertal.de
Lage: *Entlang der Oder auf einer Länge von 60 km zwischen Hohenstaaten und Stettin.*

Nationalpark Harz
Oderhaus
37444 St. Andreasberg
Tel. 05582/9189-0
www.nationalpark-harz.de
Lage: *In Niedersachsen zwischen Bad Harzburg, Herzberg und der Odertalsperre.*

Nationalpark Hochharz
Lindenallee 35
38855 Wernigerode
Tel. 03943/5502-0
www.nationalpark-hochharz.de
Lage: *In Sachsen-Anhalt, umfasst das Gebiet rund um den Brocken und schließt an den NP Harz an.*

Nationalpark Hainich
Bei der Marktkirche 9
99947 Bad Langensalza
Tel. 03603/390728
www.nationalpark-hainich.de
Lage: *Im Westen Thüringens zwischen Eisenach, Bad Langensalza und Eschwege.*

Nationalpark Sächsische Schweiz
An der Elbe 4
01814 Bad Schandau
Tel. 035022/90060
www.nationalpark-saechsische-schweiz.de
Lage: *Ein Teil des Elbsandsteingebirges südöstlich von Dresden.*

Nationalpark Bayerischer Wald
Freyunger Str. 2
94481 Grafenau
Tel. 08552/9600-0
www.nationalpark-bayerischer-wald.de
Lage: *Zentraler Teil des Bayerischen Waldes, der zusammen mit dem östlich angrenzenden Böhmerwald das größte zusammenhängende Waldgebiet Europas darstellt.*

Nationalpark Berchtesgaden
Doktorberg 6
83471 Berchtesgaden
Tel. 08652/9686-0
www.nationalpark-berchtesgaden.de
Lage: *An der südöstlichen Grenze Deutschlands zu Österreich mit Königssee und Watzmann.*

Nationalpark Eifel
Nationalparkforstamt Eifel
Urftstr. 34
53937 Schleiden-Gemünd
Tel. 02444/9510
www.nationalpark-eifel.de
Lage: *Zwischen Nideggen im Nordosten und der deutsch-belgischen Grenze im Südwesten, etwa 60 km südwestlich von Köln.*

Nationalpark Kellerwaldsee-Edersee
Ratzeburg 1
34549 Edertal-Affoldern
Tel. 05623/93340
www.nationalpark-kellerwald-edertal.de
Lage: *Am Südufer des Edersees nahe Bad Wildungen, südöstlich des Sauerlandes.*

ÖSTERREICH

Nationalparks in Österreich
Lebensministerium Abt. II/4
Stubenbastei 5
1010 Wien
www.nationalparks.or.at
Verwaltung der 6 österreichischen Nationalparks. Online ein Überblick sowie Übersichtskarte aller Parks.

Nationalpark Donau-Auen
Schloßplatz 1
2301 Groß-Enzersdorf
Tel. 2249/2353
www.donauauen.at
Lage: *Die Auwälder und Gewässer zwischen Wien und Bratislava.*

Nationalparkforstverwaltung Donauauen
Infostelle Eckartsau
Schloss Eckartsau
2305 Eckartsau

Nationalpark Kalkalpen
Nationalpark Allee 1
4591 Molln
www.kalkalpen.at
Lage: Im Süden Oberösterreichs mit Sengsengebirge und Reichraminger Hintergebirge.

Nationalpark Zentrum Molln
Nationalpark Allee 1
4591 Molln

Nationalpark Hohe Tauern Nationalparkrat
Kirchplatz 2
9971 Matrei i.O.
Tel. 04875/5112
www.hohetauern.at
Lage: *Im Dreiländereck Salzburg, Kärnten und Tirol zwischen Zell am See und Lienz.*

Nationalpark Gesäuse
Hauptstr. 35
8911 Admont
Tel. 03613/2116020
www.nationalparl.co.at
Lage: *In der Steiermark.*

Nationalpark Neusiedler See – Seewinkel
Informationszentrum
7142 Illmitz
Tel. 02175/34420
www.nationalpark-neusiedlersee.org
Lage: *Das Gebiet rund um den Neusiedler See.*

Nationalpark Thayatal
Informationszentrum
2082 Hardegg
Tel. 02949/7005
www.np-thayatal.at
Lage: *An der österreichisch-tschechischen Grenze entlang der Thaya.*

SCHWEIZ

Schweizerischer Nationalpark
www.nationalpark.ch
Aus der am meisten belasteten Region in der Schweiz ist dank der Einrichtung des bis heute einzigen Schweizer Nationalparks 1914 inzwischen eine intakte Naturlandschaft entstanden. Es gelten strenge Vorschriften, so ist z. B. Wildcampen nicht erlaubt. Es gibt an einigen Strecken Einkehrmöglichkeiten in Hütten, man sollte jedoch frühzeitig reservieren.
Lage: *Im Engadin, in der östlichsten Ecke der Schweiz an der Grenze zu Italien.*

Nationalparkhaus
7530 Zernez
Tel. 081/8561378
Im Nationalparkhaus erhält man neben Informationen über den Nationalpark auch Tipps für Wandertouren.

Register

L

Dank der Autorin

Die Autorin dankt allen Personen von The Bridgewater Book Company und Dorling Kindersley, die zur Entstehung dieses Buches beigetragen haben.

Dank des Verlages

The Bridgewater Book Company dankt Ellis Brigham, Ltd., Lowe Alpine, Peglers Expedition Advisors and Suppliers (www.peglers.co.uk), The North Face und Yaktrax UK für die Zurverfügungstellung von Outdoor-Kleidung und -Ausrüstung sowie dem Alfriston Tennis Club & Camp Ground und folgenden Personen für ihre Beiträge:

Redaktion: Alison Bolus, Sarah Doughty, Nicky Gyopari, Phillippa Smith, Howard Spencer
Designer: Kevin Knight, Ginny Zeal, Barbara Zuniga Bildrecherche: Maria Gibbs
Register: Ann Barrett Leitung Fotos: Jo Grey Requisite: Amy Jeavons Models: Natalie George, Andy Hillion, Miranda Hunt, Nicholas King, David McCormick, Hayley Miles, Paul Zimmerman

Dorling Kindersley dankt Dr. Viv Armstrong vom Roten Kreuz sowie Jemina Dunne und Jill Hamilton für ihre Hilfe bei der Erstellung des Erste-Hilfe-Kapitels, Lettie Luff für ihre Unterstützung bei der Quellenrecherche sowie Eadaoin Hutchinson und der Belegschaft der Niederlassung von The North Face in Covent Garden.

Bildnachweis

Der Verlag dankt folgenden Personen und Institutionen für die freundliche Genehmigung zum Abdruck ihrer Bilder:

Abkürzungen: o = oben; u = unten; M = Mitte; l = links; r = rechts; K = Kolumne, go = ganz oben

Abkürzungen der Bildquellen:

Co = Corbis
GI = Getty Images
NG = Neill Gilhooley
GB = Gerard Brown
KB = Karen Berger
NGI = National Geografic Image Collection
PM = Paul Milligan

1 Co/Jonathan Andrew; **2–3** Co/Charles Mauzy; **4–5** Co/Mark E. Gibson; **6–7** Co/Tom Bean; **9**o Co/Bob Krist; **9**M GI/Joe Cornish; **10–27, 238–256**K GB; **10**M Co/David Stoecklein; **11** Co/Lee Cohen; **12–13** GI/Richard Price; **14** GI/David Madison; **15** GI/ Cheyenne Rouse; **16–17** Co/Stephanie Maze; **18**Ml Co/David Muench; **19**u NGI/Warren Marr/Panoramic Images; **19**Mru GI/Thomas Del Brase; **20**u Co/Galen Rowell; **21**Mo Co/Charles O'Rear; **21**ur Co/Francesc Muntada; **22**ul GI/Cyril Isy-Schwart; **22–23** GI/James Balog; **23**ur GI; **23**Mul GI/Jeremy Walker; **24**Mr NGI/Bobby Model; **24**ul Co/Reuters; **25**Mlu GI/Robert Stahl; **26**uMl GI/China Tourism Press; **26**Mol GI/Keren Su; **27**Mor NGI/Todd Gipstein; **27**u GI/John Lamb; **28–29**u Co/Layne Kennedy; **28**ul Royalty Free; **29–45**ur PM; **30** Co/S.P.Gillette; **31** PM; **32** GI/Jenny Pate; **33** Co/ML Sinibaldi; **34**o Co/Gunter Marx Photography; **34**u Co/Macduff Everton; **35**o Co/ Anthony Bannister; Gallo Images; **35**u GI/Michael Melford; **38**M KB; **38–39** Co/Tom Bean; **39**ol, or KB; **39**Mo GI/Andrea Booher; **40** Co/David Samuel Robbins; **41**u Co/Galen Rowell; **41**o Co/Howard Davies; **42**Mr KB; **42**ul Co/Ken Redding; **43** Co/Galen Rowell; **44** GI/Frank Herholdt; **45**t Co/Caroline Penn top; **45**u Co/Jeff Vanuga; **46–47** Co/Duomo; **48** Co/Michael DeYoung; **48–105**K GI/Monica Dalmasso; **49**u Co/Layne Kennedy; **49**o GI/Karl Weatherly; **54**M Snow & Rock; **56**r Snow & Rock; **58**r Snow & Rock; **71**o Canadian Recreation Products; **86** Co/Paul A. Souders; **99**ul Co/Galen Rowell; **106–107** Co/Carl Schneider; **109**u Co/Scott T.Smith; **110** GI/John Kelly; **119**u Co/Tom Stewart; **120–121**u PM; **121**o PM; **123**u Co/Picimpact; **125**o Co/Paul A. Souders; **125**u Co/Richard T.Nowitz; **126** KB; **127**u, o KB; **128** Co/David Samuel Robbins; **129**u Co/Dave Bartruff; **129**u Co/Scott T.Smith; **137** Co/Tim McGuire **140–141** Co/Layne Kennedy; **142–179**K Co/David Arky; **142**u GI/David Madison; **143**u Co/Phil Schermeister; **149**o GI/Ken Chernus; **149**o GI/Stuart Hughs; **151**ur Co/Michael DeYoung; **156**M Co/Darrell Gulin; **156**o Royalty Free; **157**l GI/Michael Melford; **158**ur, M, Ml, Mr KB; **158**ul Co/ Paul A.Souders; **162**or KB; **164** GI/Jerry Kobalenko; **165**u Co/David Samuel Robbins; **166**u Co/Carl & Ann Purcell; **166**o Co/Kevin Fletcher; **167**u Co/ Galen Rowell; **167**or PM; **168**M Co/Chris Rainier; **168**M GI/Tom Stock; **168**u Co/Michael DeYoung; **169**o GI/Grant Dixon; **169**u NG; **170** Co/Craig Tuttle; **171**ol KB; **171**Mo Co/Lester Lefkowitz; **171**b Co/Royalty Free; **171**tr Co/Scott T.Smith; **172**ul Co/Royalty Free; **173**o KB; **173**u Co/Craig Tuttle; **174**u Co/Dennis di Cicco; **174**Mu Co/Jeff Curtes; **174**Mo Co/Richard Berenholtz; **174**o Co/Richard Bickel; **175**Mo,Mu Co/ Craig Aurness; **175**o Co/W.Perry Conway; **176–177**u Co/PicImpact; **177**or KB; **177**l GI/Bobby Model; **179** GI/Philippe Poulet/Mission; **180–181** Co/Randy M. Ury; **182–183**u Co/Robert Y. Ono; **183**Mr Co/Layne Kennedy; **183**ur Co/Phil Schermeister; **186**u, o KB; **188** PM; **189**o Co/O.Alamany & E.Vicens; **198** KB; **199** PM; **200–201** Co/Galen Rowell; **202–219**K Co/Royalty Free; **204** Co/David Meunch; **206–207** Co/A&J Verkaik; **206**l Co/Raymond Gehman; **207**or Co/Layne Kennedy; **208–209**u Co/Raymond Gehman; **210–211** Co/Bill Stormont; **211**o Co/Paul A. Souders; **212** PM; **214** Co/Lee Cohen; **215**o KB; **216** Co/Ron Sanford; **217** Co/Paul A. Souders; **218** GI/Brian Stablyk; **220–221** GI/Mike Timo; **222–237**K Co/Layne Kennedy; **223** Co/Royalty Free

Umschlagabbildungen: Vorderseite: Prisma (o), Super Stock (ur). Rückseite: Gerard Brown (Ml)

Alle anderen Fotos © Dorling Kindersley.
Weitere Informationen unter www.dkimages.com.